ナッジで、人を動かす

行動経済学の時代に政策はどうあるべきか

The Ethics of Influence
Government in the Age of Behavioral Science

キャス・サンスティーン 著
田総恵子 訳
坂井豊貴 解説

NTT出版

教え子たちに捧げる

目次

ナッジで、人を動かす

Chapter 1

行動科学の時代を生きる

私たちは行動科学の時代に生きている。心理学と行動経済学の時代だ。

民間企業は行動科学のリサーチを利用して、人々の考え方を学び、それを利用して儲けたいと思っている。慈善団体は、行動科学者に相談して、慈善家を見つけ出し、寄付金を増やそうとする。政治家や官僚らもそれぞれの立場から、行動科学に関心を寄せている。様々な方法で人々に影響を及ぼして、貧困撲滅、雇用増大、大気浄化、健康増進、投票率向上、高速道路での安全強化など、多様な目的を達成しようとしている。そうした行動に対して、倫理的な観点からはどのような制限があるのだろうか。

倫理的には、「強制すること」と「影響を及ぼすこと」は大きく異なる。強制は、たった一人の人間でもできる。銃を持った泥棒が、「金か、命か、どっちか選べ」と迫るような場合だ。また、雇用者が従業員に対し、会社の要請に応じなければ職を失うことになると通知する場合も強制力が働く。強い反感を生む強制の例の多くは政府によるもので、政治家や官僚の要求に適切に応じなければ、実刑に処せられたり、高額の罰金が科せられるというような形で人々を脅す。ジョン・スチュアート・ミルは名著『自由論』において、強制は、「他者に害を及ぼす」ことを防ぐため以外には認められないと論じている。[1] ミルが特に問題にしたのは、武力の行使だ。

単なる影響に反論はない。物乞いが道角に座って、金をせびったとしても、断るのは自由だ。雇用者がある仕事を頼んだとしても、同時に、断るのも自由だとはっきり言ってくれるのなら同じことだ。友人の女性が、あなたの望みではなく、彼女の望みをあなたに叶えてもらえるよう仕組んだとすれば、嬉しくはないかもしれないが、少なくとも強制されたわけではない（かえって、彼女の利口さに惚れ直すかもしれない）。政府が啓蒙キャンペーンどころか、プロパガンダ戦を展開したとしても、人々が政治家の訴えを無視することが許されるなら、そのプロパガンダも、人々の自由や福利に対するリスクも、大して深刻なものではなさそうだ。

これは至極当たり前な話で、これから詳しく見ていくように、アメリカだけでなく、スウェーデン、ドイツ、イタリア、フランス、イギリス、ハンガリー、デンマークなどでも多くの人々がそう思っている。だが、影響力の効果や、それが善悪双方の目的のために使われる範囲について過小評価してはいけない。影響力の特性や、その微妙だが時に決定的な力についてはこれからも私たちは思い知らされることになるだろう。デール・カーネギーが一九三六年に発表した古典的な著書『人を動かす』はこれまでに数千万部を売り続けている。その人気の一つは、いかにして人を自分が思う方向に動かすかについて、素晴らしくも、苦笑してしまうような洞察力を備えているからである。(2) カーネギーのアドバイスは、「批判しない、断罪しない、文句を言わない」など、当たり障りのない（しかし賢明なものだ（文句を言わないのは、確かに良いアイデアである）。「素直に、誠意を込めて感謝する」「他人の言うことに、本当に関心を持つ」「他者の関心に沿った話し方をする」などである。中には、非常に巧妙なものもあり、たとえば、「最良の結論に達する唯一の方法は議論しないことだ」という（カーネギーは、議論で勝つことはできない、だから、議論するのはバカバカしいことだと思っていた）。倫理的にはギリギリと思えるものもいくつかある。たとえば、「相手がイエスと答えるような質問から始めよ」とか、「相手に、それが自分のアイデアであるように思わせろ」などだ（非常に効果的だが、一種の人心操作とも見える）。

カーネギーの著書は賢明で、時に鋭く、それでいて思いやりに溢れている。人間の愚かさを軽蔑することなく、好意を持って、優しく、ユーモアを込めて描いているからだ。誰もが読むべき本である（何年かに一度は読み返すべきだ）。だが、これはカーネギー自身の経験と直感によるものであって、実証研究に基づいたものではない。実証研究に基づいたものとして特筆すべきは、一九八四年に初版が出版されたロバート・チャルディーニの『影響力の武器——なぜ、人は動かされるのか』だろう。(3) 彼はそこで、六つの法則について論じているが、そのすべてが確実な根拠に基づいている。その一つが、

「返報性」という法則では、人は厚意に対してお返しをするものであり、したがって、誰かに何かをしてあげれば（割引、少額の現金や記念品を渡すなど）、何かしらお返しが戻ってくるというものだ。また、「社会的証明」という法則では、多くの人々が同じように考えたり、行動したりしていると、他の人々も同じことを考えたり、行動するようになるというものだ（人々の行動を変える方法として効果的なのは、そう願っていることを、みんなやっていますよと伝えることである）。さらに、「希少性」という法則は、入手困難であったり、限定だったりするものをより欲しがる傾向のことである。

こうした法則を知っていれば、他者に何かを（自分も含めて）売り込むのが有利になる。政治家も官僚も政府も同じだ。それはそれでいいのかもしれないが、チャルディーニの研究を乱用して、倫理的には認められなかったり、疑問符がついたりする事例が出てくるのも容易に想像できる。過去四〇年間、心理学者や行動経済学者は、人が互いにどのように影響を及ぼし合うかについて研究し、多大なる知識を積み重ねてきた。

嘘は影響の一種であり、政府がつく場合は論外である。よほど例外的な状況でない限り、公職にある者は嘘をつくべきではない。発言そのものは文字通りは真実であって、その意味で嘘ではないものの、それでも人を騙して、人心を操作するようなものもある。しかし、もし友人が、人を騙し、心を操作するような人物であれば、信頼に値しない。政治家は、カーネギーやチャルディーニの本を読んで、そこから学んだことを活用すべきである（政治家の多くは、彼らの考え方については本能的にわかっている）。しかし、多くの人は、政治家は人心を弄ぶようなことはすべきでないと、一般論では信じている。

とすると、人心操作とは何か。政府からの影響力については、どのような倫理的な縛りがあるのだろうか。

この疑問に答えるためには、枠組みが必要である。倫理的な国家は何よりもまず、①「福利」(ウェルフェア)、②「自律」(オートノミー)、③「尊厳」(ディグニティ)、④「自治」(セルフガバメント)の四つの価値を大事にする。①国民の福利厚生を大事にするなら――国家として当然であるが――、人々が良き人生を送れる可能性を高める努力をすべきだ。だからこそ、②倫理的な国家は国民がそれぞれの道を歩むことを認め、その意味で個人の自律を尊重するのである(少なくとも大概の場合は)。③尊厳を大事に思うのなら、当たり前のことだが、国家は(常に)敬意を持って人々に接するべきである。④国民が自治を実現できるように、つまり、人々が自分たちの指導者をコントロールできる権限を保有することを、国家は保証しなくてはならない。

政府の活動は、強制力を行使するにせよ、単に影響力を及ぼすにせよ、この四つの価値に拘束される。権威主義国家においては自律も許されなければ、尊厳も大事にされず、自治も禁止、人々の福利厚生も促進されない。だが、この四つの価値は政府の活動を拘束するだけのものではなく、時に積極的な行動を求めることもある。福利厚生は、どのように定義されるにしても、空から降ってくるものではない。自治は何かしらの設計を必須として達成される貴重な成果である。暴力にさらされている人々、教育を受けられない人々、あるいは貧困に陥っている人々は自律が難しく、自律の恩恵を享受することもできない。尊厳のある生活というのは、それを支える背景や社会支援を必要とするのである。

四つの価値について詳細な検討が必要である。どれか一つが中心で、残りはそれに付随するものかもしれない。尊厳を重視する人もいるだろうし、福利が最も大事だという人も少なくない。四つの価値がぶつかり合うこともある。たとえば、福利を追求すると自律が脅かされたり、自治によって個人の尊厳が脅かされたりする場合だ。この点については、とりあえず理論的に深刻な疑念は別に考えることにすれば、話を前に進めることはできる。四つの価値のどれ一つも軽視することのないアプローチはないか、そのようなアプローチなら、四つすべてを大切に思う人や、その関連性について明確な見解を持っていない人々の賛同を得られないか、について検討することは可能だ。本書では、このような可能性が見え隠れするアプローチが多くあることを示したいと願っている。

多くの人は政府を信用していない。これもまた真実だ。政府は偏っている、無知である、あるいは、強力な利益団体に食い荒らされていると思っている。強制でも影響でも方法が何であれ、政府には人々の生活向上についてなどあまり考えてほしくないと感じている。それは個人と自由市場の領分であって、官僚が出しゃばることではない。だが、その考え方は極端なもので、一理はあるにしても、所有権の保護や契約履行義務などの基盤を確立するのは政府の役目だ。基盤を固めるには強制力や影響力を行使しなければならず、最低限の国家の存在は認められるべきで、その評価は別の形態の国家との比較に基づくべきだ。そのような国家は人々の福利厚生を促進し、自由を拡大すると思われるが、そうではないこともあるかもしれない。

それを理解するためには、倫理的問題について検討しなくてはならない。同時に、関連する事実についても知っていなくてはならず、知らない場合は、正直に推測にすぎないことを認めなくてはならない。倫理的な国家は何をするのか。何を避けるのか。何をすると国家は倫理に反するのか。行動と怠慢を区別する基準は何か。

四つの主要な価値を常に念頭に置いていれば、こうした疑問に答える心構えができる。四つの価値を促進するような政府の行動を支持し、四つのどれか一つでも阻害するような行動には反対するという姿勢だ。これから見ていくように、選択の自由を保持しつつ、福利厚生、尊厳、自治を前進させる方向に人々を導くアプローチを評価するようになる。そのようなアプローチに注目し、それらが倫理的境界線を越えないためにはどうしたらいいかについて論じることが、本書の議論の中心となる。

世界中に広がる動き

政府の道具箱には、たくさんの道具が入っている。禁止という道具もあれば、要請という道具もある。刑法を使うこともできるし、脅したり、公約を発表したりもできる。課税、補助金、その他色々な道具を持っている。

強制には、特に反対が強い。良くも悪くも、行動の自由を制限するし、経済成長を阻害し、予期せずしてマイナスの効果を生むことがある。たとえば、喫煙を禁止すると闇市場を生み出すことになる。禁酒法時代のアメリカの惨状を思い出してほしい。確かに、最も自由な社会にあっても、強制には重要な役割がある。理性的な人なら、殺人やレイプ、暴力行為が許されるべきだとは思わない。健康や安全、環境を守ることが目的であるなら、国家は義務化や禁止に頼らざるをえない。だが、自由と人々の福利が大切であるならば、強制は極力避けるのが望ましく、そこから、この一〇年ほどの間に、選択の余地を保持し、しかも低コストの道具として、時に「ナッジ」と呼ばれる方法への関心が急速に高まってきた。(4) 多くの政府が、情報開示に積極的になってきているのがその一例だ。リマインダーや警告を出したり、デフォルトルールを使うことで、人々に対して、何も行動しなければどうなるかを伝えようとしている。そうしたアプローチのおかげで、多くの人命が救われる結果になるものもある。(5)

公的機関の間で人気上昇中の道具が「ナッジ」と「選択アーキテクチャ」だ。「ナッジ」は人々の選択の自由を保持する形の介入であり、「選択アーキテクチャ」は人々の選択の背景となる条件と理解される（詳しい定義については後述する）。アメリカ、(6) イギリス、(7) ドイツ(8)をはじめ多くの国々で、政府が行動科学の専門家を登用して、社会目標の実現を目指すようになった。経済成長、政府の経費削減、法遵守の促進、人々の健康増進、貧困や腐敗の撲滅、環境保護、国家安全保障の確保などである。これから見ていくように、歴史も文化も多様な国々の国民の大半がナッジを受け入れている。強制そのものについては反対する人が多いのに、ナッジについてはあまり懸念を感じていないのだ。

先進国の多くにはすでに、経済成長と失業者削減に取り組む、アメリカで言えば大統領経済諮問委員会のような組織がある。だとすれば、行動科学と選択アーキテクチャに注目して、人々がナッジの恩恵を受ける方法を探る「心理諮問委員会」のようなものがあってもいいのではないか。実際すでに作られた例はあり、イギリスには、話題にもなった「ナッジユニット」がある。二〇一五年、バラク・オバマ大統領は大統領令を発布して、行動科学の活用に取り組む姿勢を公表した。この大統領令が行動科学をアメリカ政府に永続的に組み込むためにいかに重要な役割を果たすかについては、いくら力説してもし過ぎることはない（付録Cを参照）。

アメリカ政府が出したイニシアティブの典型的な例を三つ取り上げて、そこに倫理的に重大な問題が見受けられるかどうか確かめてみよう。他の多くの国でも同様のイニシアティブは見受けられる。

1. 二〇一〇年、連邦準備制度理事会（FRB）は銀行の高額な貸越手数料から利用者、特に貧困層の利用者を守るための規制を採用した。[9] 規制では、銀行が利用者を自動的に「借越保護」プログラムに加入させることを禁じ、利用者自身が加入を選択しなくてはならないとした。その決定を説明するにあたって、理事会は行動科学の研究を参考にし、「消費者はすでに設定されているデフォルトルールに留まる傾向があり、自ら行動を起こさない限り、デフォルトルール通りになってしまう」と述べた。[10] 理事会はまた、「非現実的な楽観主義」という状況にも言及し、消費者が、残高を超えて借り越してしまう可能性について過小評価する傾向についても触れている。

2. 二〇一四年、食品医薬品局（FDA）は、ほぼすべての食品のパッケージに見られる「栄養成分表示」の修正を提案した[11]。表示はナッジとなるため、FDAはできるだけ明確で、役に立つものであるようにしたいと考えたのだ。行動科学に直接言及する形でFDAは、新ラベルは「食品の選択が長期的な健康に及ぼす影響を明示し、食品を選ぶ際のヒントを提供することで、消費者の手助けをする」ことができるとした[12]。消費者がこうした情報を必要とする理由については、次のように述べている。「行動経済学の文献によれば、消費者には、長期的な視点とは矛盾する嗜好、たとえば目先に囚われた見方、今を偏重する好み、直感的な要因（空腹など）や自制心の欠如など、状況を歪める要因（内在要因）がある。こうしたことを考えると、消費者の福利を増進するために政策を使って介入する潜在的可能性が生まれてくる[13]」。ここで使われている用語については後で述べるとして、基本的な考え方は、消費者は目前の楽しさだけを見て、長期的な健康への効果を忘れがちになるということだ。だから、良い栄養成分表示は人の助けになる。

3．

二〇一四年、FDAは広範囲のタバコ製品について、その権限を行使した[14]。その決定を説明するにあたって、同局は行動科学の研究成果に言及した。「消費者は長期的な視点とは矛盾する行動や自制心の欠如、中毒、そして情報不足などから不利な状況に置かれ、減煙の恩恵を充分理解できないでいるかもしれない[15]」。さらに、「広く世の中の人々の社会福祉を拡大するチャンスがここにある。長期的な視点との矛盾は、消費者が遠い将来の結果については、直近の結果より割り引いて考えることから生まれる。長期的な視点と矛盾する行動を取る消費者は、将来の自分という観点からは選ばない結論を選んでしまう人々のことである」。[16]

このような例を見れば、心理学や行動科学が、アメリカの重要政策分野で大きな役割を果たしていることは明らかだ。二〇一〇年に創設された消費者金融保護局（ＣＦＰＢ）は特に、行動科学を用いて金融市場で消費者を保護することに努めている。「借りる前に知ろう（Know before you owe）」という有名なスローガンもある。[17]保護局の目標の一つは、明確化と簡素化で、それにより消費者は同意、署名する内容を理解することができ、真の意味での比較購買〔商品を買う際価格を色々と比較すること〕ができるようになる。金融市場では、業者は人々を混乱させ、関心を引き、一見有利そうに見えて、実はそうではない条件を作りたがる。[18]ＣＦＰＢはそのような問題に対して、人々が実際にどのように考えるかに注目して対処しようとしている。実際、どっちの住宅ローンが有利かなど、意味のある比較をするというのはなかなか難しいことがわかった。だからこそ、シンプルにすることが役に立つ。

二〇一四年、米連邦政府は「大統領府付き社会科学および行動科学チーム」（ＳＢＳＴ）という名で、行動科学の知見を活用する部署を設立した。管轄は科学技術政策局で、行動科学研究の知見に照らして、様々な政策の効果を検証する広範囲のプロジェクトにかかわることになる。チームはちょっとした手助けをするだけで、大きな成果を生み出した。たとえば、軍関係者が定年後に備えて貯蓄できるようにする、大学に進学できる学生を増やす、退役軍人が教育や職業訓練の機会をもっと利用できるようにする、農業従事者が融資を受けやすいようにする、医療保険に加入できる世帯を増やす、などである。[19] 行動科学の知見に基づいて、職場での貯蓄プランに加入するのに必要な三つのステップを具体的に示し、ほんのわずかな額の加入でも得られるメリットを説明したeメールを出すだけで、軍関係者の間での加入率が倍増したという。

二〇一〇年、イギリスは行動科学洞察チーム(BIT)を設立、人間の心理を政策決定に反映させることを明確に意図した部署を初めて設立した国となった。[20] チームを率いたデイヴィッド・ハルパーンは行動科学の専門家で、資金を節約し、人命を助けるための様々な改革の陣頭指揮に当たった。内閣府に所属していた時期のチームの公式ウェブサイトには、「このチームは、行動経済学と心理学の分野で盛んに行われている学究的研究の知見を活用する。そうした研究は、決定をどのような枠組みで提示するかの方法にちょっとした工夫を加えることで、人々の対応に大きな違いが生まれることを示している」。

心理学研究を底流として、チームは自分たちのアプローチを「EAST」という言葉で表した。簡単に(Easy)、魅力的な(Attractive)、社会的な(Social)、時宜に適った(Timely)の四つの単語の頭文字である。[21] チームは行動科学を用いて、禁煙促進、[22] エネルギー効率の向上、[23] 臓器提供、[24] 消費者保護、[25] 納税義務遵守[26]など様々な分野でイニシアティブを発揮したが、次の三つは、特に大成功を収めた。

・臓器提供者リストへの登録を訴えるメッセージを送った結果、一年で登録者数が一〇万人以上増加した。[27]

・年金プランを自動加入にしたことで、大企業の従業員の貯蓄率が六一パーセントから八三パーセントに上昇した。(28)
・行動科学に基づいたアプローチのおかげで、税金滞納者の納税率が五ポイント上昇した。(29)

二〇一四年、チームは内閣府を離れ、一部民間との共同機関となった。政府、チーム職員、そしてネスタ（Ｎｅｓｔａ）〔革新的なプロジェクトを支援する慈善団体〕が共同で運営する、自称「社会的目標企業（social purpose company）」である。(30)

「行動科学洞察チーム」の働きに強い関心を示している国は他にもあり、チームが活動する地域は大幅に拡大した。アメリカでは、ニューヨークやシカゴなど、ＢＩＴと協力したり、行動科学の考え方を利用し始める都市が出てきた。「ナッジユニット」に類似する考え方は世界中で注目されている。ドイツ、オーストラリア、デンマーク、スウェーデン、カナダ、シンガポール、イスラエル、オランダ、韓国、メキシコなど、環境保護、金融改革、エネルギー政策、消費者保護の分野での議論に行動科学の知見が反映される国が増えてきた。二〇一四年の経済社会研究会議（ＥＳＲＣ）〔イギリスの学術研究機関〕によれば、少なくとも一三六以上の国が公共政策の何らかの側面で行動科学の成果を取り入れており、五一カ国では、「最新の行動科学に影響を受けたイニシアティブで、政府主導の政策が展開されている」という。(31)

行動科学は、特にヨーロッパで大きな関心を（ますます）集めている。経済協力開発機構（ＯＥＣＤ）

は「消費者政策一覧」を発表、行動科学の成果に基づいたイニシアティブを多数紹介している。[32] 欧州委員会の報告書「グリーンな行動」では、行動科学を活用して、環境保護のための政策イニシアティブの概要を提示している。[33] 欧州連合（EU）の保健・消費者保護総局（DG SANCO）も心理学と行動経済学の影響を受けていることが見てとれる。[34] 民間機関も「ヨーロッパ・ナッジ・ネットワーク」を筆頭に、行動科学の知見を様々に活用して、環境や健康に関する行動を促進している。シンガポールも同じような分野で数々の改革を開始した。[35] スウェーデンの団体、「グリーンナッジ」は、環境保護を専門に活動している。[36]

特に貧困と開発に関する問題で心理学および行動科学の研究を利用することに関心が集まっており、世界銀行の二〇一五年報告はこのテーマだけに注目したものになっていた。[37] ジム・ヨン・キム〔第十二代〕世界銀行総裁は、「人々がどのようにして決定に至るかについての知見は人々を導く新たな介助策につながる。それによって、家庭は貯蓄を増やし、企業は生産性を高め、地域は疾病を予防し、親は子どもの知的成長を促し、消費者はエネルギーを節約できるようになる。このアプローチが意思決定や行動に及ぼす可能性は膨大なもので、その適用範囲は果てしなく広い」と述べた。[38]

世界銀行の報告にあるように、行動科学に導かれたアプローチは腐敗や効率悪化といった問題に対処し、既存のプログラムの効率も改善することができる。社会給付の受給率向上方法を考えたり、人間の行動に注意を払っていないがために意図はいいが結果を伴わないイニシアティブを改善できるからだ。受給率の低さは特に留意すべき問題だ。[39] 官民双方にこの問題に対処するための様々なプログラムがある。（経済支援による）困窮状態からの救済、（訓練を通じての）機会増大、（自助奨励を通じての）暴力の削減などである。残念ながら、多くの人々がこうしたプログラムに参加していない。ナッジをいくつか利用した、上手い方法を考えれば、かなりの効果が出るに違いない。

倫理と個人の主体性

こうした動きがあるにもかかわらず、ナッジや選択アーキテクチャの利用は時に強い反対に遭う。特に強いのは、市民が無能扱い、または子ども扱いされて、利用されたり、軽視されたりすることを懸念する人々からの反対だ。たとえば、これまで権威主義的政府の下に生きてきて、その政府がまさに民主化の途上にあるとしよう。この場合ナッジは受け入れがたい。過去の名残のように見えるかもしれないし、中には、プロパガンダに思えるナッジもあるかもしれない。あるいは、今ドイツに住んでいるが、東ドイツ時代や国家秘密警察のシュタージの記憶がまだ生々しく残っているとしよう。であれば、選択アーキテクチャという考え方は、理念として危険だと思うかもしれない。あるいは、自由市場を重んじ、政府に対する懐疑心を持つという伝統のあるアメリカやイギリスに住んでいるのなら、そうした伝統を脅かすのではないにしても、選択アーキテクチャを作るアーキテクトに対しては適切な限定条件を設け、監視すべきだと考えるかもしれない。

ここまでですでに、ナッジが福利、自律、尊厳、自治を促進するか、あるいは阻害するかが倫理的問題の中心となると述べた。選択アーキテクチャの多くは容認できるもので、これら四つの理想のすべてではないにしてもどれかは必ず促進し、どの一つとして阻害しない。多くの場合、ナッジは倫理的に見て必要なもので、禁止されるべきものではない。毎日の生活で、私たちは深刻な危険に瀕している人には警告する義務を負っている。そのような警告を出せなかった政府は、倫理的に果たすべき義務を果たしていないことになる。食品の栄養成分についての情報開示は福利と自律を促進する。多くの国で当たり前に実施されている自動有権者登録は自治を促進する。

これから見ていくように、倫理的観点からのナッジの分析は、罰金、禁止、義務化など政府が持っている他の道具についての分析に呼応するものだ。そうだとすれば当然、これからの話は政府が人々の生活改善のために用いる様々な道具についての議論にもなっていく。たとえば、福利が私たちの指針となるのであれば、政府案の費用と効果について慎重に検討しなくてはならなくなる。費用と効果についての分析は完璧でないが、改善案が人の福利を害するのではなく増進するか、について検討するには最善の方法である。尊厳が問題であれば、義務化と禁止は深刻な懸念を生む。義務化の中には、人に敬意を持って接することにはならないものもある。

さらに、ナッジと選択アーキテクチャには独自の問題もある。強制ではない影響力も自律と尊厳を侵害するものなのかという問題である。特に、個人の尊厳と主体性が大事であれば、本能的にナッジには異論を持つかもしれない。政府がナッジを活用すると、私たち個人の行為する権利が脅かされるのではないだろうか。私たちは自分で自分の人生を決められる作者ではなく、官僚の操作対象、ターゲットになっているのではないか。政府は私たちを操作してはいないか。行動科学は人々がいかに影響を受けるかについて教えてくれるが、影響と操作の境界線については必ずしも明確ではない。

このような疑問を呈する人々にとっては、政府が形式的に「機会」を提供するだけでは充分ではない。「その機会を実際に活かせるようにする」ことが重要なのだ。ナッジはすべて、選択の機会を保持するものだが、中には、人々に「能動的選択」を奨励する、あるいは強いるものもある。たとえば、雇用者が新入社員に対し、医療保険制度に加入したいかどうかについて尋ねる（「奨励する」）とか、雇用の条件として希望を表明することを義務としたとする。こうした場合、避けがたい疑問が一つある。尋ねる側は、人々が賢明な選択ができる能力を補助する、あるいは「高める」ために尋ねるべきではないかという疑問である。(40) 最適なナッジは確かに、「高める」ものであることが多い。人々がより良い選択ができるよう手助けし、自らの望みを表明することを後押ししたり、積極的に表明させたりするものだ。

少なくとも一般論や理念のレベルでは、ナッジに対する倫理的な面からの反論に威力はないことをこれから論じていく。理由は二つある。第一に、選択アーキテクチャとナッジは今では不可避であって、なくなれと思ってもなくなるものではない。第二に、多くのナッジや選択アーキテクチャは、福利、自律、尊厳、自治などの価値についての倫理的な観点から擁護できるどころか、必要なものでさえある。それでも、ナッジや選択アーキテクチャの中には容認できないものもある。容認できない理由として最もわかりやすく、しかも深刻なのは、不当な目的だ。たとえば、現政府を陥れたり、強力な民間団体を庇護したり、特定の人種的・宗教的多数派を優遇したりするためのものである。反対に、目的は正当であっても、官僚は市民に対して透明性を確保する義務があり、人心操作をしてはならない。

もちろん、信頼が最も大事だ。人々が官僚を信頼しなければ、ナッジにも懐疑的になり、義務化や禁止にはさらに疑問を抱くだろう。ナッジや選択アーキテクチャが避けられないものであっても、官僚に対して、「ナッジするなんて何様のつもりか」と言い出すかもしれない。「何の権限があってそんなことするのか」というわけだ。これから見ていく通りだが、政府に不信感を抱いていると、人はナッジも認めない傾向を示す。これは当然だ。ナッジの多くはやらなくてもいいものだからだ。政府権力を嫌い、それに従わなくてはならないことを苦々しく思っている人々はナッジを快く思わない。

官僚が人々に信頼してもらう方法は簡単である。信頼に足るようになればいい。透明性と説明責任の履行がその役に立つことをこれから論じていく。さらには、一見単なる言い回しに見える疑問（何の権限があってそんなことするのか）に、意味のある問題が隠れていることも明らかにしていく。疑問には答えねばならず、ここには単なる言い回しを超えた深い意味が込められている。

政府に課せられる正当化の義務

政府はナッジも含めてすべての行動について、正当化すべき責務を負う（その責務は時に非常に重い）。

その責務が憲法に規定されているか否かに関係なく、公職にある者は自分たちの行動について納得できる理由を提示することが求められる。政府が情報開示を求めたり、貯蓄奨励やプライバシー保護のためにデフォルトルールを設定したり、学校に対し健康的な食事を（カフェテリアのデザインなどを通じて）勧めたりするのであれば、政府の立場も説明し、弁明しなくてはならない。

本論の中心的なテーマの一つは、人々の選択の自由を保持し、究極的には自分たちが選んだ道を進めることさえ認めていれば、公職者にはやりたい放題が許されるというわけではないことだ。選択の余地を保持するアプローチには数々の利点があるが、目的が不正であるかもしれないし、(41)人心操作として容認できない形のものもある。だが、多くの場合は、正当な説明が可能だ。

それほど簡単ではない話だが、簡単に説明してみよう。社会秩序形成の目的が（政府の責任で行うものも含めて）人々の福利増進だとする。人々には（それぞれが思う）幸せな生活を送ってほしいと思う。とすれば、福利を増進するようなナッジが好ましい。たとえば、クレジットカード会社やローン会社には情報開示を求め、人々が情報を知ったうえで選択ができるようにする。そうした義務を負わせることで、人々が深刻な経済的トラブルに陥ることを防げるかもしれない。そのような政策は倫理的な観点から必要とされてもおかしくない。

あるいは、個人の自律と尊厳が最も重要だと考えるとしよう。それなら、そうした価値を促進するナッジや選択アーキテクチャが好ましい。たとえば、定年後にどのような生活を送りたいかについて自分たちで選択できるよう、就職したときにその質問を投げかけて、考えを促すといった方法だ。このアプローチは自律と尊厳の両方を尊重することになるだろう（もちろん、政府不信や市場への信頼の度合いによって、福利、自律、尊厳を根拠に政府によるナッジを最小限にしたいと思う向きが出てくる可能性はある。[42] この点については、今後の議論の流れの中で論じるつもりだ）。

民主的な自治を重んじるなら、民主主義の伝統に則り、民主的な目標を目指すナッジや選択アーキテクチャを支持するだろう。民主主義制度はどれも、自治の規範を定義し、それを目指す選択アーキテクチャを有している。権威主義国家はその形に沿って、自治を不可能にするような選択アーキテクチャを持つ。憲法は、選択アーキテクトにとっては一種の選択アーキテクチャであり、自分たちの規範となり、導いてくれるものであるかもしれない。自治を実践する社会は、市民の政治プロセスへの参加や投票をナッジするだろう。政党は、最近ではますます行動科学の助けを借りてそうしたナッジを行っている。公職者が投票を呼びかけることが不当だと見られることはまずない。

二〇一五年、オレゴン州は有権者登録の自動化を導入した。明らかに、参政権の行使を通じて政治プロセスに参加することを奨励する選択アーキテクチャの一つである。[43] その一方で同州は、登録プロセスから外れる機会も用意して、市民が有権者になりたくない場合はそれができるようにもした。オレゴン州の考え方はシンプルだが、重要である。有権者登録のための書類記入など、人々にとって障害となるものをなくしたのだ。不正行為の問題にさえ対処できるならば（それは可能だ）、どんなに小さく、些細に思える障害も、大きな壊滅的な効果をもたらすことがあり、決していいものではない。カリフォルニア州はオレゴン州の例に倣った。他の州も同じように動くべきだ。ヨーロッパ各地でも似たような例が出始めており、自動登録制度の方が支持されている(44)。

このようなナッジは重要な問いを投げかけている。人々がデフォルトによって権利を行使できるような状況が他にあるのではないかという問いだ。言論や宗教の自由を保持するのに、わざわざ選択する必要はない。書類に記入する必要もない。こうした自由はデフォルトで持つことができる。他にも同じことが可能な領域なのに、そうなっていないものはないだろうか。

もちろん、ナッジも選択アーキテクチャも抽象的な観点だけから容認されることがあってはならない。ナッジでも選択アーキテクチャでも、倫理的な反論にさらされて当然のものもある。ファシスト国家や共産主義国家は狡猾で悪意ある目的のためにプロパガンダを用いた。権威主義国家は、広く社会から批判を受けても当然の方法で市民をナッジする。たとえば、有権者が支持しないと公言しない限り、選挙では現職の指導者を支持したと見なされるというデフォルトルールを国家が設定した場合だ。あるいは、市民が宣言しない限り、その財産は死亡に際してその国の最大政党のものになるというデフォルトルールだ。このようなデフォルトルールについては、市民がそのルールから外れる権限を与えられているとしても、問い質すべき理由が山ほどある。

人心操作についても、ぬぐいきれない疑問が存在することはすでに述べた。人は操作されたいとは思わないから、この概念自体が問題なのだ（ただ多くの場合、他愛のない操作であれば楽しめるものもある）。問題はもう一つ、言葉というのは往々にして簡単な定義に収まらない。これから見ていくように、透明性と説明責任は防御策として不可欠であるし、ナッジも選択アーキテクチャも透明であるべきだ。

それでも、操作の要素というリスクは残る。そのようなリスクは避けなくてはならない。倫理的な疑問の中で、重要で複雑な内容を持つ疑問の多くは、操作にかかわる。本書でも、その問題については注意深く論じていきたい。

本書の概観

具体的には、これから次の八つのポイントを中心に論じていく。

①ナッジや選択アーキテクチャそのものに倫理的な反論を試みても意味はない。民間部門ではナッジは避けられないし、政府でも同様だ。政府は、何らかの形の選択アーキテクチャを避けては通れない。特定のナッジや特定の選択アーキテクチャによる特定の目的に反対することはできても、ナッジ一般については無理だ。人類にとって（犬や猫、ネズミにとっても同様に）選択アーキテクチャは常にそこにある。見えても見えなくても存在している。政府の立場からすれば、民間はすでに（時に自分勝手に、時に不公平に）ナッジを行っているのだから、政府のナッジを弁護したくなるかもしれない。しかし、そんな弁護は必要ない。政府は、意図する／しないにかかわらず、ナッジを行っているからだ。

②そうした状況では、（自律、尊厳、工当性、人心操作などについての）抽象的な倫理観が深刻な混乱を

招くことがある。それらの抽象的概念については、具体的な実例に照らして検討しなくてはならない。ナッジや選択アーキテクチャには多様な形があり、倫理的な反論はその具体的な形に対して向けられ、その形に反論の効力は左右される。抽象論の罠に陥らないことが重要だ。ウィリアム・ブレイク〔一八世紀後半から一九世紀初頭のイギリスの詩人、画家〕が『ジョシュア・レイノルズ卿作品集』〔一八世紀イギリスの画家、ロイヤル・アカデミー初代会長〕の余白に書き込んだ言葉に次のようなものがある。「一般化するのは愚かな人間のすること。具体的に述べることはそれだけで特筆に値する――一般知識とは愚か者が持つ知識である」。偉大な詩人らしく大げさな表現ではあるが、一理ある。

③「福利」が目標であるなら、倫理的な観点から見て、たとえ政府が行うものであってもナッジは必要である。行為と怠慢の区別については未だに議論がある（一貫性に欠けることもある）が、その区別に捉われないで言えば、ナッジを行わないことが倫理的に問題となり、許されない場合もある。(45) 人々が深刻なリスクにさらされる前に警告しないことは通常許されない。警告を怠ることはナッジを怠ることである。同じように、適切なデフォルトルールを適用しないことは、人々の福利を増進することを目的とする限り、倫理的に問題となる可能性がある。

④「自律」が目標であるなら、やはり、倫理的な観点から見て多くのナッジが必要となる。ナッジの中には、情報に基づいた選択を行えるようにすることで、まさに自律性を高めることになるものもある。選択したい人々にとっては選択を促し、選択したくない人々に対しては、選択を

避けることを可能にする。どちらの場合でも、ナッジは自律性を高める。ナッジは、人々が本当に気にかけているものに集中できる自由を作り出す。自律と時間の管理には密接な関係がある。時間の管理ができなかったり、限られた注意力を適切に配分できなかったりすれば、自律性も持てない。ナッジがなければ、自律性も阻害されてしまう。正しいデフォルトルールは自律性を阻害するのではなく、高めるものである。

⑤ 選択アーキテクチャは、個人の「尊厳」を侵すべきものではなく、またそうである必要もない。ただ、想像できる範囲内のアーキテクチャの中にはそうしてしまうものもある。人々が自ら意思を表明することが許されるアーキテクチャであれば、尊厳は保たれる。催促は、通常の形のものである限り、尊厳を侵すことはない。デフォルトルールは広く普及しており、単純にルールとしては尊厳と相反するものではない。それでも、（ドイツ憲法に明確に定められ、[46] アメリカ憲法でも重要な意味を持つ）尊厳という価値は、ある種の選択アーキテクチャやナッジについては障壁となるかもしれない。

⑥ 「自治」に関してある種のナッジは必要であり、自治によって正当化されるナッジもあるが、その一方で、自治の観点から禁じられるナッジもある。自治に注目するのであれば、人々に参加や投票を促すナッジは認められるだろう。民主的プロセスの中からある種の選択アーキテクチャが生まれてきたのであれば、まさにその理由でそのアーキテクチャは正当化されていい。公職者が自分の利益のためにナッジを使用するのは明らかに問題だ。キャンペーン戦略と囲い込

み戦略、前者は容認できるが後者はできない。だが、その境界線は常に明確というわけではない。ただ、与党が与党候補を常にリストの最初に記載したり、目を引く色や大きな活字で候補者の名前を印刷したりするのは倫理に適ったことではないだろう。

⑦反対が強いナッジの多くは、選択アーキテクトが不正な目的を持っているものだ。政治的、宗教的な理由で優先するとか、偏見や不寛容を広めようとするものである。目的が正当なもので、ナッジの透明性が確保され、公的な精査にかけられるものであれば、意味のある反論は出てこなくなる。倫理にもとるナッジを防ぐには、不当な目的を禁じ、透明性を確保することが重要だ。ただ、このどちらもそれなりに様々な問題を投げかけるものではある。

⑧そもそもの目的は正当なもので、透明性も確保できたとしても、操作する形の介入には、特に人々の同意が得られていない場合は、倫理的な反対が生まれる余地がある。操作という概念は慎重に扱う必要がある。様々な形を取り、自律性と尊厳を害する可能性があるからだ。ある種の操作は私たちの日常生活にすでに組み込まれている。雇用者と従業員の関係や友人同士、配偶者との関係にもある。宣伝も店のショーウィンドーも人を操作する。そうではあっても、やはり操作というのは倫理的な懸念を生み、特に政府による操作に対しては強い懸念がある。

さて、それでは、詳しい話に入っていこう。

Chapter 2

選択アーキテクチャとは何か？

あらゆる政府は「強制」という方法を用いないわけにはいかない。殺人やレイプ、暴行は公に禁止されている。財産権を守り、高速道路の安全を図るルールを設定し、それらのルールを破った人間は、刑務所に入れられることもある。公職にある者は、誠実に自由を擁護するにしても、一方で数えきれない分野で義務化や禁止を実行する。

強制とは何か、どんな道具を使うのか？

「強制」という概念については、一見しただけではその複雑さが見えてこない。政府が人々に何かを強制する際にはしばしば、「政府が好まない行動をあなたが取れば、罰を受けるリスクがあります」といった形を取る。そのリスクは大きく、可能性は一〇〇パーセントかそれに近いこともあるし、小さくて、一パーセントかそれ以下かもしれない。罰は厳罰（死刑）かもしれないし、大したことはない（少額の罰金）かもしれない。どちらにしても、強制にさらされる人々は、法に従うか、罰を受けるかの選択を迫られることになる。もちろん、実際に身体的拘束を科せられる場合もあるが、多くの場合、人々が「強制」されるというのは、公権力が好ましくないとする行為を行うと、罰を受ける可能性があると人々が信じている状況である。

政府が、罰則という脅しを避けてインセンティブを使うこともあるかもしれない。そうしたインセンティブの中には、ある行為を実行すれば、金銭的な恩恵が受けられるというような、奨励の形を取るものもある。燃費のいい車を購入すれば、税金面で優遇されるというようなものだ。逆に、環境を汚染すれば認可を取り消される、あるいは、違法行為を行えば罰金を払わなければならないといったような、懲罰的なものもある。懲罰的なインセンティブと罰則との境界線は必ずしも明らかではない。ある種の行為をさせないようにすることが目的であれば、軽い罰よりも高額な罰金の方が効果的で、はるかに不快だ。実際のところ、高額の罰金は罰かもしれない。だが、政府が罰則を用いるとすれば、それは、その行為が倫理的に誤りであるという強いメッセージを込めている場合が多いが、罰金にはそのような意味がないこともある。法にはそれぞれ意味があり、罰則にはそれなりの意味が込められている。

義務化や禁止、インセンティブが適切なのはどういうときだろうか。政府がこうした方法を用いる場合、どのような場合なら倫理に適っていると言えるのか。経済学者はこれについて、「市場の失敗」と思われる場合に言及した仮説を提示している。たとえば、電力供給業者にとって市場の失敗とは、自然発生的な独占という問題で、ある地域では一つの供給業者が電力を供給するのが効率的であるのに、政府がその独占的地位を制限するために介入してくることだ。食の安全では、市場の失敗は情報に関することで現れる。消費者には自分たちが食べている食品の安全についての情報が不足していることが多いため、政府が情報提供のために、あるいは人々が病気の原因となるような食品を食べることを規制するために、介入してくることだ。労働者にも情報は不足していて、自分たちの安全や健康に深刻なリスクを招いてしまうかもしれない。

環境保護の分野では、市場の失敗は外的影響（「スピルオーバー効果」）という形で現れる。汚染者は他者に害を及ぼすが、被害者はそうした害についてどうすることもできないという立場に置かれる。この外的影響の問題は時に、「取引コスト」の一つとも言われる。人々が団結して、問題について取り引きするのはなかなか難しいからだ。きれいな空気や水は、「公共財」である――多数あるいは全員に提供することなしに特定の個人に提供できない――。公共財に関係する場合は、人々が自分たちでは簡単に提供できないということもあって、ある種の規制が必要になることもある。そうするためには、集団行動に伴う問題を克服しなくてはならず、全員が合意事項から脱落しないでいるインセンティブが必要である。この問題の解決には、脱落するのは倫理にもとる、あるいは恥だと思わせるような社会規範が役に立つ。①そうした社会規範を促進するナッジの出番だ。確かに、社会規範は集団行動の問題を解決することができ、それこそが社会規範の重要な機能でもある。だが多くの場合、ナッジと規範だけでは充分ではなく、罰則、規制、課税などの形の、より強力な対応が必要になる。

行動経済学者たちも、「市場における行動の失敗」を力説する。人々が自らの福利を害するような決定を下してしまう場合のことだ。②たとえば、人々が何の根拠もなく、今日が大事で、明日のことは大して気にかけない、まして来週のことなどどうでもいいと考えているとしよう。あるいは、楽観主義や自信過剰に陥っていて、健康に関する深刻なリスクを顧みないといった状況だ。そうした場合、人々はすべき用心もしようとはしない。また、人間の注意力には限界があり、そのため、商品や活動の重要なポイントに注意を払うことができない。自由市場では、そんな不注意につけ込む企業もあり、人々に愚かな選択をさせようとする。③自制心に欠ける人々は、財政面や健康面で深刻な問題を抱え込んでしまうことになるかもしれない。④

市場における行動の失敗に対しては、通常の市場の失敗と同様、様々な道具がある。経済学者は、市場の失敗の個々の例に「即した」道具を用いたがる。外的影響に関する問題なら、何らかの矯正的課税がいいアイデアかもしれない。情報不足が問題なら、まずは情報提供だ。人々が目先のことに囚われているなら、啓蒙キャンペーンで人々の目を開くことができるかもしれない。

当然、これらの問題に対して単純に経済学的アプローチで対処することに異論を唱える向きもある。それなら、個人の自律という原則から考え始めたらどうだろう。その原則が、政府のすべきことについての検証の基盤となる。ただ、実際の事例については結局似たような結論に達することになるかもしれない。実は、私はまさにそうなると思っている。また、公正な配分を問題にすると、世の中には貧しい人々と豊かな人々がいる。それは不公平の表れかもしれない。適切な機会がないとか、障害があるとか、肌の色が違うとかの理由で、制度に内在する不公平にさらされているのかもしれない。倫理的な国家は様々な手段で、不公平に対して助けの手を差し延べようとする。

現実の世界へようこそ

ナッジは、人々を一定の方向に導く介入であるが、同時に人々がそれぞれの道を進むことを可能にする介入でもある。催促も警告もナッジだ。GPSもデフォルトルールもナッジだ。関連情報の開示(喫煙のリスクや借金に伴うコストなど)もナッジと考えられる。推奨もナッジだ。「明日はもっと貯めよう」プログラムは、従業員に対して、将来の収入の一部を年金として別枠にしておくことができるようにするもので、まさしくナッジだ。「明日はもっと寄付しよう」プログラムも同じもので、これは、将来の収入の一部を慈善団体への寄付のためにとっておくことを可能にするプランだ。

民間組織はナッジを行うことができ、実際に行っている。政府も同じだ。民間組織によるナッジの中には、詐欺や人心操作に近いものもあり、倫理的にどうかと思える場合もある。公的部門が行うものでも、同じようなものがあるだろう。法制度はどれも、ある種の選択アーキテクチャを形成しており、どのような法制度もナッジを行う。ある種の強制が容認されるべきことに反対する者はいないだろう。そうした強制もある種の選択アーキテクチャをなしている。とは言っても、選択アーキテクチャの多くは強制を伴うものではない。

インセンティブを

介入行為がナッジとして成立するためには、相当規模の物質的インセンティブを伴ってはならない。(5) 補助金はナッジではないし、税金も罰金も懲役刑もナッジではない。ナッジであるためには、選択の自由を保持しなくてはならない。ある介入行為が選択する側にとってかなりの物質的なコストを伴うものである場合、その行為自体は正当化できるかもしれないが、ナッジではない。

ナッジが功を奏する要因には、人々に情報を与えるというものがある。あるいは、選択を簡単にするというのもある。人間は最も抵抗が少ない道を選びたがる。デフォルトルールのようなナッジが有効なのは、惰性と先延ばしの力のおかげだ。社会的影響力のおかげで上手く行くナッジもある。他人の行動を聞かされると、それならいいことだと考えて自分もやるということがあるだろう。確信がなくても、社会規範を破りたくないために、同調するかもしれない。デフォルトルールが有効なのはまさにそれで、暗示の力があるからだ。他人の行動についての情報だけでなく、すべきことだと「考えられている」ことについての情報も含まれる。惰性と暗示が重なると、強力な効果を発揮する。

定年後のためのプランが自動加入になっていると、そこから脱退するような面倒は選ばない。「明日脱退しよう」と思うかもしれないが、その明日は決して来ない。ナッジには、これまで明白ではなかった事実や選択肢やリスクを見せること（「催促――請求書の支払期限が来ます」）で上手く働くものもある。色や大きいフォントを使うのもナッジだ。グリーンの包装紙のキャンディの方がヘルシーだと人は思いがちである[6]。広告業者は当然ナッジを用いる。政府が飲酒運転や喫煙を減らすキャンペーンを行うときには、ナッジを実践している。

決断を下す際、人々は特定の選択アーキテクチャに照らして行っている。この場合の選択アーキテクチャとは、選択する際の背景となるものと理解される。そういう選択アーキテクチャもナッジだ。カフェテリアのデザインは、客の、特に健康面について影響が大きくなるような選択に影響を与える。そのデザインは、ナッジを意識してのものではなかったとしても、ナッジになっている[7]。職場にも選択アーキテクチャはある。それによって人々の交流が盛んになったりならなかったりして、人間関係や協力関係に大きな影響を与える。職場での個々のスペースが近接していれば、あらゆる創造性が育まれる（私が二〇年以上勤務したシカゴ大学ロースクールは、研究室が近接していることで大きな恩恵を受けている）。

デパートにも選択アーキテクチャがある。選択を奨励したり、何も買わずに店を出ることを思いとどまらせたりするような選択アーキテクチャだ。人を混乱させるような、フラストレーションを感じさせるようなデザインで、客が店を出ることを困難にするイケアは選択アーキテクチャの達人だ（イケアで買った家具を組み立てる作業は悪夢みたいなところもあるが、その共同作業はカップルの関係を修復する治療のような役目も果たすようになった。個人的には、この治療が上手く行くことはないと思っているが[8]）。デパートの売り場の配置が偶然の結果で、人々を導くことなど考えていなかったとしても、客が選ぶものに何らかの影響を与えることは確かだ。(9) デパート側は、そんなことお見通しである。

空港にも選択アーキテクチャはあり、そのデザインは人々に買い物をさせることだけを目的としている。税関や出国管理カウンターへ向かうのに、ショップを避けていくのが不可能になっていることもあるくらいだ。人々は最初に見たものを買う傾向がある。(10) 経済学者ですら、リストの最初に出てくる記事や本をよく読む。(11) 人々の関心を引きたければ、最初に出すといい。

法律とデフォルトルール

契約法にはデフォルトルールが浸透していて、何も言わなければどうなるかを規定している。もちろん沈黙は契約を成立させるものではないが、いったん契約関係に入ると、その隙間をどのように埋めるかはデフォルトルールが決める。そのルールは私たちの権利や生活に大きな影響を及ぼす。雇用者、融資機関、レンタカー会社、ホテル、クレジットカード会社、さらには配偶者や子どもたちなどとの法的関係は、ほぼデフォルトルールで成り立っている。社会福祉や職業訓練プログラムも通常デフォルトを伴う。

契約者双方が、たとえば雇用が「任意」か「正当な理由によるもの」かについて何も言っておらず、雇用者が何らかの理由で、あるいは理由がなくても、その契約を終了できるかどうかについて何も規定していない場合、法律がデフォルトを形成することになる。どちらの可能性も自然に定められたものではなく、空から降ってくるわけでもない。雇用が保証されているかどうかは、法制度が作るデフォルトルールに左右される。様々な形の「黙示の保証」（言語化されてはいないが、確かに存在する担保責任のこと）の例では、この保証が人々の取引の基盤となるが、望むなら人々はこれを放棄することもできる。[12] 法律以外にも、携帯電話、タブレット、コンピュータには必ずデフォルトがついてくるが、利用者はそれを変えたければ変えることができる。

デフォルトルールには見えやすいものも見えにくいものもあるが、どちらもナッジである。GPSのような機能を果たし、時には、好みや価値観の形成も手助けする。一方で、年齢差別を受けない権利があるが、報酬を貰う代わりに（たとえば退職時に）、年齢差別で訴える権利を放棄できるという状況があるとする。他方、年齢差別を受けないという権利はないが、金を払えば年齢差別で訴える権利を買えるという状況があるとする。前者の場合、権利を放棄するのに高額を要求するかもしれないし、どんなに金を積まれても充分ではないと思うかもしれない（極端な例だが、ありえないことではない）。後者の場合、権利を買うのに払おうとする金額ははるかに安いかもしれない。これは「授かり効果」という考え方の基本を表している。この効果では、最初から与えられていた権利についてはその価値を高く評価するようになる。[13] 人は、初めから持っていたものの価値は高く評価する。官民双方の機関とも、まず初めに何かしらの特典を認めることがあるが、それによって、人々の好みや価値観に影響を与えているのだ。市場はそうした特典なしには存在できない。つまり、そんなものない方がいいと思っても無駄なのだ。

デフォルトルールは人々に特典を持っているかのような気を抱かせる。そして、人々はそんな気持ちになると、持ち物を諦める代わりに多くを求めるようになる。この点から見ると、デフォルトルールは選択の自由を保持するが、中立的とは言えないかもしれない。人々の評価の方法や程度に影響を与えているとも言える。

これを問題だ、危ない傾向だ、と思う人もいるだろう。自分たちの価値観や生活の重要な側面が、自分たちで選んだわけでもない、見も知らずの他人の行動や判断、望みを反映しているかもしれないデフォルトルールに左右されるというのには我慢がならない（これから見ていくが、人々の多くは自分で自分を代弁することが大事であると考えて、ナッジに反対する）。とは言っても、その影響はすでに存在していて、文句を言っても無意味だ。

また、注意力というのはふんだんにあるわけではないことにも留意すべきだ。この点ではお金と同じようなもので、上手い配分法を見つけなくてはならない。注意力は意識的かどうかにかかわらず、常に影響にさらされている。融資、教育機会、ローンの借り換え、許認可、訓練、財政支援等々への申請を複雑で面倒なものにすれば、人々は申請しなくなるかもしれない。その結果、多くの資金が失われる。(14) これは、規制の作成や適切なナッジの実践に関係してくるポイントだ。人々の注意を一定の方向に向かわせることで、民間部門は人々の役に立つことも、害を与えることもできる。公的部門も同じで、意図したかどうかは関係ない。規制は、状況のある側面を目立たせることになり、目立つことがナッジになるのである。

将来は、貧困対策[15]、環境保護対策（第7章参照）、エネルギー政策、退職や社会保障政策[16]、肥満対策[17]、教育政策[18]、健康増進策、そして臓器提供奨励策[19]などの改善に、新たな選択アーキテクチャを創造することもできる。人種差別や性差別への対策、障害者保護や経済成長促進のための新たな選択アーキテクチャも考えられる。[20] こうした分野でも選択アーキテクチャについて、これから多くの努力を費やしていかなくてはならない。[21]

ナッジや選択アーキテクチャの中には確かに、深刻な倫理的問題を生じる可能性があるものもある。たとえば、人種、性別、宗教を理由に差別することを奨励するナッジを政府が行ったとしたらどうだろう。ファシスト政権はどれも（ほぼ例外なく）ナッジを利用する。ヒトラーは「ナッジ」したし、スターリンもした。テロリストも「ナッジ」する。正しい情報（たとえば犯罪率についての情報）でも、暴力と偏見の炎を煽ることがある（犯罪が横行していると知ると、人々はそれが社会の規範だと思って、犯罪に手を染めるようになる）。暴力に傾倒する集団や国家は目的のためにナッジを利用することが多い。ナッジには不正な目的がなくても、「ナッジ」する側が人々に敬意を持っているかどうかは疑わしいこともある。

ナッジと選択アーキテクチャに関する最大の懸念は、①福利、②自律、③尊厳、④自治の四つの根本原則に関するものだということはすでに述べた。ナッジの中にはこの四つのどれかと相反するものもある。福利増進のためのナッジが人々の金と時間を無駄にしている例はよくある。役に立たないデフォルトルールや、必要以上の保険に加入させようとするキャンペーンとか、愚かな投資をさせようとするキャンペーンがそうだ。ナッジは環境に有害になりえるし、実際なっている。公害はある意味、役に立たない選択アーキテクチャがもたらした結果である。犯罪や腐敗が横行するのは、選択アーキテクチャによって、犯罪が割りのいいものになったり、焚きつけられたりしているからかもしれない。

抽象化の罠

倫理的な問題に取り組むためには、原則を実践に照らし合わせてみることが極めて重要だ。今後の方向性を示すためには、選択アーキテクチャを改変する可能性のあるナッジについてより詳しく論じることが役に立つのではないだろうか。というのも、政策について考える際に多大なる混乱を生じかねない抽象化の罠を避けたいのだ。イギリスの「行動科学洞察チーム」（ＢＩＴ）もアメリカの「社会科学および行動科学チーム」（ＳＢＳＴ）も、重要なプログラムを増やすなど、行動に大きな変化を生んできた。それも、大抵は深刻な倫理的問題を生じることなくやってきている。具体的な事例を検討することで、倫理的問題をより良い観点から見ることができるようになるはずだ。(22)

動機づけするナッジ

デフォルトルールは最もわかりやすく、また最も重要なナッジだが、ナッジには他にも次のようなものがある。

・事実を伝える情報開示（食品のカロリー表示など）
・簡素化（職業訓練や財政支援への申請など）
・生々しい画像を含む警告（タバコのパッケージなど）
・催促（払込み期限が近い請求書や給付金の締め切りなど）
・使いやすさや利便性の向上（ウェブサイト、空港、カフェテリアのデザインなど）
・個人仕様（対象者の個々の状況の把握、個々に都合のいい面接時間の設定、個々に即した行動の例示など）
・フレーミングとタイミング（受給の権利がある給付をわかりやすく示した文面を通じてや、人々が最も注意を向けそうな時期に催促やメッセージを送付するなど）
・より目立たせる努力（受給の恩恵を最も受ける人々に対して、それについてわかりやすく知らせるなど）
・社会規範の活用（自分のエネルギー使用状況について、隣人と比較した情報の開示など）(23)
・周囲の評価などの金銭的ではない報酬
・能動的選択(24)（「退職後のプランはどれが望ましいか」とか、「臓器提供者になることを望むか」という質問など）
・言質を取る戦略（人々に、禁煙やダイエットのプログラムに事前に加入させるなど）

これらのアプローチはすべて、選択の自由を保持していて、人々がそれぞれの道を進むことを妨げない。混ぜ合わせたり、組み合わせたりすることも可能だ。たとえば、喫煙者に対し禁煙プログラムへの参加を義務づけつつ、抜ける自由も認めるなどである。同じプログラムに催促や情報開示を組み合わせることも可能だ。医師は喫煙者に対し、能動的選択によって経済的インセンティブを伴う禁煙プログラムへの参加を「ナッジ」することもできる（六カ月間禁煙できたら報奨金があるなど）。「禁煙できたらお金が貰えるプログラムに参加する気がありますか」という質問の場合もあるし、「禁煙できなかったらお金を失うプログラムに参加したいですか」と聞かれる場合もあるだろう。このようなプログラムはかなりの結果を出しているという証拠がある。(25) 官僚が、喫煙に伴うリスクについての情報を開示しつつ、喫煙を減らす方向に働く社会規範を訴えるということもあるだろう。どれも、二つのアプローチを一緒に行って、結果を出そうとする試みである。

ナッジの中には、一定の人々（たとえば消費者）の選択の自由を保持しながら、別の人々（たとえば生産者）に対しては一定の行動を義務化するというものがある。これは重要な点だ。政府が大企業の経営側に対して、従業員を退職後に年金制度や健康保険制度に自動加入させることを義務づけたとしよう。この場合、従業員にとってはナッジだが、経営側にとっては強制だ。または、レストランや映画館チェーンに対し、消費者向けにカロリー表示を掲示することを義務づけたとする（実際、医療保険制度改革はそうした）。この場合、消費者にとってはナッジだが、レストラン側は強制されることになる。

政府が行うナッジには、集団Xに対し、集団Yをナッジすることを要求するという形のものもある。誰にも要求することがないナッジもある。GPSのようなもので、誰に対しても、「私は私の道を行くのだから、ほっといてくれ!」と言える選択肢を残す類のものだ。

ナッジは、個人の生活に対しても社会全般の福利に対しても大きな影響を及ぼす。その影響は、義務化や禁止、インセンティブに匹敵する。次にそうした例を挙げる。

・デンマークでは、退職後のプログラムに自動加入させる方が、かなりの規模の税的優遇措置より大きな効果を挙げている。(26) これは驚くべき発見で注目するに値する。デフォルトルールを参加選択から脱退選択に変更するだけで、参加選択を奨励するために現金を渡すよりはるかに大きな効果を生んでいる。

・アメリカでは、大学進学を希望する人を支援する財政援助の申請手続きの簡素化が、大学進学を奨励する効果としては、財政援助額を数千ドル増額するのと同じくらいの効果があった。(27) 理論的には、簡素化がそれほど大きな効果を生むとは期待されないが、時に多額の金銭的インセンティブと同じくらいに功を奏することがある。

・スウェーデンの大学では、プリンターのデフォルト設定を片面印刷から両面印刷に変更することで、紙の使用率が一五パーセント減った。効果はてきめんで、六カ月後も変わりはなかった。(28) 紙の使用削減のための啓蒙キャンペーンや倫理面からの説得(この効果はほぼゼロ)よりもはるかに大きな成果であり、紙の節約のために経済的インセンティブを与えるよりも効果は大きいと予想される。

・アメリカでは、消費者にエネルギー消費について隣人と比較した結果を伝えたところ、短期的な電気料金値上げ（八〜二〇パーセントの値上げ）と同じくらいのエネルギー使用削減の効果があったという。(29)

このような効果はどう説明したらいいのか。行動経済学では、人間の認知行動を二つに分けて考える場合が多い。「システム1」は速く自動的で本能的、「システム2」は遅く計算的で熟考する。(30) 笑顔を認識したり、二足す二に答えたり、夜中にトイレに行こうとするときにはシステム1が作用している。初めて運転を習ったり、五六三足す三二二を計算したりするときにはシステム2が頼りだ。システム1が正確に機能することを知っておくのは大事だ。速くて、無駄のないヒューリスティックを通じて、人々は予想以上に上手く行動することができる。プロのテニス選手は訓練されたシステム1を持っていて、どのショットを打ったらいいか一瞬でわかる。一方、システム2でも間違うことはある。掛け算の問題で人はよく間違うだろう。

だが、システム1には独特の行動的な偏りがある。短期的な見方を重視し、将来を過小評価する「現在バイアス」を示すことが多い。(31) 良きにつけ悪しきにつけ、人は非現実的なほどに楽観的だ。(32) リスクを判断する際、人はヒューリスティック、心理的な近道を利用する。それで上手く行く場合も多いが、残念な方向に導かれることもなくはない。(33) 蓋然性ということでは、人間の直感は、命の危険にかかわることも含めて、深刻な間違いを生むことがあり、その意味で上手く働かない。(34) 自動的なシステムとそれが間違いにどう結びつくかの評価については、激しい議論を戦わせている分野もある。直感は、私たちが通常置かれている状況にある場合には上手く働く。[35] しかし、直感が不発に終わる可能性があることに疑問の余地はなく、だからこそ、ナッジや選択アーキテクチャが助けとなることにも疑問の余地はない。事実、速くて、無駄のないヒューリスティックや、それが見せる「生態学的合理性」を評価する人々は、良い選択アーキテクチャの重要性に言及し、アーキテクチャが良くなかった場合に起きる害や混乱について論じる。[36]

政府省庁が行うナッジの中には、効果的な熟考を促し、人々が充分考えたうえで下す判断の役割を大きくすることで、システム2の強化を狙ったものもある。たとえば、関連する（統計）情報を、人々が理解できる形で開示するというものがある。このようなナッジは時に「ブースト（後押し）」と呼ばれ、人々が自分自身で選択を行う能力を高めることを目的にしている。「バイアスの払拭」戦略も同じカテゴリーに含めていいだろう。この戦略は具体的に、現在重視のバイアスや楽観バイアスに対抗するものである。[37] 請求書の期限についてのお知らせとか、わき見運転や喫煙についての統計的警告がそれに当たる。システム1に訴えたり、それを活性化したりするナッジもある。生々しい印象を与える警告がそうだ。人々に情報を提供して、その処理を促すことを目的としたシステム2向けの情報開示と、自動的なシステムに働きかけるシステム1向けの情報開示は区別すべきだ。厳密に言えば、システム1に訴えるのではなく、まさにその作用のおかげで上手く働くナッジもある。たとえば、デフォルトルールが大きな効果を生むのは、惰性の力が働くからである。[38]

行動のバイアスを利用したり、それに対抗したりするという根拠でナッジを正当化することもできる。惰性や引き延ばしの力だ。これから見ていくように、そうした働きについて、特にシステム1をターゲットにしている場合、倫理的な理由から猛反対する人々がいる。そのようなナッジは一種の人心操作だと考えるからだ。だが、行動の偏りはナッジの正当化に必要な根拠ではないし、ナッジはシステム1をターゲットにしたり、操作したりもしない。情報開示は、バイアスがまったくない状況でも役に立つ。デフォルトルールは生活をシンプルにし、行動の偏りがあろうとなかろうと、望ましいものになりえる。GPSはバイアスなどない人々にとっても役に立っている。

GPSの例が示すように、ナッジや選択アーキテクチャの多くは、人々が好ましいと思う行き先に進むのが簡単になるよう、「操舵力」を高めることを目的としている。そのようなナッジは、人生は操縦が簡単だったり難しかったりすることを理解したうえで、操縦を簡単にする方法として役に立つ選択アーキテクチャは望ましいものだという考え方から生まれた。これまでのところ、操舵力と（良い）ナッジには密接な関係があることについて充分な関心が寄せられてきたとはとても言えない。目的が操舵力の向上であれば、ナッジに対する倫理的反論の威力は半減、それどころか消滅するかもしれない。別の言い方をすれば、ナッジは社会生活を「読みやすく」するものである。

選択アーキテクチャとナッジは今や避けられないものであるが、特定のナッジの中にはやらなくていいものもある。政府が、禁煙や不健康な食生活の改善を図るキャンペーンに取りかからないという判断は可能だ。肥満の問題を無視することもできる。特定の投資に人々を向かわせるようなナッジを控えることもできる。とすれば、政府はそもそもナッジを最小限にとどめるべきではないかと考えるのもわかる。官僚の意図が信用できなかったり、彼らの判断は誤ることが多いと思ったりすれば、最小限に抑えてほしいと思うだろう。

三つの倫理的側面

倫理的疑問を検討するうえでは、三つの側面が特に大事になってくる。

(1) 自分への害と他者への害

自分に害を及ぼすナッジと他者に害を及ぼすナッジは区別しなくてはならない。貯蓄プランに自動加入させるなど、よく見られるナッジは人々が日常生活で自ら誤った決断を下してしまうことがないよう、人々を守ることを目的にしている（ここでは、自ら誤りと判断する場合を想定している。第3章を参照）。このようなナッジはパターナリスティックだとも言われる。少なくとも、人々を自ら犯す間違いから守ることを意図して選択アーキテクトが選んだナッジであればそうなる。だがナッジの中には、パターナリスティックかどうかの境界線を曖昧にするものもある。リスクに関連する情報の開示や理解の向上、操舵力の改善のための試みはパターナリスティックとは言えない。選択アーキテクトがリスク関連の情報を、人々が本当に理解できる枠組みで提供したとしたら、それはパターナリスティックな行動だろうか。おそらく、そうではない。パターナリスティックであるかどうかはともかく、ナッジの多く、影響の多くは、人々が自らに害を及ぼすことを防ぐため、あるいは、自らの得になることを容易にするためのものである。

ナッジには他にも、何らかの市場の失敗に対応するものや、第三者への害を少なくするものなどがある。犯罪抑止や、納税促進、環境破壊の防止などがどうだ。第三者への害を防ぐ類は、①外的影響を減らすためのナッジ、②囚人のディレンマに対応するナッジ、③協調問題を解決するためのナッジの三種類に分類することができる。(39) 第三者に害が及ぶもので、選択アーキテクトの目的がその害を減らすことであれば、いかなる意味でもパターナリスティックとはならない。第三者に対する害を減らすということについては、特に問題なく論じることができる。このカテゴリーに属するナッジの問題は、それによって、正しい意味での社会の福利が増進できるかだ。(40) この問題を実際に検討する際に役に立つ方法は費用便益分析である。かなりのギャップや限界はあるし、分配についての懸念が軽視されるかもしれないが、それでも役に立つ。(41)

すでに見たように、政府が市場の失敗に対応することの正当性については広く認められている。(42) 公害を悪化させる集団行動の問題に対処する行動を政府が取る場合は、パターナリスティックに行動する場合に生まれるような倫理的疑問は出てこない。市場の失敗に際しては、ナッジは原則として特に問題にならず、問われるのはその効果くらいだろう。標準的な市場の失敗では、単にナッジだけでは充分ではなく、強制も正当と認められるかもしれない（矯正的課税や規制権限の行使など）。だが、集団行動の問題の解決には社会規範が大きな役割を果たすこともある。ナッジは強制の補完、あるいはその代わりを務める。

(2) ナッジと教育

教育的なナッジとそうした特徴に欠けるナッジとは区別するべきだ。教育的なナッジ、あるいは「ブースト」は人々の知識を増やしたり、能力を高めたりすることで、人々が自らより適切な選択をできるようにするものである。このようなナッジは学習を促したり、控えめに言えば、バイアスが表に見えてこないような選択アーキテクチャを作ることによって、行動の偏りを克服、矯正することが目的である。知識や理解を増進することなく、人々を手助けするナッジもある。この特徴を持つのがデフォルトルールだ。

人々が自ら主張する力を強化することに注目すれば、教育的ナッジも倫理的に問題になることはない。その後の人生の得につながる一種の「資本ストック」を作り出すという意味では、むしろ歓迎されるべきものだ。政府が、人々が金融や健康に関連する選択についてより良く学べるような選択アーキテクチャを設計するとしたら、それに対して、少なくとも原則で反対する理由はない。だがここでも、得になるからといって、コストが正当化されるわけではない[43]。また、効果の面で問題になることもある[44]。

ここで強調しておきたいのは、多くの人々は教育や教育的なナッジは評価するものの、教育的でないナッジや、褒美を出したりして受け身の姿勢を促進する（いわば、人々を子ども扱いする）ナッジには疑念を抱くということだ。ジェレミー・ウォルドロンは言う。「お偉いさんが（私のことを思って）思慮のいたらなさや当てずっぽうな直感を補ってくれるよりは、自らより良い選択を行えるようにしてもらう方がましである」(45)。このような疑念は当然のことで、教育と能動的選択が最良のアプローチであることもある。ただ、「こともある」というのを「常に」とか「大抵」と読み替えるのは行き過ぎで、それは原則論に凝り固まった態度である。人生は短く、人々は忙しい。そして、良きデフォルトルールは天の恵みであり、天の助けになる「こともある」。

携帯電話、タブレット、医療保険、レンタカー契約などで、人はデフォルトルールの恩恵を受けている。これらに関係することについて充分な教育を受けなくてはならないとしたら、時間はあっという間になくなる。多くの場合、デフォルトルールは望ましい。人々が（たとえば）統計学や金融論の授業を受けなくても、（選択する人の立場に立っての）良い結果をもたらすことを促すからだ(46)。教育のコストが大きくても効果が出れば正当化できるのではないかという問いは必ず出てくる。だが、数多くの決断を下さなくてはならない人々に対して、商品や人間関係、行動に関連するすべてのことについて能動的な選択ができるレベルの教育を求めるというのは無理難題を押しつけるようなものだ。デフォルトルールは最良の方法かもしれない。何事も事実が大事だが、退職後の問題のある種のものについては、デフォルトルールの方が金融教育より望ましいという主張にも一理ある(47)。

教育や教育的ナッジにデフォルトルールより大きな利点があるのは確かだ。前者は、人が自ら決定を下す際に役に立つ「資本ストック」を作り出すからだ[48]。教育的ナッジや「ブースト」はそのようなストックを生み、それは、影響力の強さと持続といった面で、より良いものかもしれない[49]。だが、強さに注目すれば、たとえば、（昼食で）健康的な食事をデフォルトにすると、（スナックや夕食など）あとになって不健康な食べ方をすることになってしまうかもしれない。教育はこの点では効果が高い。デフォルトに導かれる行動は、デフォルトが続く限り継続する。しかし、デフォルトが変化すると、元の木阿弥となることもある。教育の効果はもっと長続きする。

これまでに述べた理由から、教育的ナッジの方が望ましいと思われるかもしれない。だが、デフォルトルールの方が好ましいこともある。選択する側に多大な要求をすることなく、より効果的で、教育が特に重要ではない分野の場合だ[50]。

(3) ナッジと行動のバイアス

行動の偏りを生んだり、利用したりするナッジは、そうではないナッジと区別しなくてはならない。そのようなナッジはシステム1に訴えたり、利用したりするものだが、他方でシステム2に訴えるナッジがある。行動の偏りをターゲットにしたり、それを利用したりするナッジは、熟考を促すナッジより倫理的に問題になりやすい。前者は人心操作に近く、人々が自ら主張する力を軽視しているように思えるからだ。感情的に激しい反応を呼び覚ます、生々しい警告や、惰性や引き延ばし傾向を考えて、人々が行動を変えないことを前提としたデフォルトルールのことである。私たちは、学習や能動的選択を促す選択アーキテクチャを支持する。それらは、人々の行動の偏りをその人々の不利になるようには利用しないからだ。この見方では、行動の偏りに訴えたり、利用したりするアプローチには反対となる。この点は後でまた取り上げるが、パターナリスティックで教育的ではない、そして、行動の偏りを利用するナッジが、最も論議の的となるようである。

もう一点、明らかにしておこう。ナッジには、選択する人の利益のためではなく、（たとえば）平等についての考え方の中である特定のものを広めることによって、公平性について当然の疑問を呼び覚ますようなものがある。人種、性別、性的指向、障害に基づく差別について考えてみよう。こうした差別は社会規範によって醸成されるが、官民の機関によるナッジによっても醸成される。だが、同じ方法で差別を防止することもできる。啓蒙キャンペーンはそのような効果を狙ったもので、様々な形の選択アーキテクチャによって達成することができる。差別は選択アーキテクチャによって激しくもなるが、鎮めることもできる。障害者差別がその典型例だが、これはあらゆる差別に共通するポイントだ。女性はしばしば、女性を不利にするような選択アーキテクチャの被害者となっている。

もちろん、差別の中には、市民権法などを通じて法的に禁止されるものもある。所得格差を問題にするならば、所得税が最も効果的な解決策となる。これは単なるナッジではない。公平性という考え方には色々な形があり、労働時間の上限と最低賃金を定めた法律は公平性の観点から擁護される。選択アーキテクチャもナッジも、慈善の精神や寛大さを広める社会規範やデフォルトルールなど、公平性を促進するためのものが多い（「明日はもっと寄付しよう」という慈善のための寄付プランに自動的に加入させるなど)。そうであればパターナリズムの問題は起こってこないはずだ。ここでの倫理的疑問は、政府が自ら定義した公平性に従って、そのために正当な行為を行っているかということになる。

選択アーキテクチャと見える手

小説家デイヴィッド・フォスター・ウォレスの作品に次のような挿話がある。「二匹の若い魚が泳いでいたら、反対方向から泳いでくる年老いた魚とすれ違った。年老いた魚が、『おはよう、お若いの。水はどんな具合かな』と挨拶していった。二匹はそのまま泳ぎ続けたが、一匹がおもむろに呟いた。『水ってなんのこと?』」(51)。

これは選択アーキテクチャについての話だ。選択アーキテクチャは、見えるかどうかにかかわらず、避けられない。ここでの水のようなものだ。天気も一種の選択アーキテクチャである。人々の決定に影響を与えるからだ。たとえば、雪の日には特に四輪駆動車を買う客が増えるが、その車が中古車市場に出回るようになるのも異様に早い(52)。人間は何かしらの天気の下でしか生きることはできない。自然は「ナッジ」する。契約、損害賠償、財産についての普通法(コモンロー)は規制システムであり、かなりの柔軟性を残すにしてもナッジである。

こういう意味で、選択アーキテクチャは不可避である。なくなればいいと思っても仕方ない。路面店にもオンラインショップにもデザインがあり、先に見える商品とそうではない商品がある。メニューも選択肢を様々な場所に載せている。テレビ局には別々の番号が振り分けられているが、チャンネルを変えることなど造作もないのに、その番号が実は大きな影響を持つ。人々には小さい数字のチャンネルを選ぶ傾向があるのだ。(53) ウェブサイトにもデザインがあり、それによって、人々が選んでくれるか、何を選ぶかが変わる。(54)

選択アーキテクチャをもっと限定的に定義して、人間が意図的に作るデザインと言うこともできる。この定義はありえないとする根拠は言語学的にはないし、私も多くの場合、意図的なデザインということを強調したいと思う。それこそが倫理的な問題にかかわるものだからだ。だが、もし人々がいつ、どのように影響を受けるかを検討することが目的なら、広義の定義が望ましい。私たちの選択が、たとえば、晴れの日、予想外の涼しさ、突風、急勾配の坂、（ロマンチックな）満月など、誰の責任でもないアーキテクチャが作り出したものであることをわからせてくれるからだ。

どの定義に従うとしても、国家がナッジを避けることは不可能である。責務の多くにおいて、ナッジは文字通り不可避だ。オフィスやウェブサイトのデザインを思い出してほしい。自由放任主義に忠実な、あるいは忠実たろうとする政府でも、禁止事項や認可事項を設定しなくてはならない。取引開始時の所有権を決めるデフォルトなどだ。法制度のデフォルト設定は「ナッジ」する。最も謙虚な国家もたくさんのナッジを行う。ここでも、意図的なナッジもあり、そうでないナッジもあることを指摘しておきたい。そして、倫理的懸念について論じるのであれば、国家による意図的なナッジはまさにそのど真ん中を突いている。

政府は、それなりの中立性を貫こうとする。それは本当だ。選択アーキテクチャの中には、ある種のナッジを控えるものもある。自由な社会はナッジすることなく、人々に信仰の自由を保証する。有権者が自ら支持する指導者を選べるという考え方を尊重する政治制度は、いかなるえこひいきも入り込まないように選挙のプロセスを管理する。結婚やセックスなど、極めて個人的な選択について、公職者はナッジしない。

場合によっては、ランダム化が適切なこともある。ランダム化も一種の選択アーキテクチャで、倫理的な観点からは好ましいものかもしれない。投票用紙の記載の順番をランダムに決めるというのはどうか。ランダム化の目的の一つは、一定の目的のために選択アーキテクチャを意図的に利用するのを防ぐということだ。意図的な利用を防ぐというのは、公平性を尊重する観点から言えば、重要な利点である。

自生的秩序の意義

政府の行動に倫理的な疑念を感じる原因として、次のような見方があろうことは容易に想像できる。つまり、選択アーキテクチャは避けられない、だが、それが意図的なデザインだったり、誰かデザイナーが作ったりしたものではなく、自然、あるいは自生的な秩序の表れであることが重要だ。法律はその秩序に基づいて制定され、契約、財産、損害賠償についての法もそうだ。良くも悪くも、見えざる手の機能は選択アーキテクチャを設定する。(55) 社会で実践されていることには、意識的なデザインによるもののように見えるものもあるが、その多くは実際には人間の手でデザインされたものではないことが多い。通貨の話にその例が見られる。[56]

始まりは初期の金細工師たちで、彼らはいくらかの手数料を受け取って、人々が所有する金や貴重品を預かっていた。そのうちに、まず利口な細工師が、顧客が預けた金そのものを返さなくてもいいことに気がついた。次に、返却が一度に行われることはなく、返却される金は新たに預けられる金とでバランスが取れることが多いから、手許現金として置いておかなくてはならない金は預かった金のほんの少しの割合でいいことに気づく。後は、抜け目のない銀行家が預かった資金を証券投資や融資に使うようになるという話だ。それが、小規模の店のためを超えて、新しく生まれた銀行制度全体への配慮から通貨が作られるようになるという話につながっていく。

話の真髄は、多くの慣習や制度が作り出されたのは、「中央が決定した結果でもなく、そうしようとする暗黙の了解の結果でもなかったということだ。それは、数多くの、バラバラの個人が、別々に、『無邪気に』行った行動が集積されて全体としてあるパターンを作り上げたプロセスの結果である」[57]。こうしたプロセスに中央集権的な決定や暗黙の合意がなく、多くの人々の個々の判断の結果から生まれたとすれば、ここに非常に重要な防御手段が隠されている。もちろん保証はない。[58] バラバラの個人が常に良いものを作り出すわけではない。しかし、集積というプロセスに進化と市場の圧力が加わると、通常かなり上手く行く。法の多くはこうして生まれたのではないだろうか。デフォルトルールも含めて、法の多くは「慣習法」であるという見方は長年尊重されてきた。多くの人々の実際の行為を成文化したもので、権威的な命令によって生まれたものではない。これは、重要な防御手段となる。

デフォルトルールの中に政府の決定ではなく、伝統や慣習、自生的秩序、見えざる手からできたものがあることは重要である。雇用者と従業員は伝統に基づいて、残業や休日出勤、市民としての行為についてのデフォルトルールの作成に協力する。みんなの叡智を反映した伝統が、上手く作用する行動を生み出す基盤になることは多くの研究で証明されている。[59] デフォルトルールの根拠が伝統であるなら、官僚を信用しない人々も安心ではないだろうか。伝統や慣習は信用していい。長い間生き続けてきたのなら、それは賢明で有用、真に人々の生活を良くするものだろうと思えるからだ。公職者も法も、伝統を基盤にして、トップダウンの命令は避けるべきかもしれない。伝統が選択アーキテクチャとなり、ナッジするとしても、長く続いているという理由において信頼できるものになる。社会規範も同じように理解できるだろう。

このように考える人々は、「自生的秩序」と呼ばれるものを尊重する。[60] 公的な指示は一切ない中で、物事の正否の判断を含む社会規範を持つ組織が、人々の間で生まれたとしよう。調整の問題を解決し、人々が互いに礼儀正しく、思いやりを持って接する方法を何とか見つけ出し、しかも公共財への貢献にもつながるとする。[61] その秩序が真に自生的なものであるなら、それは、多くの人々が妥当とした判断を反映していると考えておかしくはない。前提条件によっては、自生的秩序は人々の福利を増進するものであり、信用すべきものであっても妨げるべきものではない。

ここでフリードリヒ・ハイエクの思想を見てみよう。彼は、「経験主義的に進化する伝統」を重んじた。「その伝統は意図せず生まれたものの成長を促す機会を確保するが、そこにこそ自由の価値は存在する。そして、自由な社会が有益な機能を果たすためには、そのように自由に発達した制度の存在が重要である。そうして生まれてきた制度や、慣習、習慣を尊重することなしに、自由への真なる信奉はありえず、自由な社会を成功させることもできない[62]」。

これは物議を醸す主張だが、真実とも思える。何にせよ、ハイエクが尊重したのは意図的なデザインも含めた、ある種の選択アーキテクチャのことであり、社会規範を作り出し、定着させ、継続させるようなナッジであれば、それもある程度は認めている[63]。見えざる手が規範を作り出すのであれば、それはよく見える手と同じようにナッジしている[64]。自生的秩序と見えざる手は、意図的なデザインよりはるかに危険度は低いし、前提条件によっては、それは善良な（適切な）ものかもしれない。それでも、それが選択アーキテクチャであることに変わりはなく、行動経済学者が言うように、善良であるものとして受け入れる前提条件については細心の注意を払わなくてはならない[65]。

ハイエクの考えでは、自由という観点から見て、意図的なデザインではなく「自生的に生まれてきた制度」を反映した選択アーキテクチャを重んじるのには特別の理由がある。私たちは「慣習や習慣」を反映したナッジには安心するが、そうしたものを軽視するナッジには懐疑的になりやすい。ここに、社会工学全般への懐疑心の根があり、その懐疑心はナッジだけでなく義務化や禁止にも向けられる。政府が情報開示を義務化しても、政府も誤りを犯すことがあると思うと、そもそも政府が情報開示を義務化することを望まない。政府がデフォルトルールを作ったり、促したりすると、人々を良くない方向に導くと思うなら、政府がそうしたことをすること自体を望まない。

契約、財産、損害賠償に関する法律が一種の選択アーキテクチャを形成し、それが正確には慣習に基づいたものとは言えなくても（ある程度の命令やデザインがかかわっている）、そのアーキテクチャを可能な限り柔軟にして、個人的な調整、つまりは自由の範囲を維持することはできる。長々と議論することなく簡単に言うと、国家や法は個人のやりとりについての根本的ルールを設定するだけで、具体的な結果を指定しないということも可能だ。(66) こうしたルールが（デフォルトルールのように）ナッジになったとしても、これは社会計画とは異なるもので、はるかに緩やかで危険が少ないものと見ることもできる。

確かに、刑法はある種の命令を伴う。殺人、暴行、レイプに対してはナッジだけでは対処できない。だが、刑法も暴力と詐欺に対する禁止規定（加えて、標準的な市場の失敗を矯正するという役割）だけにできないだろうか。そうすれば、自生的秩序とそこに生まれる規範が作り出すものに倣ったものになる。国家は、犯罪とする行為の種類を最小限にすることができる。刑法の範囲を、他者への害を中心に考える狭義の意味に設定し、ナッジを、狭義の刑法に有用な形のみに限定するという方法もある。

危険とリスク

自生的秩序が善良となるのはどんなときで、どんな理由でか。社会進化論のようなものがあるのか。(67)政府の行為は危険でリスクがあると見る一方で、自生的秩序と見えざる手がもたらす成果を擁護しようとすると、深刻な問題や反論に直面することがある。(68)たとえば、自生的秩序は、貧困と苦痛を放置することがあるし、見えざる手は肉体的・精神的障害のある人々に対しては充分に対応できないかもしれない。政府が人種差別を禁止したり、障害者のために適切な住居を提供する措置を取ったりするようなときは、見えざる手を当てにしてはいない。

さらに、長い間続いてきたというだけで、それが善きことの証だとするのは言い過ぎだし、馬鹿げてもいる。(69)長い間続いたというのには様々な理由が考えられ、惰性、習慣、無関心、適応、あるいは単に不公平な力関係によるものだったかもしれない。男女関係で言えば、伝統によって数々のデフォルトルールが作られ、それは法を通じてではなく、規範を通じて機能してきた（女性が家事のほとんどを行うなど）。そうしたルールが不公平であることを証明することは簡単ではない。伝統が公平で適切なものであっても、それはその伝統とともに生きる一人一人をナッジする。また、それを、人々の生活に大きな影響を及ぼす法に転換するには多大な労力を要する。

デフォルトルールは、多くの人々が進んで行うことの本質を捉えているからこそ選ばれ、その意味で「市場の模倣」であるとしても、人々の好みに影響を与え、したがって社会的結果に影響を及ぼすことに変わりはない。デフォルトルールは取引開始前にそもそもの権利──誰が何を所有するか──

を設定するものであり、だからこそ、人々の好みや優先順位に影響を与えるものであることを思い出してほしい。デフォルトルールの影響もそれなりに倫理的問題を生じさせる。それについては適切な場所で立ち戻って論じるつもりだ。今のところは、何かしらのデフォルトルールは時に避けられないものであることを指摘するに留めておきたい。

ランダムであることがそれほど重要なのはどうしてか。悪意ある選択アーキテクトがナッジの力を承知していると、多大なる害を及ぼすことができる。これに異論はない。結果を偶然に任せることに、ランダムであることが公平性の表れであるとする私たちの考えが示されている。これにも異論はないだろう。しかし、そうだからこそ、ランダムなプロセスには恣意性の弊害が現れる。つまり、勝者と敗者を分けるのは運命で、それぞれの功績や長所は関係ないということだ。(70) 何にせよ、自生的秩序説は何よりも国家の強制力を制限することを意図しており、ナッジを制限するわけではない。政府の正当な領域をどう考えるにせよ、最も深刻な害は（真に強制的な）義務化と禁止が引き起こすもので、選択の自由を保持するナッジが引き起こすものではない。

自生的秩序、見えざる手、ランダムなプロセスによって、政府が意図的に行うナッジに伴う深刻な危険や明らかな偏向のいくつかを防止できるのは確かだ。能力不足か不純な動機かによる官僚の間違いを本当に恐れるなら、ナッジの機会を最小限に留めたいと思うだろう。また、見えざる手の作用によって福利や自由が増進されると信じるなら、その作用がもたらす結果がナッジであっても、それを妨げようとは思わないだろう。

自生的秩序と見えざる手を絶対的に信奉する立場は、究極的には容認できるものではないと私は考える。それらは、福利、自律、尊厳、自治を促進するものではないからである。少なくともここで言えることは、ある程度の公的なナッジは避けられないということだ。自生的秩序と見えざる手を信奉するとしても、政府の一定の役割については認められるべきで、その役割の中に、特定の選択アーキテクチャとナッジは含まれている。

不正な理由と透明性

不正な理由で選択アーキテクチャが変更させられたり、新しいナッジが導入されたりすることがあることは強調しておきたい。ナッジや選択アーキテクチャの変更に対して強い反対が起きるのは、背後にある理由が不正ではないかという恐れによることが多いのは事実である。[71] これらの点から見ると、ナッジそのものに反対しているのではなく、特定のナッジの根拠に反対していると言える。

たとえば、有権者はそうでないことを明確にしない限り、現職を支持していると見なされるというデフォルトルールで民主的プロセスが歪められるという状況を考えてみよう。このようなルールは、民主主義の規範に込められている中立性という原則に反しているから、まさにその理由により受け入れることはできない。第6章で見るように、アメリカ国民は、国勢調査でキリスト教徒をデフォルトにするのをよく思わないし、有権者登録で民主党員をデフォルトにするのも面白くない。一方、マイノリティの人々が極悪非道な計画を立てているという話をでっち上げ、警告を発して、人々を恐怖に陥れることもあるかもしれない。社会規範を利用して不健康な製品を買うよう仕向けるというのもある（「多くの人がこの製品を買っているのだから、あなたも買うべきだ！」）。極端な例を挙げれば、官民どちらの組織も、人々を暴力に向かわせることも可能だ。

最適な選択アーキテクチャは能動的選択を促すものであることを覚えておいてほしい。人々が自らの意思を表明するよう、選択を「求める」アーキテクチャが正しいときもある。実際に選択することは強制せずに、望むものを尋ねることで選択を「促す」のが適切なときもある。促すというのはまさにナッジであり、人々に意思を表明させることを目的としている。選択という方向以外、特定の方向に人々を導くようなことはしない。

選択アーキテクチャは、公職者がその責任を負うものであれば、透明で、公の精査にかけられるものでなくてはならない。これは少なくとも、公職にある者が何かしらの改革を実施する場合、それを公にせずに行ってはいけないということを意味する。クリーンエネルギーや省エネを促進するためにデフォルトルールを変更するなら、何をしているか公表すべきだ。自治の原則は、ナッジの公的精査を求める。そのような精査は有害なナッジを防止するための事後手段となる。重要な事後矯正措置ともなる。透明性と公的精査は、福利を損なう選択アーキテクチャの可能性を低くする。国家は敬意を持って国民に接するべきだが、公的精査を行うことは、ナッジが福利を損なったり、自律や尊厳を害するリスクを減じたりすると同時に、敬意を表すことにもつながる。

透明性と公的精査は必要条件だけでなく、十分条件にもなるのか。答えは、十分条件とはならない、である。完全に透明であっても容認できない選択アーキテクチャがあることは想像に難くない。（透明でも）性別を基にした不平等を定着させるようなアーキテクチャもある。ここでも問題は、ナッジの目的が不正であるかどうかだ。これから見ていくことになるが、人心操作がかかわってくる場合、目的が不正でなくても、透明性だけでは正当化できないナッジもある。事前に公表されたナッジでも、サブリミナル広告のような形を取るものは、人心操作だとして正当なる反対に遭うだろう。この点については、第5章で詳しく論じる。

Chapter 3

ナッジとは何か?
——それぞれの判断に即して

公権力の行使に関して最も問題視されるのが、第三者が危機に瀕していない場合と、選択を行う人間の福利だけがかかわる場合だ。このような場合、ナッジの目的は、「それぞれの判断に即して、より良い結果となるよう、人々の選択に影響を及ぼすことになる(1)」。

ナッジの多くが、他者への害を減ずるためのものであるという点は強調しておきたい。環境分野では、それこそが選択アーキテクチャの主たる目的だ(第7章参照)。また、犯罪減少が目的の場合も、選択アーキテクチャは大いに役に立つ。だが、選択が個人の生活にのみ影響を及ぼす場合、そして、私たちが福利、自律、尊厳を重視するのであれば、まず考えるべきは、ナッジが人それぞれの視点から見て、当人にとって良い結果をもたらすかどうかである。人々が状況は悪くなったと確信しているなら、実際、悪くなっている可能性が高い。また、人々がそれぞれの嗜好や価値観に即して見て、そのナッジは害を及ぼしたと考えるなら、公職者は人々の自律と尊厳を尊重することに失敗したと肝に銘じるべきだ。

福利を重視するときと自律を重視するときとでは進む方向が異なることもあるかもしれない。だが幸運にも、「それぞれの判断に即して」という基準は、どちらの立場から見ても基準となりえる。この基準は公権力の行使のすべてを判断する基準として、少なくとも第三者が危機に瀕する場合でなければ、妥当なものであると言っていい。たとえば、国家が、人々を危険な食品や職場から守るために何かを義務化しているとしよう。このような場合は、その義務化が「それぞれの判断に即して」という基準を満たすかを確かめることから始めてみるといい。義務化は――その他すべてのインセンティブも――、この基準に照らして検討し判断することができ、場合によっては正当化することもできる。

実際の事例のほとんどの場合で、この基準は実に単純に用いることができる（したがって本章は比較的短い）。だが同時に、このような検証に当たっては、実践面でも理念の面でも当然に思える疑問が生まれる。その一つは、何かしら決まった分析方法を使えば、人々の嗜好を適切に反映する前提条件を見つける、あるいは、意思決定が理想的な条件の下で行われる際に人々が示す嗜好を見つけることができないだろうかというものだ。少なくとも人々が適切な情報を得ていることは確実にしておきたい。状況や選択アーキテクチャの形式によっては、人々が望むものを示す尺度としてまったく当てにならないものを作り出してしまうかもしれないからだ。他にもっと適切なものはないだろうか。実証的な

文献から拾ったいくつかの例を見てみよう。(2)

1. 年金プランについて、人々は、単にオプションで参加できる権利があるだけのときより、積極的に選択することを求められるときの方が参加する可能性が高い。
2. 健康保険について簡単に比較できる情報を与えられると、人々は低コストの保険を選択する可能性が高い。
3. 価格について、人々は、コストが配送料や手数料のような形に「隠されている」ものより、基本価格に含まれている製品を購入する可能性が高い。

人それぞれの視点から見てより良い結果をもたらすことを重視するのであれば、人は充分な情報を有しているときにどのような行動を取るか、積極的な選択をするときはどう行動するか、自らの判断を考慮したとき（製品や行動に関係するすべての事柄について考えるときという意味で）にはどう動くか、また、本能に任せ、無責任な考えに陥っているのではないときにどんな行動を取るのか、などといったことが気になる。

「それぞれの判断に即して」という基準は、大抵の場合問題なく適用できる。GPSが目的地ではないところに誘導してしまったら、きちんと機能していない。また、回り道で不便な道順を示したら、それを使用している人の判断から見て役に立っていない。リマインダー、警告、関連情報の開示などナッジの多くは、まさにこれと同じように考えられる。周囲の状況を扱いやすくすることで、「操舵力」を高めるようなナッジは、簡単にこの基準を満たすことができる（別の言い方をすれば、ナッジは世界を「読みやすく」する）。自分の生活には関係ないことをリマインドされても、（それぞれの判断に即して）良い結果はもたらさない。支払期限や医者の予約が近づいていることを知らせてもらえば、「それぞれの判断に即して」の基準を満たす。基準が満たされるかを調べるには、個々のナッジや様々な形の影響力を、それぞれの場合に応じて確かめなくてはならない。幸運なことに、大半のナッジはすぐに確かめることができるし、この基準が充分な指針となる場合が多い。

一方、この基準に深刻な疑念が生じることについてもすでに言及した。そうした疑念については、複雑でない方から順に検討していきたい。これから見ていくように、深刻な哲学的問題を投げかける疑念もあるが、それらも「それぞれの判断に即して」という基準が避けては通れないものだ。中には重箱の隅をつつくような疑念もあるが、倫理性の問題を理解するためには、そうした疑念にも目を向けなければならない。

情報に基づいた判断？

選択する者の判断を聞き、それを基準とする場合、選択を行う者にはどれくらいの情報を持っていてほしいと思うか。選択アーキテクトは、選択する者がよくわからないままに行う判断ではなく、情報に基づいて行う判断を意識すべきだというのも、まさにこの理由からである。明らかに自分には不利な年金プランを選択して、有利な方を選ばない。いくつかの健康保険の中から、特に利点があるわけでもないのに、他より高い保険を選ぶ。このような場合、選択アーキテクトは、そうした判断は情報に基づいた選択を反映したものではないとするのがフェアな姿勢だ。私たちの関心が福利であれ、自律であれ、情報に基づかない選択を尊重するのはいいアイデアではない。そのような選択は人々の生活を良くするものではない。自律した選択には、ある程度の知識が必要なのである。

実践面でも、こうしたシンプルな考え方が指針となる。人々が充分な情報を持っていないなら、選択アーキテクトは情報を提供するために――「ブースト」機能を持つナッジを提供するよう――動くべきだ。それには、情報を、人々が理解しやすいようにフレーミングする作業も含まれる。情報を持っている人間が行う選択について明白な証拠があるのであれば、(たとえば)食品の安全や職場での健康にかかわるような場合、選択アーキテクトはその証拠に基づいて、ナッジ、あるいは義務化や禁止の方法をデザインする。すべてに通用するものはない。人の嗜好や状況が多様であるからこそ、ナッジは強制に比べて、はるかに有効なのである。だが、ある化学物質が健康に害を及ぼし、情報を持った人々ならそのようなリスクを冒そうとはしないのであれば、それを禁止することに警戒心を抱く必要はない。

一方で、選択アーキテクトが、選択する者の実際の判断に縛られずに、選択者に情報があったらどのように行動するかを想像するようになると危険だ。これでは、選択アーキテクトは選択する者の価値観や信念ではなく、自分の価値観や信念に依拠することになる。そうなると、「それぞれの判断に即して」という基準の目的が失われる。選択する者に明らかに情報がないという場合でない限り、選択アーキテクトは選択者の実際の選択を踏まえて、情報を提供する――選択する者が利用したいと思うような情報を目立たせる、あるいはその歪曲を防止する――ことに努めるべきである。

よくある問題の一つに、官僚には、情報を持った人が自分にとって良い結果になったと判断するのがどんな場合かを理解するに充分な情報が不足しているということがある。外から見るだけでは、異なるナッジが生み出す様々な結果を――選択する者の視点から――比較することは決して簡単ではない。プリンターのデフォルト設定が両面印刷に変更されたら、選択する者にとって良い結果になるのだろうか。環境に優しいエネルギー業者に自動的に振り分けられたら、コストが低くかなり多様な内容で慎重な運用を行う退職金積立計画に自動加入させられたら、カフェテリアが低カロリーで（特に美味しくはない）食べ物が目立って選びやすいような形にデザインされたら、などなど。こうした問いに答えるのが難しければ、試験的研究や実験、その他を通じて、実際のデータを手に入れて、確かめるのが一番だ。また、専門家であれば当然、情報を持っている人間ならこれこれのアプローチを好むと言えるだけの知識を持っているはずだ。

情報を持った人がどう行動するかについて信頼できる証拠がないということで、深刻な問題が起こることもある。それでも、選択する者が下す、情報に基づいた判断は指針となり、守るべき規範となる。選択アーキテクトは自らの福利ではなく、選択する者の福利に集中すべきだ（適切に機能している市場システムにおいては、少なくとも楽観的な前提に基づけば、競合する勢力によって福利に集中する意識が促進されるはずだ(3)。

自己管理

自己管理がかかわる問題において、「それぞれの判断に即して」の基準をどう扱うべきかは難しい問題となる。たとえば、そのような問題に直面し、それに気づいているにもかかわらず、最初は本能に任せてしまうことを選びたくなるような人物を考えてみよう。この場合、次のどの判断を基準とすべきか。①ウォッカを欲しがるアルコール依存症の人物の判断、②依存症だが、アルコールを断ちたいと思っている人物の判断、③アルコール依存症を克服し、自分をそう導いてくれたナッジに感謝している人物の判断、の三つだ。これは、喫煙者、不摂生な食生活を送っている人、資産計画を立てようとしない人、しょっちゅう衝動買いをしてしまう人などに共通の問題である。

アルコール依存症を克服した人は、(少なくとも、非常に例外的な状況を除いては)「克服した」ことを後悔することはないと見ていいだろう。そうであれば、「それぞれの判断に即して」という基準は、「自己管理能力を阻害するような依存症やその他の問題に直面していた状況を克服した人の判断」を指していると捉えるべきだ。大切なのは人々が熟考したうえで下した判断であって、時の勢いで決めてしまう評価ではない。振り返って見たとき、貯金を始めておけば良かったとか、長期的な健康を考えて行動しておけば良かったと思うのであれば、熟考の結果としての、その判断の方を優先していいだろう。少なくとも、ナッジの方向について考える場合はそれでいい。誰にでも間違う危険性がある以上、選択アーキテクトは義務化や禁止を課すことについては慎重であるべきだ。

一つ問題となるのは、自己管理の問題と正当な理由があって短期的な満足だけを考えること（これには何の問題もない）の区別が難しいということだ。高カロリーの製品を提供するシナボン（シナモンロール専門のベーカリー）の巧妙な宣伝文句に、「人生には甘いものが必要だ」というのがある。これは時に冗談のもとにもなったりするが、人生には確かに、甘いものも必要である。つまり、自己管理の問題に見えることについて、どのように考えたらいいか、常に明白ではないということだ。健康には良くないが、美味しいデザートを食べてしまって、翌日後悔するとか、人生のどこかの時点において様々な相手と恋愛関係にあったことについて、思い返してみるとあまりいい気持ちにならなかったり。あるいは、一〇月に欲しかったもの（たとえば、着心地のいい、暖かい冬用コートなど）を購入したが、七月になって買ったことを後悔するとか。

確かに、今の自分は将来の自分についてはあまり考えない。だが、今の自分は過去の自分についてもあまり考えていないかもしれない。過去の自分が結構いい経験をしているのに、今の自分は（いい思い出という程度以上には）無関心だということもある。選択アーキテクトは短期的満足や一般的に楽しいとされていることを無視したナッジを設計してはならない。こうしたことは、人々の生活を良きものにするのに不可欠なのだ。

好みについての好み

人々は単に好み（第一義的好み）を持っているわけではない。そうした好みについての好み（第二義的好み）も持っている。[4] 人はただ判断を下すだけではなく、下した判断についても判断する（第二義的判断）。人は新しい洋服をたくさん買いたいと思ったり、テレビを長時間見ていたいと思ったりするが、同時に、そうしたくないとも思う。「人々の判断に即して」というとき、選択アーキテクトは第一義的好みを参考にすべきか、それとも第二義的好みを見るべきか。目標は、人々の選択を把握することか、それとも、人々が自らの判断についてどう考えているかを把握することなのか。

この問題は、自己管理に関して提起された問題と似たもので、ここでも、一般的な答えは至極明快だ。第二義的好みが「システム2」――この場合、人々の衝動や直感ではなく、熟考のうえでの判断という意味で――を反映するのであれば、その方が重要性は高い。人々は通常、直感を信じて生きると、後になって、そのおかげで害を被ったり、良くない、誤った方向に進んでしまったと考えるようになるから、直感のままに生きるのは良くないと考える。異なる見方がある場合は、選択アーキテクトは、熟考したうえでの人々の判断に従うべきだ。良くできた選択アーキテクチャの多くは、そのような判断を反映したもの、あるいは、そうした判断について考えさせるようなものになっている。そのようなアーキテクチャは人々が健全な決定を下すことを容易にし、不健全な、また危険な決定を下すことを難しくする。

だが、ここでも、難しい場合が出てくる。選択アーキテクトも誤りを犯すことがあるからだ。彼ら自身の判断や価値観によって、世の中の人々が実際には思っていない判断を、熟考のうえでの人々の判断だと思い込んでしまうかもしれない。だからこそ、人々が独自の道を選ぶ権利がぜひとも必要なのである。

難しい理由のもう一つは、「今の人生を楽しめ。これはリハーサルじゃないのだから」という言葉に集約される。「システム2」もこれを軽視してはならない。たとえ一本のキャンディバーでもこのうえもない喜びをもたらすことがある。理想的には、「システム2」は人生のあらゆる喜びを考慮すべきで、第一義的好みを否定するのであれば、それについても適切に考慮したうえでそうすべきだ。良きナッジは、この点を肝に銘じて、「それぞれの判断に即して」の基準を適用する。

事前の判断か、事後の判断か

「それぞれの判断に即して」という基準は、時系列的に微妙な問題を生む。選択する者の判断というのは、公的な介入の前の判断か、それとも、介入後の判断のことなのか、という問題である。事前の判断と事後の判断は異なることがあることを考えれば、これは重要な問題だ。選択する者の判断が——その人物の嗜好や価値観が——、ナッジに影響されたり、ナッジによって作り出されたものだとなると、人々が自分自身が下したと主張する判断自体が選択アーキテクトによって作り出されたものなのかもしれない。「それぞれの判断に即して」という基準にとっては、これは深刻な問題である。たとえば、選択アーキテクトが、環境面では劣っていても、安い事業者の方を選ぶことを可能にしておいたうえで、環境に優しいエネルギー供給事業者を優先する「グリーンな」デフォルトルールを作った場合だ。選択する者もそんなグリーンなデフォルトルールに、（惰性か、先延ばし傾向のゆえか）変更する気がないというわけではなく、それを支持するという調査結果も踏まえて納得している。

だが一方、人々が逆のデフォルトルールに満足していて、そのルールを支持しているという状況も考えてみよう。どんなルールが設定されているかによって、異なるデフォルトルールを支持することがありえる以上、この仮定も充分可能性がある。「現状維持バイアス」というものがある。これによれば、人々が現在実施されている政策が功を奏していると信じるときには、その政策を支持する可能性が相当の割合で高くなるという。[5] ナッジでもそれ以外の形の介入でも、それが人々の判断に影響を与えてしまうなら、そもそも判断の基盤となるものがなくなるのではないか。人々が、選択アーキテクトが選ぶアプローチを進んで受け入れる傾向があるときにも、「それぞれの判断に即して」の基準を適用すべきだろうか。そのような基準には、前例主義という致命的な欠陥がありはしないか。人々の判断が、すでに実施されているナッジの結果である場合、「それぞれの判断に即して」という基準を用いて特定のナッジを擁護することはできない。

もちろん、多くの場合、公的行為が選択する者の判断に大きく影響することはなく、事前でも事後でも判断が変わることはない。人は寒いのは嫌だから、デフォルトの温度設定が低すぎれば、それは人々の嗜好に矛盾する。多くの人々はコーヒーを飲むのが好きだから、コーヒーを飲むことを控えさせるようなナッジはその嗜好に合わない。給料の四〇パーセントを貯金や慈善団体への寄付に回すこともしたくない。行きたいところがあれば、そこへ行き着くいい方法を見つけたいと思い、運転を楽にするためにGPSや正確な情報を探す努力が必要でも、それが人々の気持ちに影響することはない。だが、ナッジやその他の公的介入措置に人々の判断が左右される場合には、基準を適用することが難しくなる。

そうした場合に利用できるオプションがいくつかある。その一つが、充分な情報の下に行われる積極的な選択を見て、人々が個々に求めているものを確かめることだ。そのような形の選択アーキテクチャは、人々の選択に影響を及ぼすことなく、人々の本当の判断を引き出すことができる。もう一つの方法は、様々なデフォルトルールでそのルールを拒否する人数を探ることである。(6) Aというデフォルトルールではそれを拒否する人が多く、Bルールではそれが少ないとすれば、Bルールの方が、人々の視点から見て好ましいと考えていいだろう。

それより複雑だが、より正確と考えられるのが、様々なデフォルトルールの例で離脱する人々について把握するというアプローチだ。離脱する人々は何かしらの問題を理解していて、離脱しない人々は単に惰性で離脱しないだけというのなら、そこから、情報を持っている人に適したアプローチについて学ぶべきことがあるかもしれない。(7) この場合、情報のある人々が離脱しているわけだから、その選択アーキテクチャ自体が適切ではないと思われる。最後に、様々な選択アーキテクチャで人々の福利がどのように扱われているかを直接賀す方法もある。どのようなアプローチが、人々の人生を改善するだろうか――たとえば、寿命を伸ばすとか、健康を増進するとか、幸福感を向上させるとか――。これには簡単な答えはないが、参考となる証拠は多少ありそうだ。(8)

客観的に見て、いい人生か？

人の人生は、客観的に見ていいか／悪いかがわかるが、人は人生を良くするものについて客観的な視点からはまずいと思われる決定を下すことがあるという考え方もある。このような見方をする人にとっては、「それぞれの判断に即して」という基準は問題だ。これは選択する人の個々の信念を重視する判断で、人の信念には非常に深刻な間違いに基づいたものもあるかもしれないからだ。

哲学者の多くは、人々が客観的に見て良い人生を過ごせる可能性を高める政府を標榜する「卓越主義」を信じている。(9) もちろん、卓越主義にも様々な形がある。リベラルな卓越主義は、人々は、本人が望む、望まないにかかわらず、自らの人生の物語の著者であるという意味で、自律しているべきであるとする。ジョン・スチュアート・ミルはこの形の卓越主義を信じていたようで、現代ではジョセフ・ラズがこの派の代表だ。一方、人にはそれぞれの才能を伸ばす能力があることを強調し、それができなければ、人生はいいものとは言えず、人間として完全であるとも言えないとする論もある。アマルティア・センやマーサ・ヌスバウムが提唱した「潜在能力アプローチ」は、選択の自由を幅広い視点で捉え、真に人間らしい人生に含まれるものについての指針を述べている。[10]「潜在能力アプローチ」はリベラルの伝統に合致しているが、卓越主義の要素を有していると見ることもできる。また、人の人生は神を敬うことによってのみ良きものとされるとする卓越主義もあるだろう。これらの卓越主義に共通するテーマは、人の人生には良きものと悪しきものがあり、社会が人々の人生を良き方向に導くことは当然であるという考え方である。

このような信念の人々にとって、「それぞれの判断に即して」という基準は、主観的すぎるし、個々の選択者の考えを尊重しすぎるという意味で、根本的に誤っていると思えるだろう。選択する者の判断が間違っていたとしても、それが優先される余地を認めている。その人の決断が、短命で、つまらない、不健康な、意味も喜びもない、辛いことばかりの人生をもたらすものでもいいのだろうか。[11]そのような状況でも、選択アーキテクトは選択する者の意思を尊重すべきなのだろうか。「それぞれの判断に即して」の基準が人々をどこへ導くかを考慮に入れるべきではないのか。

こうした疑問は政治哲学の分野では重要なものであるが、ここで適切に答えることはできない。[12]だが、理論と実践に即して考えれば、卓越主義を拒否すべき理由は数多く見いだせる。選択アーキテクトが選択する者の意思を尊重するのは、（宗教において神の意思を尊重する道として伝統的に教えられるように）選択する者が自らの人生に対して持つべき究極の権利（主権）を認めるという、倫理的判断があるからだ。そうした倫理的判断の基には、福利、自律、尊厳についての考え方があるかもしれない。あるいは、選択アーキテクト自身の謙虚さゆえに、選択者の意思を尊重するのかもしれない。自分の人生がかかっているという立場に比べれば、選択アーキテクトにわかっていることはわずかだ。選択アーキテクトが卓越主義を拒否し、「それぞれの判断に即して」の基準を適用するのにはそれなりの原則があるのである。

幸運なことに、適切な選択アーキテクチャの多くでは、どのような形の卓越主義であれ、それへの賛否を考える必要はない。たとえば、健康的な食生活、定年後に備えての貯金、禁煙やアルコール依存予防、無駄使いの抑制を目的としたナッジを考える選択アーキテクトがいる。このようなナッジは卓越主義に近い人を含め、理論的に様々な立場の人々から支持を得ることができる。同じことは、食の安全に関する法律など、より厳しい規制についても言える。つまり、選択アーキテクチャの多くは、不完全な理論的合意——道徳的および政治的思想面では合意していない人々、あるいは、そうした問題についてはどう考えていいかわからない人々、からの合意——のうえに成り立っていると言っていい。[13]

問題によっては当然、根本的な問題についての意見の相違が、大きく影響してくることもある。私としては、「それぞれの判断に即して」の基準を適用すれば、そうした相違はそうそう起こらないと考えたい。そうは起こらないというのがどの程度の範囲のことなのか、次に考えてみよう。

Chapter 4

四つの価値とナッジの関係

政府の行動は、福利の増進、自律の促進、尊厳の尊重、自治の促進の四つの観点から評価できると述べてきた。また、この四つの価値は相互に矛盾することがあるとも述べた。だが、重要な問題では多くの場合、矛盾することはない。ここでは、選択アーキテクチャとそれぞれの価値との関係について、特にナッジの役割に注目して検討しよう。

(1) 福利とナッジ

人の「福利」(ウェルフェア)を大切にするのであれば、官僚にとっての指針は簡単明瞭で、社会の福利を促進するために行動せよ、というだけのことだ。[1] ところが、福祉という考えを具体化する方法には様々あり、どうしたら福祉を測れるのか、あるいは促進できるのかについては明確ではない。フリードリヒ・ハイエクに関連する考え方に、政府は財産権、契約の自由、自由市場を包摂する基盤構造を設定し、後は、その構造が全体として社会の福利を促進するのを待つというものがある。[2] しかし、ハイエク自身認めたように、この枠組みはいくらなんでも単純すぎる。政府は、どのような形であれ社会の福利のためには、これ以外の行動もする。何と言っても、市場の失敗は正さなければならないし、そのためには多くのことをしなくてはならない。特に（だが、この場合に限らず）、市場における行動の失敗がかかわるときはなおさらだ。

様々な介入策（無介入も含めて）の効果を把握する目的で行われる費用便益分析があるが、政府の行動の福利への効果を見るには、それが最もやりやすい方法だろう。福利が指針ならば、義務化にも禁止令にも制限はない。その指針が正当化の充分な根拠となるからだ。大気汚染の規制は健康やその他の面で、コストをはるかに上回る効果がある。職場の安全や健康関連の規制は、過大な負担を強いることなく、多くの人々の命を救うことができる。環境や職場の安全に関する規制は社会の福利を損なうどころか、充実させるというのはもちろん真実である。だが、ここで必要なのは、規制が及ぼす人への効果の説明であって、規制そのものを讃えることではない。時に、選択を維持するアプローチより義務化の方がコストが高くなり、効果から見てそうした高いコストを正当化できない場合がある。つまり、福利が指針であるなら、政府がすべきことについての分析は、適切な費用便益分析を通じて得られる知識を踏まえ、それを参考にして行われるべきだということだ。大事なのは、詳細である。

大気汚染問題については、原則論で言えば、誰も異論を唱えないはずだ。外在する問題であり、政府による何らかの行動は、その対応策として正当化される。現時点の目的からいうと、最も困難で、また興味深い問題となるのは、自身に害を及ぼすような状況で、そうした場合には福利とパターナリズムの関係が生じる。福利を大事にするならば、人々が自ら悪い選択をしてしまうことで被るリスクの削減を意図したナッジを支持するのがいいのだろうか。

そのような選択アーキテクチャは、パターナリスティックであることもあるし、ないこともある。政府が状況を複雑化するのではなく、シンプルにするのであれば、パターナリズムを問題にする必要があるかについてすら定かではない。だが、ナッジの多くが、選択アーキテクチャを通じて選択する人を（まさに、選択する人自身の判断に即して）自らの福利増進の方向に誘導しようとするものである以上、「リバタリアン・パターナリズム」の一種であると見られるのも事実だ。選択する人自身が最もよくわかっていると考えるのなら、誘導するような試みはどれも、少なくとも福利が道標である限り、心得違いである。

道具的パターナリズム

先の反対意見にきちんと応じるためには、ナッジについて、①ソフトであり、同時に②道具としてのパターナリズムの意味で語っていることを確認しておくことが重要だろう。[3] まず、強制や物質的なインセンティブを避け、選択の自由を維持するという意味でソフトである。[4] そして、人々の目標を疑うとか、修正するとかを意図していないという意味で、道具的である。GPSのように、目標を尊重する。福利を根拠にパターナリズムに反対する人にとって、最大の懸念は強制（選択の自由が守られない状況）がかかわるときであり、社会プランナーや選択アーキテクトが人々の目標を尊重しない事態である。[5] その意味では、ナッジは、福利を根拠にした、パターナリズムへの典型的な反論に対しては、それに該当するようなことを避けようとする。

それでも、福利を大事にする懐疑派の中には、そのようなパターナリズムにも異議を唱える向きもある。[6] 人は、自身の目標について最良の判断を下せるだけでなく、目標を達成する方法についても最良の判断を下せるのではないかというのである。GPSが示した経路があっても、景色がいい経路の方を選ぶことがあるかもしれず、GPSはすぐに目標を理解したり、そのための回答を出せるわけではない。人は健康を望むかもしれないが、その目標に向かうための方法についての考えは、ダイエット、エクササイズ、睡眠、心理状態など様々な要素を天秤にかけ、複雑な経路をたどるものかもしれない。選択アーキテクトが、その中のただ一つの要素（ダイエット？）に注目するだけなら、当の人物が目標を達成する最善の方法を選べる立場には立てないだろう。

さらに、方法と目標は、常に簡単明瞭に区別されるものではない。問題の一つは、人々の目標を述べるときの抽象度のレベルだ。人々の目標を非常に具体的なレベルで語る――あのブラウニーを食べる、あのタバコを吸う、運転しながらメールを送る――などの場合、方法そのものが人々の目標となる。ブラウニーがまさに欲しいものであり、（食べるという行為自体を除けば）何かのための方法ではない。一方、人々の目標を非常に抽象的なレベル――「良い人生を送る」――で語れば、ほとんどすべてのことが、その目標のための方法となる。だが、そうしてしまうと、私たちは人々の真の関心事を摑めない。人々にとって大事なことが見えなくなる。この点は、純粋に道具的なパターナリズムの支持派にとっては課題だ。人々にとって大事なことが誤解されないように、あまりに抽象的すぎるレベルで人々の目標を語ることがないよう注意しなければならない。

GPSを喩えに考える限り、ナッジが反感を呼ぶほどパターナリスティックなものだとは思えないだろう。多くのナッジは、人々が自分で選んだ目標を達成するための最善の手段を見いだす手助けをすることだけを考えたものだ。人々が事実について誤認している場合（たとえば、消費者向け製品や投資の内容について）を例にしてみよう。ナッジが人々に情報を提供するようなものであれば、人々の目標を尊重していることになる。あるいは、製品の特徴がはっきり見えない場合、ナッジは、人々が製品のありのまま（たとえば、エネルギー効率の悪い冷蔵庫にかかるコストなど）を見ることができるようにする。また、人々が行動バイアスに陥っている場合はどうだろう――利用可能性ヒューリスティックに囚われているとか、非現実的な楽観主義のせいとか。そうした間違いを正すようなナッジは、人々が目標を達成する助けとなる。

確かに、行動バイアスの中には、こうした視点で検討するのがそれほど簡単ではないものもある。現在バイアスに囚われている人々に対して、ナッジは、手法としてのパターナリズムの一種と言えるだろうか。たとえば、一年先や一〇年先についてはあまり考えず、今日、明日のことだけを見て、今、度を越した賭け事や飲酒をする人や運動をしない人がいる。ナッジによって、そうした人たちの関心を将来のことに向けさせられるなら、それは、長期的に見て、人々の福利を全体として増進することになるかもしれない。だが、そのようなナッジは手法にだけ目を向けたナッジなのだろうか。人間を、一瞬一瞬の自己の連続であると考えるなら、選択アーキテクトは福利を、初期の自己から後期の自己へと再配分している（そうすることで、福利を最大化すると仮定できる）ようなものだ。後期の自己が初期の自己より多くの利益を得たり、損失を少なくできるのであれば、これはいいアイデアだろう。しかし、これを道具的パターナリズムと言えるのかは、正直定かではない。現在バイアスに抗する動きは、選択する者が選択したときに目指した目標をないがしろにすることだと考えることもできるだろう。

ジョン・スチュアート・ミルの議論

難しい問題はいったんわきに置いて、選択アーキテクチャの中にはパターナリスティックと言えるものもあると認めよう。福利が大事と考える際、それは何らかの問題になるだろうか。「パターナリスティック」は状況描写の言葉であって、良し悪しの判断を含む特性を表す言葉ではない。したがって、パターナリズムに反対すべきかどうかを考える際には、どのような理由で、どのような時にパターナリズムは間違いなのか、悪しきことなのかについて検討する必要がある。おそらく自分こそが自分の利益を守るのに最適な人間であり、他者にはできないと、ジョン・スチュアート・ミルが信じていたことはよく知られている。(7)『自由論』の一節で、彼は次のように論じた。

文明社会の一員である人間に対し、その意思に反して権力を正当に行使できる唯一の場合は、他者に危害が及ぶことを防ぐのを目的とする場合である。その人間自身の、物理的および精神的福利だけでは、権力行使の充分な根拠とはならない。彼にとってそうすることの方がいいから、あるいは、そうすれば幸福になれるから、あるいは、他者の目から見て、そうすることが賢明で、正しいことであるから、という理由で、行動を強制されたり、抑制されたりすることは正当ではない。(8)

ミルは有名な説「他者危害の原則」について、いくつかの論拠を提示している。中でも最も重要で、本論に関係深いのが、自分自身にとって良きことを知るのに最適の立場にいるのは本人であるというものである。ミルの考えでは、政府の役人も含めて他者にまつわる問題は、必要な情報を持っていないということだ。ミルは、「自身の福利に最も関心を持っているのは」本人であり、「ごく普通の男も女も、他者が持てる知識をはるかに超える知識を持つ手段を有している」と主張した。社会が個人の評価を退けようとする際は、「一般論」を根拠とするが、それは「まったく誤っている。たとえ正しいとしても、個々の事例に誤って適用されてはならないものであろう」。ミルは、人々の生活が上手く進むようにすることが目的であるなら、その最善の方法は、公職にある者が、人々が自らの道を見つけ出すことを許すことであると述べた。同じ流れで、ハイエクは「我々は（計画する立場にある）人間が知ることのほとんどについて、絶望的に無知であるということに気づくことが、自由を標榜する最大の根拠となる」と論じた。(9)

ミルとハイエクがナッジではなく、強制に注目したという事実は重要である。そのため、情報公開や警告、リマインダーなどの類のナッジへの反論として、二人の議論を取り上げるのは奇妙に思えるだろう。だが、自らの状況を判断するのに最適な人間は本人であると信じるのなら、このような、ちょっとした介入に対してさえ疑念を持ってもおかしくない。公職者は誤った情報の公開を求めたり、誤ったことをリマインドしたり、充分な効果がないのにコストを課してくるのではないだろうか。一般論として、ミルとハイエクは（ナッジをする／しないが選べる場合）いかなるナッジにも反対する根拠とされてもいいだろう。パターナリズムへの二人の反論に本能的な共感を呼び起こすアピールがあることを否定する人間はいないはずだ。だが、二人は正しいのだろうか。

これは、実証が必要な問題で、机上の空論や本能で適切に応えることはできない。ミルの「他者危害の原則」の根拠となっていたものの中には、行動経済学の研究によってすでに論破されたものもある。人は多くの間違いを犯し、そうした間違いが多大な害を及ぼすことがあることを、行動経済学が明らかにしたからだ。研究結果を見ると、福利を大事にするならば究極的には「強制的」なパターナリズムも、少なくとも行動バイアスが存在する場合には、受け入れるべきだと考えるのも可能に思えるくらいだ。すでに、熱心にそう論じている人々もいる。(10)

そうした議論を理解する方法が一つある。公職者が課す義務化は、一般の人々から権限が移譲されたことに呼応してのことだ。[11] 人々は自分が知らないことがたくさんあること──発がん性物質、食の安全、金融商品などについて──を承知している。だから、公職者に自分たちの情報不足を埋める権限を進んで与えているのかもしれない。そのような権限はナッジの形を取るだろうが、時には義務化の形も許すかもしれない。実際、人々がそのような権限移譲をしたいことを示す証拠もある。[12] 一般的な話としては、福利を大事とするなら、──パターナリズムを拒否すべき原則や前提を裏づける体系的な議論がある場合を除いて──パターナリズムはケースバイケースで評価されるべきだということだ。

行動経済学の研究結果にもかかわらず、選択アーキテクトより選択する者の方がよく知っているという判断に根ざした一般論的前提については、第8章で詳しく検討するつもりだ。ここでは、興味深い調査結果を挙げておきたい。プレゼントを贈り合う季節、家族や親しい友人は共通の間違いを犯す。価格ほどの価値がないプレゼントを贈ることが多いというのだ。[13] 家族や親しい友人でさえそんな間違いを犯し、相手が欲しくもないプレゼントを贈るというのなら、確かに、自分の価値観や嗜好にピッタリのものがわかっているのは本人だけだろうと結論せざるをえない。外部の人間、特に政府で働く人間などにわかるはずはないだろう。

だが、選択者に事実についての知識が不足していたために、誤った判断になるという場合があることはすでに確認されている。少なくとも、教育的なナッジは当然の矯正措置である。場合によっては、良きデフォルトルール——年金制度への自動加入など——は、福利を根拠としても否定しがたい。確かに、積極的な選択の方がいいかもしれないが、その結論はすぐには見えない。福利を重視するのであれば、それぞれの状況について最適なことを知っているのは通常本人であることを理解して、選択の自由を維持するアプローチを支持するようになる。デフォルトルールがパターナリスティックな側面を持つからといって、福利を阻害するものだということにはならない。

パターナリズムはしばしば（いつもではない）、人々の福祉を増進するのではなく減じる可能性があるからという理由で反対される。だが、その可能性は、パターナリスティックなナッジに対する有効な反論とはならない。なぜなら、ナッジはナッジでしかない。選択の自由は維持され、それによって福利へのリスクは（完全になくなることはないが）削減される。選択する者が間違いを犯す以上、ナッジは福利を増進する。福利を指針とするならば、ナッジ全体に反対することに納得できる理由はなく、実際、ナッジの多くは倫理的に必要とされるものでこそあれ、禁じられるものではない。

ただ、一つ考えるべきことがある。やるか、やらないかを選べるナッジで、同時に、公職者が信用できない——あるいは無知か、偏見を持っているか、その両方かの——状況で、市場では活発な競争が行われ、消費者、投資家双方にとって充分な安全策として機能している、という場合を考えてみよう。これにさらに、人々が大体において良き選択をするという条件を加えると、（オプショナルな）ナッジに反対する原則あるいは推論を認めざるをえないことになるかもしれない。ケースバイケースの判断に代えて、福利という基盤でそのような原則や推論を適用することは素晴らしいことかもしれない。

理論的には、そのような議論も排除することはできないが、その前提のいくつかは非常に極端なものだ。喫煙、飲酒、シートベルトの着用、薬物乱用、肥満などに関しては、政府による啓蒙キャンペーンが功を奏し、多くの人命を救ってきた。非常に効果の高いナッジの例を最近多く目にする。[14] 市場に関しては、理論でも実践でも、競争に参加する者は人々の無知や行動バイアスをターゲットにし、それらにつけ込むもので、それによって命や金が犠牲になると考えるに充分な理由がある。[15] 見えざる手は時に、人間の過ちにつけ込むことを許す。競争状況では、それができなかった側ができた側に負けることになるからだ。

確かに、政府について非現実的なほどにバラ色の夢を描くことも、市場について執拗に懐疑的な見方をすることも避けなくてはならない。執拗な懐疑心は政府を見るときにも役には立たない。また、市場が見せる驚異について、非現実的なほどにバラ色に描くことにも深刻なリスクが伴う。非常に抽象的な理論のレベル以外で、反ナッジの原則や推論を正当化する前提を擁護することは難しい。

学習

別の種類の強制についても考えてみよう。福利を重視するからこそ生まれる強制のことだ。選択の力は筋肉であり、賢い選択をする力は訓練によって強くなる。筋肉を萎縮させるようなナッジであれば、ナッジへの反論も成り立つ。人々の福利は筋肉強化にかかっているからだ。ナッジの中には、人々が自らの能力を高める邪魔をしたり、高めようとする気を削ぐようなものがある。その場合、人々の福利は阻害される。

GPSの例に戻ろう。GPSを使うことが最上のナッジであることはすでに述べた。人々がそれぞれの道を行くことを邪魔することなく、最適の道筋を見つけ出す手助けをするからだ[16]。だが、これには深刻な問題が伴う。GPSを使うことで、人々が自力で道順を探し出すことが困難になってしまうのだ。事実、GPSに頼らないロンドンのタクシー運転手は、自力で道を探し出すことを続けるにつれ、神経機能に変化が生まれ、脳の部分に確かな変化が認められるという[17]。GPSが普及すると、そのような変化は起こらず、人々は自力で道を探し出せなくなってしまう。

これは例外的に大げさな例としても、ある種のナッジに伴う実際の、あるいは可能性としての幅広い効果を示す比喩として捉えるべきだろう。人が自らの積極的な選択ではなく、(デフォルトのような)ある種のナッジを頼りにするようになると、重要な能力が発達しなくなったり、萎縮したりする可能性があることを示している。GPSも含めて、有用なナッジには発達を阻害するという作用もある。

そんなことを描いたSF小説がある。『すばらしい新世界』では、人々はデフォルトで様々に良い結果に導かれるようになっていて、自らデフォルトされることを選ぶことさえできる。それはそれで居心地はいいのだが、自らを代弁したり、自ら学んだりする機会は奪われている。著者のオルダス・ハクスリーの言葉を借りれば、「真に効率のいい全体主義国家とは、政治的ボスが集まった最強の執行部とそれに従う管理職の一団が、人々を奴隷のように支配する体制で、人々はそのような隷属状態を強いられているわけではなく、そんな状態を喜んでいる」[18]。デフォルトルールは人を子どもにすると恐れる人がいるとすれば、これがまさにその表れだ。居心地のいいデフォルトに囲まれて、小説の主人公であるジョン・サヴェジ〔野蛮人〕はこう叫ぶ。「私は居心地の良さなど欲しくはない。私は神が欲しい。詩が欲しい。真の危険が、自由が欲しい。良きことも、罪も欲しい」[19]。あるいは、次の一節を見てみよう。[20]

「よくわかった」、とサヴェジは挑むように言った。「私は不幸になる権利を要求する」。

「老いぼれ、醜く、不能になる権利、梅毒や癌になる権利、飢え苦しむ権利、ろくでなしになる権利、明日のことをびくびくしながら生きる権利、腸チフスにかかる権利、筆舌に尽くしがたい痛みに苛まれる権利」。

長い沈黙が続いた。そして、サヴェジがついに口を開いた。

「それらすべてを、私は要求する」。

このような抗議を美化したり（ハクスリーはそうしようとした）、強調しすぎたりしてはならない。梅毒や癌、チフスや拷問、食糧がないなどという状況は、それを経験したことがない人間でなければ「要求」などするものではない。人類が何ページもの文章を記憶する能力を失ったとしても、それは大して深刻な損失ではない。とはいっても、学習が重要な領域というものはあり、積極的な選択は学習を促進するために必要である。

ここでも、どのようなナッジや選択アーキテクチャの話をしているのか、個々の状況を検討する必要がある。積極的な選択や選択の奨励は学習の邪魔をすることはない。情報提供やリマインダーも同じで、逆に、学習を促す。この種のナッジは選択の筋肉を鍛錬することはあれ、その反対はない。[21]

学習に関しては、デフォルトルールから問題が生じる可能性がある。選択は学習を促すから、積極的な選択の方がデフォルトよりはるかに望ましいと言えなくはない。では、雇用者が従業員に退職後のプランを積極的に選択させるか、従業員の状況に即したプランにデフォルトで加入させるかの例を考えてみよう。学習の可能性は確かに積極的に選択する方が高い。従業員が選択しなくてはならず、学びを促されたり、手助けがあったりすれば、その結果得る知識はその後の人生全体を通じて役に立つかもしれない。一定の結果にデフォルトされてしまったら、知識が増えることはなく、大切な機会を逸することになりかねない。

だが、学習できるかどうかは設定にかかっている（すでに述べた教育的ナッジを思い出してほしい）。多くの領域で、選択のための筋肉に必要なのは訓練ではなく、休憩である。バラク・オバマ大統領の話を覚えているだろうか。「皆さんは、私がグレーかブルーのスーツしか着ないことに気づくだろう。決めるものを少なくしようとしている。何を食べるか、何を着るかについてまで決めることはしたくない。私には他に決めなくてはならないことがたくさんあるのだ[22]」。多くの人々にとって、携帯電話のデフォルト設定をするのに必要な数多くの決定を知り尽くすことは重要ではない。だから、設定通りに使うことにも異論はない。積極的な選択ではなくデフォルトに頼るような状況は他にも多くあり、そこでは同じことが言える。選択アーキテクトが積極的な選択にすべきかどうかを理解するには、すべての状況を考慮したうえで、選択する者が知識を増やすことが重要だという状況であるかを確かめればいい。雇用者が、従業員全員、あるいはほぼ全員の利益となるような形で、退職後のプラン用のデフォルトを作成するのであれば、必ずしも酷い話ではないだろう。

人は、情報不足や何らかの行動バイアスのために間違いを犯す以上、教育は適切な対応であると、私は論じてきた。この点について、ジェレミー・ウォルドロンは、「上にいる人間が（私のためを考えてであっても）私の考えのなさや当てにならない直感につけ込んでくるよりは、自分でより賢い選択ができるようになりたいと願う」と書いている。(23) だが、人が自分の人生に関係するすべての問題についで充分に勉強しようと思ったら、時間はたちまちなくなってしまう。福利の分野では、デフォルトルールは大抵の場合、最良のアプローチである。人々に、（たとえば）統計や金融の勉強を強いることなく、（選択する者の視点で見て）望ましい結果を確保するからだ。福利を大切に思うなら、それぞれの状況で常に、教育コストは恩恵に見合うものかが問われる。様々な活動にかかわっている人間にとって、自分に関係するすべてのことについて積極的な選択ができるような教育が必要だと言われても、それは不可能な要求である。デフォルトルールが最善なのかもしれない。

(2) 自律とナッジ

多くの人は、福利よりも「自律」（オートノミー）の方に注目する。公的機関が示すパターナリズムに関していえば、最もよくある批判は、政府が個人を尊重していないというものだ。ナッジも批判に直面する。スティーヴン・ダーウォルは「この手のパターナリズムの問題点は、私たちの望みに反して、私たちのためになることをしようとする人々が、本当に私たちのためになることを理解していないということではない。……そうではなく、敬意を忘れているというのが最大の問題なのだ。人々が、一定の制限内で、自ら選択を行うことを要求する権限を持っていることを尊重しない」と書いている。(24)

この反論の意義は、義務化や禁止を例に考えるとよくわかる。人々がリスクの高い行動をしたければ、させればいい。人には好きなように人生を送る権利がある。ミルは「生きる実験」の価値を強調した。ミルは福利を中心に論じたが、ここでは自律の観点から、異なる価値観や思考を持つ多様な人々は、人生の物語をそれぞれ思い通りに作り上げることが許されるべきだとしよう。この点が特に強調されるのは、プライベートな選択の場合――結婚相手や恋人の選択、信仰、キャリア選択の問題――である。このような選択を禁止する役人は人々を尊重していない。この議論は、個人的な、パーソナルな問題だけでなく、選択がかかわる広い分野で言えることかもしれない。

とはいえ、義務化や禁止がかかわることでも、自律の問題は慎重に扱わなくてはならない。たとえば、情報を知っていたら、そんな行動は起こさない、重要な情報が不足しているから、そのような行動をしてしまう、というような場合がある。人々の自律を尊重するということは必ずしも、人々の選択を尊重するということではない。役人の対応は強制ではなく、情報提供であるべきだというのは確かだ。だが、すでに見たように、情報さえあれば、人はある種の行動は明らかに避けるという状況もあり、そのような場合、強制も除外することはできない。さらに、自律している人間が、一定の決定については役人に委譲したいと考えている際には、委譲することを尊重すべきだというのにも一理ある。

ナッジは自律を阻害するだろうか。ダーウォルは人が自ら選択する権利を強く主張するが、ナッジはその権利を保持する。自律について語る際、哲学者は経済学者から学ぶことが多いのではないだろうか。経済学者は、本当の問題は、人々が自ら選択することが認められている状況であるかどうかではなく、（政府のような）他者が選択のコストを人々に押しつけるのか、また、そうすべきなのかの問題だと考える。喫煙に少額の税金をかけても、人が喫煙を選択することは「許されている」。ピザを食べたりソーダを飲んだりすることに少額の手数料を取っても同じことだし、ビールを二杯注文する前にアルコール依存症の人々を支援する団体に一〇〇ドル寄付しなければならないとしても同じだ。罰金が高額であっても、人々が自ら選択することは「許される」。選択にかかるコストを増加させるだけだ。選択が「許される」という見方を捨て、その代わりに、第三者が自ら選択しようとする人々に対して「大きなコストを強いる」ことが問題なのだと考える方が、ダーウォルの主張はわかりやすい。そう修正しても、ダーウォルの論点は変わらない。論点を、自分の望み通りの人生を送りたいと思っている人々に対して、役人が大きなコストを強いていいのだろうかという疑問形に言い換えてもいいかもしれない。

この疑問への答えになりそうなものを、すでにいくつか見てきた。人々が情報不足である場合、情報があれば選ぶ方向に導くことで人々の自律を促す手段がコストとなる。行動バイアスに陥っている人々にとっては、そのようなコストは、少なくとも理想的な条件の下では歓迎されるはずだ。人々が、自分たちの無知や偏見につけ込んで何かを売りつけようとする狡猾な売り手に惑わされたり、操られたりしているときには、そうしたコストは問題になるどころか、解決策となる。強制的なコストは、市民が政府に権限を委譲したことの産物であると考えることができる。もちろん、委譲は架空のもので、事実ではなく状況を合理化する論法であることもある。だが、人々が、少なくともある程度の権限を役人に委譲することを真に望んでいることを示す証拠もある。(25) だとすれば、自律の視点からの反論はかなり脆弱なものになる。

ナッジについても、自律の問題はなくなる。なぜなら、ナッジは選択する者に——少なくとも物質的な形での——コストを強いることがないように設計されるからだ。税や助成金がかかわるのはナッジではない。友人があなたに影響力を振るって、禁煙させようとしたり、別のところに引っ越しさせようとしたり、仕事を辞めさせようとしたりしたら、気持ちのいいものではないかもしれないが、あなたの自律が阻害されたとは言いがたい。社会的な影響というのは、確かに一線を越えることがある。

友人が何かしらの損失をあなたに強いるようなことをしたら、それは自分の自律に対する脅威だと、あなたは感じるかもしれない。しかし、情報提供や警告、リマインダー、強い言葉でのアドバイスなどは、そのようなリスクを作り出すことはない。

だが、ここで気をつけるべきことがある。ナッジの中には、何らかの負担や、ある種のコストを選択する者に課すものもある。GPSはあなたに語りかけ、どっちへ行くか教えてくれる。無視しても罰金が取られるわけではないが、GPSのスイッチが入っている限り、言われた経路通りに行かないというのは精神的にも、認知の側面からもコストとなる。警告についてもまったく同じ分析ができるだろう。生々しい画像であれば、それを見て、なお自分の思い通りに行動する際の認知的負担は重いかもしれない。ナッジがデフォルトルールで、それ以上のものでなければ、そこから外れた行動を取るのも簡単だ。だが、惰性の力があるために、そのようなものでも一定の「努力コスト」はかかわってきて、人々の認知能力に対して税金のような機能を果たす（誰かから返事が必要なeメールが来ると、自分の時間や注意力に対して課税されたような気になる）。ゆえに、ナッジは大きな（物質的）コストを強いることがないから自律については問題ないと、早々に決めつけてしまうのはあまりに単純すぎる。

自律には情報に基づいた選択が求められると、すでに述べた。条件を理解せずに住宅ローンの契約をしてしまったら、それは自律した行動だったかどうか疑問だ。複雑な書式の大学入学願書に記入するのを助けてもらったり、財政支援を受けたりすることで、ナッジされたかもしれないが、それで自律が阻害されたとは言えない。ナッジの多くは、情報に基づいた選択が行えるようにすることを目的にしており、関連情報を見やすく、わかりやすくすることが狙いだ。行動バイアスや（自身の視点から見て）犯しやすい間違いを考えると、ナッジが、正しい意味での自律を阻害するものなのか、明らかではない。ある種のバイアスを正すのなら、ナッジは人々の自律を促進するかもしれない。自律を、人々の気まぐれではなく、熟考のうえでの判断を伴うものとすれば、多くのナッジは、そう理解される自律を守るために機能する。

自律が常に選択を条件とするわけではないことは強調しておきたい。あらゆる状況で積極的な選択を求めることは正当化されない。時間管理と自律の間には密接な関係がある。人々は、注意を向けたいと思うことに集中できることが許されるべきだ。何についても選択しなければならないとしたら、時間をかけたいと思う活動に集中できないという意味だけでも、自律は阻害される。デフォルトルールは人々を不要な負担から解放し、選択を強いることがない。自律を促すことこそあれ、阻害することはない。

それでも、自律の視点から見て最良の選択アーキテクチャは積極的な選択を伴うことが多い。選択の自由を維持するとは言っても、デフォルトルールは自律の面からは、特に人々が行う選択の可能性について把握していないと疑念が生まれる。最大の問題は、惰性によって、人は有害なデフォルトを選んでしまうかもしれないというものだ。そうだとすれば、人は本来なら自分では選ばなかった結果に終わってしまうかもしれず、それでは自律は阻害される。たとえば、そうしないことを表明しなければ、財産はカトリック教会に移譲されるとか、臓器の提供を人種によって選別するとなっている場合だ。デフォルトを拒否することは可能だが、人々に断る負担を強いる限り――そして、デフォルトルールの中には、①その負担のためにそのままになってしまう、②情報を持っている人々の選択を反映していないものがある限り――、自律を阻害することになる（これに関連する事例や調査結果については、第6章で取り上げる）。

さらなるポイントとして、自律とは、人々が自らの行動について、文字通りすべてを了解していなくては成り立たないという主張もある。貯金やダイエットが正しい行いと思えるからという理由で、積極的な判断でそれを始めたという場合、それは、自律の観点から言って何の問題もない。しかし中には、一歩踏み込んで、行動についてすべて了解しているだけでなく、その行動の裏にある理由についてもすべて了解していなくてはならないという意見もある。そうなると、理由はそれぞれの心構えや基準と合致するものでなくてはならなくなる。健康になりたいからダイエットするというのなら、自律は保持される。だが、ナッジや選択アーキテクチャの場合はどうだろう。人々の心構えが結果を左右するのではないとすれば、おそらく合致しない。少なくともナッジには、人々が望む結果をもたらすのではないものもある。デフォルトルールから外れようとしない、あるいは、カフェテリアでメニューの順番に影響されてしまうような場合は惰性が大きな要素となっており、それは自律の観点から言って問題となる。

だが、あまり細かい話はしない方がいい。自律しているためには、常に理由があって行動しなくてはならないというのは行き過ぎだ。人はコインを投げて決めることがある。これは（理由があっての行動という意味での）選択というより、拾い出すだけのことだ。(26) 大した問題ではなかったり、本当にどうしていいかわからないとき、私たちは拾い出す。自律の観点から見て、これには何の問題もない。人々は様々なことを、時に重要なことについても、「そんな気分だったから」という理由で行うことがある――（多くをぎゅっと詰め込んだ意味での）表現かもしれないが、そんなに意味はないのかもしれない。人々が自身の基準に合致した理由に基づいて行動していないときは常に自律していないというのであれば、そんな状況はざらにある。にもかかわらず、自律は権利ではなく状態を示すもので、ナッジされる場合はその状態がなくなるわけだから、自律しているとは言えないと論じる人々はいる。

この懸念に対処するためには、ナッジの具体例を取り上げる必要がある。教育的ナッジは、前述のように考える場合でも、自律を阻害することはない。同じく、警告やリマインダーにも問題はない。問題は、デフォルトルールに関してのようだ。だがここでも、あまり細かい話にしてはならない。デフォルトルールを非難する自律論は、人間には通用しない自律論だ。自分に関係することについて重大な責任を負うべき分野があることは確かである。配偶者、友人、政治的信条などはその例になる――だがここでも、選択アーキテクチャが一定の（大きな）役割を演じることは避けられない。だが、携帯電話やプリンターの設定、ローンやデビットカードの契約、さらには健康保険や預貯金プランについても、デフォルトルールは懸念されるべきものではない。そもそも、そのような懸念を生むような自律の概念は認めるべきではない。

自律を重視すると能動的な選択が重要で、デフォルトルールに頼るべきではないということになるのか。それは、具体的な問題と状況による。非常に個人的な問題はデフォルトで決められるものではない。だが、次元によっては、デフォルトルールの方が、自律の視点から言っても、能動的な選択より優っていることがある。自律を重視するからこそデフォルトが求められることがあるのだ。人々が選ばないことを選んだり、求められても選ばないことを選ぶ場合、選ぶことを強いることは人々の自律を尊重しないことであり、一種のパターナリズムである。(27) 人々が実際に選択する場合、デフォルトルールがその選択を邪魔することはない。人々はデフォルトを拒否することができる。惰性が働くとしても、デフォルトが自身の状況にまったくふさわしくなければ、人は拒否するだろう。

選択の自由を保持するというだけでは、自律の視点から生まれる懸念のすべてに応えられない。しかし、人々の自律を尊重する方法としてはかなり有効である。同様に、パターナリスティックなナッジについても、人々が設定する目標を重視し、そうでなければ正当なる目標を持つとすることも有効だ。だが、自律を尊重することについて相変わらず問題となるのが、人心操作の可能性だ。これについては第5章で再び取り上げるつもりである。

(3) 尊厳とナッジ

「尊厳」(ディグニティ) は複雑で、様々な意見がある概念である。(28) まず、普通の言葉として考えてみよう。自律の反対語が強制とすると、尊厳の反対語は屈辱だろうか。もちろん、二つの言葉には重なり合う部分も多い。自律を阻害することは、尊厳を侵すことにもつながる。奴隷制がそうだし、何かを買うときや何かしらの活動に参加する際には公的な許可が必要だとされるときがそうだ。だが、自律は阻害しても尊厳を侵すことはなかったり、尊厳は侵しても自律を損ねることはない場合もある。尊厳を無視されて子ども扱いされても、自身の道を選択する自由が維持される以上、自律していることに変わりはない。パターナリズムが誤りかどうかは、尊厳を無視するものかどうかにかかっているように思われる。

ニコラス・コーネルが強調するように、パターナリズムは選択アーキテクトの方が選択する者よりよくわかっていることを暗に示している。選択する側は、自分にとって正しい判断を自ら下すことができないと考えられている。(29)コーネルは、そのような不遜な態度は、前提として誤っているし、人の尊厳を軽視するものだと主張する。問題は、ソフトなタイプのパターナリズムであっても、何を「表明している」のかということだ。

ナッジは尊厳を侵すだろうか。ジェレミー・ウォルドロンはその懸念を次のように表している。「我々の行動はしばしば間違いだらけだったり、誤っていたりするが、それでも我々は自ら意識したその行動には自尊心を感じている。だが、そんな我々の選択の多くが、他者が我々にとって最大の利益をもたらすと（おそらくは正しく）考えた方向に向かうよう操作されているとしたら、どう考えたらいいのだろうか」(30)。ここでは、人心操作批判と、ウォルドロンの論点を「自尊心、選択者としての自身の価値についての意識、という意味での尊厳」の重要性という形でまとめて考えてみよう。ウォルドロンによれば、「自分の選択が、他人が設定した目標のための単なる手段」となってしまうことは深刻な問題で、それが「尊厳についての懸念のすべてを示している」とする。彼の懸念はもっともだ。ナッジの中には、他者の目的の手段として、その他者の選択が用いられているようなものもある――選択自体が「他者」に影響されているのだ。尊厳の視点から見て、これは問題ではないだろうか。

倫理学的に見て、尊厳の意義やその根本概念の具体化はより大きな問題である。[31]（従来の視点とは明らかに異なるが）尊厳は福利を評価する一部を成すという見方もある。屈辱を受ければ、人は福利を害される。その害は非常に深刻なものだ。屈辱を感じさせられるというのは堪えがたい。福利への影響を考える際に、そのような感覚は無視されてはならない。非常に重要な要素と――ある種のナッジへの批判とも――なるかもしれない。

福利の立場から論じる者は、尊厳が侵されるということは質的に異なるものだということを理解すべきだ。その性質から言って、これは（たとえば）金銭的損失とか海岸へ行く機会を失うというようなこととは異なる種類の損害である。だが、福利を重視した見方では、尊厳に対する害もそれ以外の利害に即して判断されるべきだとする。たとえば、人々に喫煙を諦めさせるために生々しく感情に訴えるようなアピールをして、強い感情的な反応を引き起こしたとしよう。これは、喫煙者の尊厳を害する（子ども扱いする）やり方だと思われても仕方ない。喫煙者の中には、まさにそう考え、それを根拠にこの方法に反対する人もいるだろう。大人として扱われることを望み、政府に脅されたくないと思う。もっともだ。だが、福利を重視すれば、こうした感情的なアピールも、それによって害されることがあっても、多くの命を救うことになるのであれば、支持される可能性がある。

また別の見解では、尊厳を侵すことは単に福利の面から問題となるわけではない。こちらの方がウォルドロンの懸念に近いだろう。害は、特に政府によって持たされる場合、人の主観で感じるだけのものではなく、深刻な行為である。尊厳の侵害は、(おそらく)それを正当化する圧倒的な理由があるのでない限り、許されるものではない。この見方を取ると、ナッジが人間の尊厳を侵すかどうかを考えることが特に重要になる。人は毎日の生活で、家族や友人から何かを強いられたりすると、子ども扱いされたような気になり、まさに子ども扱いされたという理由でそのような行為を倫理的に疑わしいものだと感じる。家族が自分の行動を変えたいのなら、自分のことを尊重してほしいと思う。国家に対しても同じことだ。

反論の効力はナッジの具体的な形によるという、本書全体を通しての私の主張に立ち返ろう。GPSは誰の尊厳も侵害しない。申請書類がわかりやすくても尊厳は侵されない。事実に関する情報が開示されても——まして、その情報が有益で、人々がそれを必要としているという誤った、そして人を馬鹿にしたような前提に基づいているのでなければ——、尊厳を侵害するものと思われることはない。請求書の支払期限が近いとか、医者との予約が明日だとかについて知らされることについて、尊厳にかかわる問題だというのはかなり奇妙な話だ。

一方、尊厳に関する考え方のどれかに反するナッジを想像するのも、それほど難しいことではない。たとえば、肥満防止のための公共キャンペーンを考えてみよう。これは太っている人々を貶めるような描き方をして、そういう人々を侮辱し、傷つける(32)（第6章では、多くの人々がこのようなキャンペーンを支持していることについて検討する）。もう少し難しいケースとして、喫煙者に同じことをする禁煙キャンペーンを取り上げよう。ここでも、ナッジが選択の自由を保持し、いかなる強制的命令も出していなければ何をしてもいい、ということにはならない。教育的効果を狙った公共キャンペーンで実際に行われるような事例の中に、人々の尊厳を傷つけるような悪意のあるものはまずないだろうが、可能性として想像することはできる。

歴史を見れば、ユダヤ人の尊厳を傷つけるナチス・ドイツの組織的プロパガンダなど、最悪の例を見つけられる(33)。教育的キャンペーンをナッジと考えるのなら、プロパガンダ・キャンペーンについても、その目的がいかに下劣なものであろうとも、同じと考えなくてはならない。そうしたキャンペーンは「システム1」に訴えるものが多く、（敵対者や軽蔑すべき少数者など）対立する相手を奇形でグロテスク、そして非常に危険だと描く。そのような描写をする以上、そのキャンペーンは人間以下として描こうとする相手の尊厳を傷つけることになる。プロパガンダについては、問題視する集団を蔑視しているかだけでなく、訴えかける聴衆についても公的機関の操作の対象として、馬鹿にした見方をしているのではないかを問うて当然だ。すでに指摘したことだが、ドイツ憲法は人間の尊厳を尊重することを明らかに表明している。ただ、プロパガンダの中にはその目標が下劣であるだけでなく、目標達成の方法も下劣であるがゆえに、度を越してしまうものもある。

それよりもっとよくありがちな例に目を向けよう。たとえば、政府が人々を子ども扱いし、人々が充分承知していることについてリマインドを繰り返すことも、尊厳を傷つける例だと思えるかもしれない。子どもなら、そして子どもであったことのある人間なら、そのように子ども扱いされたことは覚えているし、大人になってもないことではない。毎日あるいは毎時間、(配偶者や医師、あるいは官僚から)同じことを言われたら、尊厳を認められていないと思っても当然かもしれない。

リマインダーや警告、社会規範の参照についても同じことが言える。選択アーキテクトが社会規範を利用して、人々に大多数の人々がすることを思い起こさせたとしても、それは誰も馬鹿にしてはいない。だが、場合によっては、尊厳について深刻な懸念を生じることもある。たとえば、期限が来ることを言われ続けたら、人は子ども扱いされたと感じるかもしれない。警告も同様で、繰り返し行われたり、押しつけがましいものだったり、あるいは、人々に事実を思い出させるのではなく、感情的に強い反応を呼び覚ます(ことを目的とする)ものであったりすれば問題となる。広告が繰り返されるのは人を子ども扱いしているからで、スローガンが繰り返されるのも同じことだ。それが功を奏するのは利用可能性ヒューリスティックのおかげで、繰り返されることでそのメッセージの利用可能性が高くなる。政治的キャンペーンでは、市民の尊厳を尊重しないような宣伝活動もある。このように、大人になっても子ども扱いされるようなことはある。それは決していいことではないが、特に政府関係者による場合は受け入れがたいかもしれない。

ここでも、抽象的レベルのナッジに異論はないだろうが、考えられる範囲での具体的ナッジについては異論が出る。同時に、尊厳を害する事態——たとえば、必要がないのに繰り返し行われるリマインダーなど——は通常、大した問題とはならない。西洋の政治的伝統において、尊厳に注目して見ると、それは馬鹿げたほどに問題にならない。

尊厳とデフォルトルールはどのような関係にあるのか。ウォルドロンの文章を思い出してみよう。「我々の行動はしばしば間違いだらけだったり、誤っていたりするが、それでも我々は自ら意識したその行動には自尊心を感じている。だが、そんな我々の選択の多くが、他者が我々にとって最大の利益をもたらすと（おそらくは正しく）考えた方向に向かうよう操作されているとしたら、どう考えたらいいのだろうか」。抽象的なレベルでは、これは重要な問題提起だが、具体的な実践例に引きつけて考えた方がいい。雇用者が従業員を自動的に退職および保険制度に加入させる場合、尊厳が危険にさらされることはない。携帯電話会社がデフォルト設定を採用し、契約でもデフォルトを適用したとしても、尊厳に関して失われることは何もない。

しかし、もっと難しい場合もある。政府が、レストランで特に別のものを注文しない限り、客には、健康にいい「デフォルトメニュー」が提供されるべきだと主張したとしよう。レストラン側にとってこれは義務化になるからナッジではないという側面は、ここでは置いておこう。尊厳に関して言えば、自由な人間なら好きなメニューを選べるべきではないかというのが当然の反応だろう。

この反応からは、もっと一般的な問題が見えてくる。尊厳に注目して考える場合、政府や民間団体が人々に好きな道を選ぶことを許すだけで充分なのだろうか。それとも、人々に望みを正確に表明させることが重要なのだろうか。ジョン・スチュアート・ミルはこの点の根本を突いて、次のように書いている。「個人が自由に発達できることが福利に欠かせない条件の一つである。（そして、そのような自由な発達は）文明、指導、教育、文化によって表されるものと同等の要素であるだけではなく、それらに不可欠であり、それらの条件ともなるものである」(34)。ミルは慣習（広く影響力のあるもので、ナッジやデフォルト設定と同じような機能をするもの）に同調することは「人間だけに与えられた資質を……育てたり、発達させたりすることにはならない。感知、判断、区別、精神的活動において人間が持つ能力は、選択という行為によってのみ鍛えられる。……筋力と同じように、精神や道徳の力も、使われることでしか改善されることはない」(35)。この論点は、すでに述べたような学習についてのポイントとしてだけでなく、自分自身を表明する権利を実践するという意味での尊厳を理解するポイントともなる。

極端な状況では、デフォルトルールは尊厳に対する深刻な脅威ともなりえる。だとすれば、そうした状況に対しては（根本的な信念が何であれ）強力な反論を用意しておかなくてはならない(36)。だが、そのような極端な例や、仮想の例を、デフォルトルール一般に対する反論の根拠とするのは誤りだろう。会社が両面印刷をプリンターのデフォルト設定にしても、また、健康保険や退職プランに自動的に加入させられても、人々の尊厳を侵すことにはならない。尊厳を根拠にする反論は抽象的なレベルの議論では力があるが、デフォルトルールが実際に機能している実社会の事例のすべて、あるいはほとんどすべてではそれほどの威力はない。

(4) 自治とナッジ

自律や尊厳の考え方は、個人が自分の人生を自ら治めることができるという「自治」（セルフガバメント）の大切さを訴えている。こうした考え方は、自己統治の重要性を訴えているという意味で、民主主義理論の根幹に位置するものであるようにも見える。実際、自治の概念は自律と尊厳の価値観に密接に関係しており、福利を促進するためにも、自治が最大の手段となるという議論も充分に成り立つ。自治が成り立っている社会は、人々の福利を害するような深刻な問題を予想、予防、対処するのに適している。(37) その基盤が何であれ、自治の大切さは、選択アーキテクチャを設計する人が常に念頭において置かなくてはならないことである。

自治が最重要理念であるのなら、公職にある者は人々に対し責任を取らなくてはならない。義務化や罰金を課す、財政支援を行う、そしてナッジを行う、などの立場にある者は有権者に支配されるべきで、それは、民主主義の最大の目標である。しかし、選挙だけでは不充分だ。米連邦最高裁判所判事だったルイス・ブランダイスは、「太陽光は最良の消毒薬である」と書いている。(38) 義務化であれナッジであれ、隠されたり、秘密裏に行われることがあってはならない。すでに見てきたように、透明性こそが、ナッジも含めて、悪意ある意図や愚行に対する防御策である。

ナッジの多くは、特に自治を促進するように設計されていて、実際にその名の下に実行されている。

自動有権者登録というアイデアについてはすでに述べたが、ヨーロッパ諸国ではすでに施行されている（二〇一四年にはオレゴン州で採用された）。人々に投票を奨励し、候補者や政策について伝えることは、民主主義を強化するナッジである。こうした活動の多くは民間セクターが担っている。政治的キャンペーンは、行動経済学の知見を活用した戦略を用いて、人々に投票を呼びかける(39)。そうした戦略が民主的な目標をさらに高めることはあっても、危うくすることはない。公職者が同じ目的のためにナッジを行うことは正当化できる。リマインダーを送ったり、登録や投票の手続きをシンプルにする。人々が容易に投票できるようにするのだ。

政府の行動が民主主義に裏打ちされていて、透明性も確保されているとなれば、自治という観点からの批判は根拠薄弱となる。自治が成立している社会は政府の行動を規制することになり、ナッジも義務化同様、そうした規制に引っかかることがある。特定の宗教を優遇して、権利を盾に行われる規制は、ある種のナッジに制限を課すことになる（このような例は第6章で取り上げる）。また、政府の行動の動機が不当なものであれば――たとえば、政治過程そのものを歪めるようなもの――、その行動に過半数の支持があるということだけでは充分ではない（これについても第6章で取り上げる）。選択アーキテクチャはどのような形式のものでも、自治の理念から当然生まれる規制を受けるものであり、自治社会が市民に課す規制を受けるものである。

だが、こうしたポイントからも抜け落ちてしまう疑念がある。たとえば、透明性はどのような形で表されるべきか。多くの社会では、立法府が明白にナッジを要請するか、承認するかの形を取る。預貯金プランへの自動加入、食品カロリー表示、エネルギー効率表示、自動有権者登録、タバコのパッケージにつける喫煙警告ラベルなどがそうだ。この種のナッジは多くの場合、行政府関係者が始めるが、パブリックコメントを求めるような形で、事前にナッジ案について人々に通知したうえで行われる。一般的に言って、事前通知というのはいい方法だ。提案を一般の人々に調査、検討してもらうプロセスにかけることになるからだ。ナッジがいいアイデアではない場合――重要な価値観に反する、上手く機能しない、想定外の悪影響を及ぼしそうだなど――、公職者が問題を知るための良い機会となる。

政府がデフォルトルールを変更する、禁煙奨励のために生々しい描写で警告する、などの場合、政府はその意図を隠してはならないが、その状況の本質から言って、隠すことはまずありえない。生々しい描写の警告はまさに強烈であるからこそ目立つものだし、デフォルトルールも秘密にしておくべきものではない。だが同時に、政府はナッジの理由についても開示する義務を負うだろうか。行動経済学的視点からの根拠を開示すべきだろうか。この二つの質問に対しての答えは、一般的には「イエス」である。

これまで数々の事例を見てきた。連邦準備制度理事会（FRB）が銀行に対し、利用者を自動的に「自動借越保護」プログラムに加入させることを禁止した際には、行動経済学的視点からの根拠を明らかにした。食料医薬品局（FDA）が「栄養成分表示」のやり方を変更した際にも、行動経済学の調査結果に言及した。退職年金プランへの自動加入や、児童の学校給食プログラム加入に際しての

「直接認可」制度を奨励する、アメリカでの動きについても同じことだ。自動車の燃費基準についても、大部分が行動経済学の調査結果に基づいて説明され、その根拠となっている(第8章参照)。公職者が自らの行動の根拠を開示しないことに正当な理由はない。隠すことは、尊厳に欠ける行為であり、自治のプロセスを揺るがすものである。一方、開示がナッジの効用を損なうことはないか、あるとすればどのような場合かという疑問も当然出てくる。こちらの問題について、第6章で論じるつもりである。

官僚が無知、あるいは偏見を持っている場合

なぜ官僚を信用しなくてはいけないのか。すでに見たように、官僚は不適切な動機を持っているかもしれない。利害関係を持つ強力な民間団体に影響され、そうした団体の利害に合致するように、義務化を行ったり、コストを強いたり、ナッジを行ったりするかもしれない(40)。公共選択論はそのようなリスクに注目し、環境関連や金融関連の規制も含めて、数々の分野で民間の利害が重要な役割を演じてきたことを明らかにしている。そもそも民間の利益団体が選択アーキテクチャに手を加えようとしなかったと考える方が驚きで、実際、うまく手を加えることもある。退職年金制度への自動加入はいいアイデアだ。しかし、そのような制度を運営する側が自動加入には得るところが大きいことを理解し、ゆえに積極的に推奨してきたということも覚えておこう。

また、官僚の意図は悪くなくても、彼らがすべてを知っているわけではないことも見た。ハイエクやその支持派が強調するように、政府内で計画に携わる者が個人の知っていることを知り尽くすことはできない。それほどに拡散した知識を有することはできないからだ。ハイエクの言葉を借りれば、「経済的計算の基になる『データ』は、社会全体のためを考えることができる一つの頭脳に対して『与えられる』ものではなく、したがって与えられはしない[41]」。ここから、分散市場という、ハイエクの主張が出てくる。「社会における経済的問題は、場所と時間という特定の状況の変化への速やかな対応の問題であるとするならば当然、最終決定は、そのような状況に精通していて、関連の変化について直接知っており、対応に必要な資源の有無についてもわかっている人々に任せるべきだということになる[42]」。

ハイエクは価格システムを「驚異的」と賞賛した。その理由は謎めいたものでも何でもなく、変化する状況、価値観、嗜好に素早く適応できる方法で分散した知識を集約できるからだとした。「価格システムの真の機能を理解したければ、情報を伝達するメカニズムとして見るべきである」と、彼は述べた[43]。トップダウン型の設計がしばしば失敗すること、また、想定外の結果がそこら中で発生すること、これらは大部分、関連情報の欠如に帰することができる。

ハイエクは特に、社会主義的な計画設定に懸念を覚えた。その意図は良く、真に人々の利害を考えている場合でも、社会主義の計画立案者は失敗する。なぜなら、成功するために必要な知識を持っていないからだ。だが、ハイエクの懸念は自由市場と自由契約の原則を遵守する現代の規制当局者も含めて、あらゆる選択アーキテクトにとって、広く警告の意味を持つ。それらの人々が社会主義を嫌い、ただ市場の失敗を矯正しようとするだけのときでも（たとえば、公害、健康管理、職場の安全などの分野）、必要な情報に欠けているかもしれない。

もう一点、選択アーキテクチャは非常に人間的なもので、行動経済学的なバイアスを逃れられるものではない。その意味で、信頼できないとも言える。行動経済学による公共選択という分野はこの点に注目して、公的な誤りを指摘する。(44) この分野は急速に成長しており、高い成果が期待できる。官僚がこれまでに犯してきた間違いの多くを、行動経済学の調査によって明らかにできる。人が、現在を優先するバイアスや非現実的な楽観論に影響を受ける、あるいは衝撃的な出来事や直近の出来事（利用可能性ヒューリスティック）に必要以上に影響を受けるのなら、政府関係者にも同じようなバイアスがあり、そのために失敗することがあるかもしれない。政府関係者は損失回避と自信過剰の両方に影響されやすく、選択の自由を保持しようとする規制であっても、それらの影響を受けているかもしれない。

さてここで、実際面で重要な問題が出てくる。ナッジや、現行の選択アーキテクチャに介入しようとする試みに対して、選択アーキテクトが信頼できず、間違えるかもしれないという理由で反論が出てくる。選択アーキテクト自身の利害がかかっていると、偏った見方をする。重要な情報を持っていないかもしれない。行動経済学的なバイアスがあるかもしれない。民主主義社会では、公職者は世論に反応するが、その世論が間違っていたら、公職者も誤ってしまうだろう。

こうした反論が、どこまで倫理的な反論と言えるのかは明らかではないが、重要な留意点を指摘しているのは確かだ。その留意点そのものが、ナッジの根本的な根拠となる。つまり、義務化や禁止ではなく、ナッジを行う理由の一つが、選択アーキテクトも誤ることがあるからということだ（第8章参照）。誰もこれを否定すべきではなく、だからこそ、選択を保持するアプローチを支持することになる。選択アーキテクトも間違えるのであれば、人々には自ら選んだ道を行くことが許されていい。公職者が間違えるリスクの方に注目すれば、公職者はナッジを避けるべきで、選択アーキテクトも同じである。

この反対意見にどう対処すべきか、すでに何度も述べていることがある（だが、無視されることも多いので、ここでは傍点で強調しておく）。選択アーキテクチャを避けて通ることはできない。選択アーキテクトが何かをしても、それはアーキテクチャを修正するだけだ。これまでアーキテクチャがなかったところにアーキテクチャを作り出すわけではない。公的部門によるナッジはある程度避けられないもので、なくなれと思ってもなくならない。政府で働く選択アーキテクトは、自由市場に任せ、見えざる手のメカニズムを信頼することが最良の策だと考えるかもしれない。そうだとすれば、彼らはそのメカニズムを反映した選択アーキテクチャを選ぶ（受け入れる）だろう。

自由市場に多くの利点があることを否定すべきではない。だが、情報開示、警告、リマインダーなどは、害よりはるかに大きい益をもたらす。すでに見たように、能動的な選択は時に、デフォルトルールよりも利点が少ない。誰かがどちらかを選ぶ必要があり、その誰かが政府であることも避けられない。確かに、公職者への不信感は、少なくともやらなくてもいいナッジに対しては反論の根拠となる。しかし、その反論が独断的で、一般論に拡大された場合は、福利と自律、さらには尊厳と自治の観点から、深刻な害を引き起こす可能性がある。

Chapter 5

操作とは何か？——ナッジと似て非なるもの

テレビシリーズ『マッドメン』〔一九六〇年代のニューヨークの広告業界を描いたドラマ。二〇〇七年～一五年放送〕の中に、アメリカのテレビ番組史上、最も強烈なシーンの一つがある。主役のドン・ドレーパーが、スライドの連続自動映写ができる新型プロジェクターを開発したばかりのコダック社の広告制作を引き受けた。新製品は車輪のようにスライドを回して映写するタイプだ。ドレーパーはそれを使って、幸せそうな家族のスライド（実は、彼自身の家族のスライドで、今は別れてしまっている）を見せながら、相手に売り込みをかける(1)。

「ノスタルジア」はギリシャ語で「古傷の疼き」という意味です。単なる記憶よりもはるかに心が痛む。この製品は宇宙船ではありません。タイムマシーンなのです。過去にも未来にも行ける。再び行けば辛いようなところへも連れて行きます。車輪ではありません。回転木馬なのです。子どもが旅するように、私たちも旅ができます。回って、回って、……また帰ってくる……愛されているところと安心できるところへ戻ってくるのです(2)。

コダック社の人間はこれでイチコロ。他の代理店との打ち合わせをキャンセルした。

では、次のようなケースを考えてみよう。

1. 親が成人した子どもに、ネブラスカ州の田舎町に住んでいる自分のところを訪ねてくるよう、次のように言って説得する。「何と言っても、私はお前の親なんだから。長い間育ててやって、楽しいばっかりじゃなかったんだぞ。それに、この先どれほど生きているかだってわからないだろう」。

2. 自動車メーカーが新車の広告で、カッコよくて、魅力的なカップルが降りてきて、豪華なパーティに向かう場面を使う。

3. 禁煙を薦めるために、政府がタバコのパッケージに、命にかかわる病気に罹った人々の様子を生々しく、脅かすような、気分が悪くなるくらいの描写で見せる警告を掲載することを義務化する(3)。

4. 選挙戦で、対立候補のパッとしない画像を、ホラー映画にも使われそうな、おどろおどろしい音楽をバックに見せる広告を使う。正確で誤解を招くものではないが、そもそもの文脈とは関係ない形で、相手候補の発言を引用したナレーションも入れる。目的は、対立候補を滑稽で、同時に恐ろしい人間に見せることである。

5. コスト高の新規クレジットカードに乗り換えさせるために、クレジット会社が消費者に対し、短期間だけ低金利で金を借りられる「勧誘レート」を強調して売り込む。広告では、幸せそうで、活気溢れるエレガントな人々が、カードとそれで購入したものを見せびらかしている。

6. (温室効果ガスなど) 環境汚染物質を削減するために、市当局がクリーンなエネルギー源を提供する電力会社をデフォルト選択とすることを義務化する。もちろん、顧客が金を節約する方を選んで、デフォルトから外れることは可能にする。

公法も私法も、文字通りの力の行使から生じる強制の問題には敏感だ。アメリカ合衆国憲法の下では、法による適正な手続きを定めた条項が、政府による強制あるいはその可能性に対する手続き的な防御策となっている。一般人が暴力に訴えようとしたら、刑法および不法行為法がそれを妨げる。虚偽行為や詐欺行為についても法的な規制が存在する。(4) 憲法修正第一条〔表現の自由を保障する条項〕では商業目的の広告も対象に含まれるが、だからと言って、嘘や騙すような表現を規制することも禁止してはいない。(5) 連邦取引委員会（ＦＴＣ）には「不公正で欺くような」取引行為を取り締まる権限が明確に与えられている[6]。

では、公的または私的団体が行う誘導行為はどうだろう。これについては、少なくとも社会科学と法学の分野では、継続的な分析は驚くほど少ない[7]。もちろん、虚偽行為や詐欺行為については多くの研究があり[8]、虚偽や詐欺と誘導行為の間には重なるところがある。誘導行為は、虚偽と詐欺も含めた大きな概念だと考えることもできるし、あるいは、この三つは何らかの連続関係にあると理解することもできる。自律を私たちの考え方の根本原則とするならば、まさにそうだ。そうなると、この三つはその原則を、それぞれいくらか異なる理由で、破ることになる（この点については、別のところで取り上げることになるだろう）。だが、普通に考えれば、（前記のドラマの中でのコダックのＣＭのように）誘導行為は、（少なくとも明らかにそれとわかる形での）嘘や欺きがなくても行われるわけで、その意味では別個の概念である。

誘導行為に伴うものは何か。そして、そのどこがいけないのか。たとえば消費者保護や政府自体への制限というような場合、誘導行為に対して法はどのように対応すべきなのか。影響が人心操作となるのは、そして受け入れがたいほどにそうなるのは、どんな時か。ナッジは人心操作だろうか。それが理由で倫理的に受け入れがたいものなのか。

人々の行動に影響を与えようとする行為であるという理由だけでは、その行為を操作的と見なすことはできないということは明らかにしておこう。車に同乗していて、運転者に衝突しそうだと注意することは、操作ではない。請求書の支払期限が近いことを知らせるのも同じだ。カロリーやエネルギー効率を表示するラベルは典型的なナッジだが、通常、操作の一種とは思われない。公的または私的団体が人々に対し、知らせる、あるいは「事実を提供するだけ」であれば、操作だと文句を言うことは難しい。(9) また、人々を説得することと操作することでは大きな違いがある。(操作ではない)説得の場合、人々には事実と理由が、充分に公正中立な方法で知らされる。操作はそれとは異なるものだ。

人が操作されているような状況では、「操り人形」のように扱われているという言い方をよくする。(10) 誰も、別の人間の操り人形になりたいとは(少なくとも同意なしには)思わないし、ある意味、政府の操り人形となるのは特に嫌だ。史上最悪とされる政府の多くは市民を操り人形にしようと試みた。(11) 操り人形の喩えを頭に置いて見ると、多くの行動が「操作」という見方に当てはまる。しかし、操作が一つの統一概念なのかも明らかではないし、その必要十分条件を解明できるかも定かではない。(12) 操作は様々な形を取る。少なくとも五〇種類はあり、それぞれをきちんと把握できるだろうかといぶかるのも当然である。

本章の主たる目的は、操作とは何であるかの理解を深めることであり、その何がいけないのかを探ることである。この二つの面で進展が得られれば、倫理面、政策面、法的側面での幅広い問題を評価する際に有益となるはずである。たとえば、人心操作的だと思われる政府の行為に対して、もっともな反論が出てくるかもしれないが、そうした反論も市民の力を正当に評価していないかもしれない。表現の自由に関する問題もあるだろう。政府が何らかの表明を強制する場合、たとえば純粋に事実に関することの開示の義務化と、操作に似たような要素を含む表現の義務化とでは、違いがあるだろうか。政府側による人心を誘導するような表現は憲法上問題となるか、[13] また、既存の法律に抵触するのか。[14] 宣伝が人心操作となるのはどんな時か。そうなった場合、どのように対処すべきだろうか。民間部門が操作するような行為に及んだとき――たとえば、金融商品（クレジットカードやローンなど）がかかわる場合――、政府はどのように対応すべきだろうか。アメリカで操作について理解する際には、消費者金融保護局（ＣＦＰＢ）の責務の内容が直接関係してくるため、その成果を参照するといいだろう。[15] 同局は、この問題に深くかかわった責務を担っている。

操作はなぜ定義しづらいのか？

残念ながら、「操作」を定義するのは簡単なことではない。ここでは、少しスペースを割いてその理由を説明したい。私の考えでは、操作とは人々の選択に影響を与えようとする行為で、「人々が自ら思考し、熟慮する力を充分活用、発揮することができないような形の」ものというのが最良の定義であるように思われる。「充分」という言葉のおかげである程度の曖昧さが残り、決定的にはならないが、まさにそれでいい。人々が目の前の問題について熟慮するに充分な力があるかどうかを確認しなければ、操作の要素がかかわっているかを判断することはできない。[16] 明らかに操作だとわかる事例（サブリミナル広告）や、操作の部類には入らない事例（たとえば、人里離れた道路での鹿の出没についての警告）は想像できる。[17] また、どちらなのかはっきりしない事例（特定のローンの利点を明確に提示することや、

ウェブサイトのデザインを顧客が最も高額の商品に興味を感じるようなものに変えること）もある。(18)

これを、あるいはこれに似たものを、ここでの定義として用いるのなら、ナッジのほとんどが操作には当たらないことは明らかになるはずだ。少なくとも一般論では、情報開示は人々を操作することはしない。人々の熟慮する力に訴えるものだ。リマインダーも同じことで、限りある注意力や先延ばし傾向の悪しき効果を制する。警告は操作の域に踏み込むことがあるかもしれないため、私もこれについてはそれなりに論じるつもりだが、ほとんどは操作とはならず、人々にリスクについて理解させるだけだ。既存の社会規範についての正しい記述を操作だと非難することが公正かどうかも明確ではない。「ほとんどの人が期限内に納税しています」「この大学に通う人の大半は過度の飲酒はしません」「この町の大半の住民のエネルギー使用量はあなたより少ない」などである。これから様々なポイントで、ナッジを直接引き合いに出して操作について論じていくつもりだ。

熟慮が必要となる状況とは関係のない選択は無数にあり、選択する側もその点については気づいていない。これは重要なポイントである。自分が今週下した決定にかかわった状況のすべてを本当に把握しているだろうか。たとえば、寒い日だった、ランチが美味しかった、友達が親切だった、あるいは冷たかった、応援しているチームが勝った、ちょっと頭痛がした、店員が微笑んでくれた、あるいは面倒くさそうな表情だった、キャンディバーの包装紙の色、バックグラウンド・ミュージックの曲名、店員が男性だったか、女性だったか、商品が右側の目の高さに陳列されていたか、などなど。

操作は、操作しようとする側が人々の熟慮する力を回避するのではなく、負荷をかけすぎるときにも起こる。人々がうんざりするような、長ったらしい、複雑な書式を思い浮かべるのは難しくないが、まさにそうなることを意図した書式がそれに当たる。複雑さは人々の考える力を試すものだが、複雑さによって混乱が生じるのであれば、それは操作と言える。

操作が問題となるのは、選択する者が、操作しようとした側の意図的な行為によって、自分自身で決定を下す、公正な機会を与えられなかったと、当然の不満を表明したときだ。[19] 操作であることを示す明らかな特徴が、裏切られたという感覚であることは多い。実態を把握したり、それについて少し思い起こしてみたりして、自分が適切な扱いを受けていなかったと思うようになるということだ。

操作にも程度の違いはあり、熟慮されることを完全に回避すること（サブリミナル広告など）を意図したものもあれば、ある種の自動的な反応を引き起こす（一定の反応を促すような形に問題をフレーミングする）ように影響を及ぼそうとするものもある。明示的であれ、暗示的であれ、同意を求める操作もある。ロマンチックな関係にある二人は、それぞれ相手を操ろうとするが、それには何の問題もなく、時にお楽しみでもある（もちろん、それほど楽しめないこともあるが）。穏当で、害のない操作もある。コダックのCMの例で言えば、目的は、製品によって――子ども時代、回転木馬など――記憶を呼び覚ますことで、失われた過去を再現し、永遠のものとすることだ。これは、非難されるようなことだろうか。そうかもしれないが、そんなことは日常当たり前のことで、それをないことにしようとする方が面倒ではないだろうか。

操作はそのような連想から起きることが多く、政治的キャンペーンでは常に行われている。公職に立候補する人間は操作術に長けており、同じ意味で、操作の科学も熟知している。連想を使った政治的キャンペーンで最も有名な、あるいは悪名高い例としては、リンドン・ジョンソンが一九六四年の大統領選で対立候補の共和党のバリー・ゴールドウォーターに対抗して展開した、本当にゾッとするような「キノコ雲」ＣＭ〔少女が花を摘んでいる様子を描いた直後に核爆弾の爆発を示すキノコ雲が映される〕がある。ＣＭは、「事態は深刻。家にいる場合じゃない」というメッセージで終わる。民主主義国家の選挙戦のどれを見ても、効果的な画像と音楽を使って、対立候補を恐ろしく、愚かな、酷いことに結びつけようとする候補者はいる。そうしたことの多くは操作と言えるものだが、有権者がそれをどのように捉えるか。そのような戦略を知った有権者が裏切られたと感じるか、それとも、「政治ってそんなものだろう」とか、「恋愛と戦争、政治的キャンペーンでは何でもありだ」と思うかはわからない。

もちろん、操作の概念は連想に留まるわけではない。政府の内外を問わず、操作しようとする者は一定の結果を好ましいもの（宝くじを買えば、楽に贅沢な暮らしができる）に、あるいは好ましくないもの（生命保険に加入しなければ、残された家族が困窮する）のように描く。だが、問題の全体像を、偏らず中立の立場で描けば、選択する側は考慮すべき要素をより客観的に（その意味でもっと自由に）判断することができるはずだ。

自律、尊厳、福利の侵害

人心操作にまつわる最大の問題点は、それが人々の自律を侵害し（人々を誰かの意思の道具として扱う）、人々の尊厳を侵す（人々に敬意を持って接しない）ことだ。操作する側は選択する者を、選択者自身でコストや恩恵を充分に考えることなしに選択させようとする。この意味で、操作に対して倫理的観点からの最も手厳しい反論は尊厳を問題にする。人々が敬意を持って扱われていないと感じるのだ。人々が自らの――評価し、比較し、判断する――能力を活かし、それを発揮することについて、適切な配慮がなされていないからだ。こうした批判が問題視するのは、選択する者が操作行為に対し、必要な同意を与えているか、または、操作する側に、それぞれの状況下で同意があったものと推定するに充分な根拠があったか、という点である。

操作に対しての福利の点からの反論は、それより少し入り組んでいる。操作されることで（多大な）恩恵を受ける人もいるからだ。タバコを止めたいと切に願っている喫煙者や、同じように飲酒を止めたいと思っているアルコール依存症の人たち、あるいは、デートがすごく上手く行っていて、遅くまで一緒にいたいと思っている（だけど、少しばかりけしかけないと動けない）人たちがそうだ。限られた範囲ではあるが、操作されることが楽しいこともある。笑顔で目配せしたりしながらの操作は一種のお遊びだ（推測だが、どのような形態であろうとも、とにかく操作というものに反対する人は、ユーモアのセンスに欠けているのではないか)。だが、それ以外の形の操作はお遊びではなく、(誘拐犯やテロリストを説得するなど)真剣そのものの場合もある。前述の定義に基づいて操作を判断すると、福利の観点からは単純な判断はできない。

福利の観点からの懸念は、ミルやフリードリヒ・ハイエクにつながる見方に関係しているように、私には見える。[20] つまり、操作する側ではなく選択する側が自分にとって何が最善かを理解しているのかという点である。もちろん、ミルの、そしてハイエクの、関心の中心は強制についてなのだが、福利の観点からの操作への反論も同じところから生まれているように思える。つまり、選択する者こそ一番よくわかっているという信念である。ミルの「他者危害の原則」が操作への異論の根本にあることにも通じるもので、選択する者が自ら決定を下すべきで、他者は情報を提供する、あるいは(操作することなく)説得する役割に限定されるべきだという考え方だ。

選択する者が一番よくわかっているのなら、福利を増進するアプローチは、操作を避け、選択する者の熟慮する力を支援(増強)するためのものとなる。だが、操作する側はそれをしない。そんなことは当たり前だと言う人もいるだろう。操作する側は自らの利害を追求しているのであって、選択する者の利害を追求しているのではないというのはよくある説明だ。(たとえば)情報提供や説得ではなく操作を用いると、操作する側が選択する側の利害を考慮していないというリスクが生まれる。要するに、操作は選択する者の福利を阻害することになる。操作についての福利の観点からの分析は、同じ視点からの詐欺や虚偽についての分析に酷似している。操作する側は、選択する側の真の同意なしに何かを取り上げるという意味で、泥棒のようなものだと見なされる。ある意味、これは操作的行為を判断するのに適切な見方で、金融分野での消費者保護についての最近の動きを理解するのに役に立つ。

法制度の観点から見ると、問題はこのように定義される操作が蔓延する可能性があることだ。自由な社会では不可避ですらある。テレビ、インターネット、あらゆる政治的キャンペーン、数えきれないほどのマーケット、友達付き合い、家庭など、そこら中で操作は見受けられる。操作は、操作するという意図なしには成立しないと主張する（そうすべきだ）としても、実際に行われている範囲は非常に広い。(21) 人々が毎日のように遭遇し、ほぼ異論を唱えないような行為を非難するのは奇妙だし、無意味だ。それを止めさせようとするのは細かすぎて、厳格すぎる——あまりに不人情でもある——だろう。

操作があらゆるところに存在し、多くの場合とくに損害も発生しない以上、法制度としてはことさらにはそれを防止しようとはしない。この意味では、操作を禁ずるのは、礼儀や思慮を重視する——法廷制裁を伴わず、社会規範によって認められ、課せられるような——価値観に近いと言えるだろう。(22) 少なくとも一般的には、操作を規制するコストは恩恵をはるかに上回る。だが、これから見ていくように、操作的な行為を適切に評価するには、具体的な役割への期待感など、背景に配慮する必要がある。場合によっては、規制する側が、表には出さずに操作を意図することもある。(23)

自動車メーカーは自動車を売りたいと思っている。それは誰でも知っている。そして、今の常識では、（嘘を言っているのではない限り）人々の熟慮する力に訴えるのではない宣伝を行うことも受け入れられている。政治的キャンペーンについても同じようなことが言える。もちろん、熟慮する力が「充分に」活かされているかについては疑問が残るが、政治的状況では、その力が一旦停止されていることは通常ない。だが、「充分に」という条件が満たされていない状況については容易に見つけられる。次の二つの条件の下では、倫理的な反論が勢いを得ることがある。①操作する側の目的が利己的で、打算的である場合と、②操作する行為が、選択する者の熟慮する力を踏みにじったり、あるいは、その選択を避けられた場合だ。

この二つの条件が満たされるなら、操作に対し倫理的な戒めや法的な規制が加えられたりすることにも納得できる理由がある。コマーシャルや金融商品の中には明らかに操作を利用しているものがあり、それに対しては法的対応が必要である。政府が通常政治的キャンペーンに介入しないのは当然だ。それは自らの利害が関係しているからだが、キャンペーンの中にはあまりに操作の要素が強く、まさにその理由で倫理的に非難されるべきものもある。また、これから見ていくように、表現の自由の原則から懸念を覚える状況もある。政府が一定のスピーチを強制し、それを見る立場にある人々（たとえば喫煙者）を操作しようとする場合だ。このような場合、政府にはそれを正当化するための厳しい義務が課せられる。

熟慮を軽視すること

これまで、操作を定義するために多大な努力が払われてきたが、そのすべてと言っていいくらいが哲学分野の研究の枠内で行われてきた。[24] その多くは、人々が合理的に考慮しようとする力を妨害したり、阻害したりする効果を生むような操作に注目する。一例として、「対象とする者の合理的能力を回避したり、妨げたりするような影響」を操作とする定義がある。[25] ウィルキンソンは、操作は「対象となる人々を、利用するだけのための愚か者のように扱い、人々の自律的な意思決定を阻害あるいは軽視する」と主張する。[26]「操作とは、選択を誤らせるような方法を用いて、意図的に人々に影響を与え、その目的を達成する」行為である。[27]

たとえば、自動車の宣伝にカッコいい人間を使ったり、政敵を攻撃するのに怖がらせるような音楽や醜い画像を使ったりする例を思い出してみよう。そのような場合、顧客や有権者は馬鹿にされたように感じるだろう。宣伝している車の性能や政敵の短所について明解な説明をせずに、様々な連想を用いて顧客や有権者（＝選択する者）を意図する方向に誘導しようとするからだ。現実的な見方として、操作には熟慮が充分にできるかの程度がかかわってくる。繰り返しになるが、操作についてはその程度が問題であって、そうであるかないかの単純な二択ではないのである。

これに関連するものとしては、ルース・フェイデンとトム・ボーシャンの定義がある。彼らによれば、心理操作とは、「人間の、理解することを伴わない心理的プロセスに変化を生じさせることで一定の信条や行為に人々を導こうとする意図的な行動」である。[28] ジョセフ・ラズは、「操作は人の選択肢を修正するわけではない。人が好みを決めたり、目的を設定したり、決定に到達したりするプロセスを歪めるのである」と述べる。[29]

もちろん、選択や意思決定の方法を「歪める」というのも自明の理ではない。何かしらの形で、適切な程度の熟慮を可能にしたり、促進したりすることのないやり方を差し示すものだと理解される。だとすれば、操作に対する異論は、操作は「人々の意思決定の力を阻害、軽視することで、人々の自律を侵害するものだ」ということになる。[30] この異論からは、嘘のどこがいけないかについての議論も見えてくる。嘘は、人々に対し物事の真価を考慮したうえでの決定を求めるのではなく、通常嘘をつく側に有利な偽りを訴えることによって、人々の行動を変えようとする（嘘の問題点についての福利の観点からの論理に共通するところがある）。[31] 嘘は、嘘をつかれる被害者を馬鹿にしている。人々に関連する事実に照らして熟慮した結果の結論を出すことを求めないまま、影響を及ぼそうとするからだ。だが、嘘がかかわっていない状況で、ある行為が操作的に見える場合は、「妨害」や「軽視」の概念を具体的に示すことが必要になる。

これについては、単純な定義が欲しくなる。たとえば、人々の思慮深さや熟慮に基づいた選択を排除する、あるいは奨励しないような声明や行為はどれも操作であるとする。だが、この定義では、広義になりすぎて、日常生活で当たり前に見られる行為のほとんど、そして操作とは思われていない行為まで含まれてしまうことが問題である。親友が、魅力的な見せ方と活気溢れる声、それに魅惑的な笑顔で何かをオススメしてくる。運輸省が運転中の携帯メール使用を控えてもらう公共キャンペーンで、生々しく、ショッキングな画像を用いる。政治家が同性婚賛成の立場を主張する際、特定の同性婚カップルの実際の経験について、感情に訴えるような方法で論じる。これらすべての例において、人々の熟慮に基づいた選択を促進するようなメッセージなのかどうか、相当な議論が必要だろう。そして、そうした力に訴えるものではないという結論になったとしても、だからと言って、操作の要素がかかわっていると考えるべきではない。

そう結論するためには、「充分」という言葉が必要だ。人々が何らかの形で、ペテンにかけられたとか、騙されたとか、少なくとも熟慮する力を適切に用いられなかったなどの意味を付け加えるものだ。この意味では、操作と詐欺の概念には共通点がある。操作を、軽い詐欺、あるいはソフトな詐欺と見ることもできる。詐欺行為では、人々は真実を知った途端、裏切られたと感じ、怒りを覚えるのが当たり前だ（被害を防止したり、恩恵をもたらすために騙す行為は別である。サプライズ・パーティがそうだ）。操作でも同様で、状況の全容が明らかになると、操作された側は利用されたと感じ、なぜ、自分で決めさせてくれなかったのか、と思う。

政策や法律、さらにはナッジの正当性にも密接にかかわってくる議論として、哲学者のアン・バーンヒルの示唆に富んだ論がある。彼女は操作を、「他者の信条、願望、感情に直接影響を及ぼし、それらの信条、願望、感情ではその状況で自らの利益になる、あるいはなりそうな判断をするには足りないと思わせてしまうこと」と定義した。[32] これはまだ曖昧であり、具体化が必要であることは認めたうえで、それでも「足りない」という言葉には意味があり、「充分」という言葉で示される概念を理解するのと同じことだと理解すべきだろう。

ここでの基準は主観性ではなく、客観性である。問題は、選択する者の熟慮する力を充分に活かしたかであって、選択する者がそう感じたかどうかではない。ただ、バーンヒルの定義にも問題が出てくる可能性がある。すなわち、この定義では、選択する者の利益になるような影響は操作のカテゴリーから外されるかもしれないということだ。操作行為には、選択する側の状況が良くなる結果になるとしても、操作と考えられるものがある。ある車を買わされてしまったが、結局はその車が好きになることもある。休暇を取ったら楽しかったとか、ダイエットを始めたら、それが本当にいい結果になったとかの場合である。そうしたことは正当化できると言えるかもしれないが、操作という点では同じである。

操作一般について私なりに理解するならば、選択の実態や感情の役割などややこしい話をする必要はない。私たちの決定の多くは無意識のプロセス、「システム1」で行われ、選択の源について完全に理解していることなどほとんどない。これは通常問題にならない。だが、行動が、私たち自身の本能や直感で決まったものなのか、それとも他者が意図的に作り出した要因によるものなのか、になると重要な問題となる。操作する側が私たちの思慮する、熟慮する力を不当に阻害したり、軽視したりするような影響を及ぼそうとするなら、それも問題となる。一方、操作する側は対象となる価値について熟慮する機会を与えずに選択に影響を与えようとする点を強調しつつ、感情自体、価値を判断するものだということも可能だ。(33) 日常的には、操作という見方は、心理学的、哲学的に議論の多い側面には関心のない人々によって提起されている。操作については、重大な議論となっている側面は別にして考えることが得策のようだ。

「システム1」と操作

社会科学系の文献では、「システム1」は自動的、直感的なシステムで、偏見に左右されやすく、ヒューリスティックに頼りやすいとされている。他方、「システム2」は慎重に計算し、熟慮し、思慮を行き渡らせる。操作はシステム1をターゲットとすることが多く、システム2を回避、あるいは阻害したりしようとする。操作だとされる行為の多くがシステム1に訴えるもので、システム2の働きを阻んだり、ごまかしたり、邪魔したり、あるいは充分な情報を与えなかったり、配慮しなかったりすることであることを理解するのに、この二つのシステムについての賛否両論様々な議論に立ち入る必要はない。サブリミナル広告の例を考えてみればいい。これは、人が自覚する意識に訴えることなく、いわば「背後から」機能するからこそ操作的だと言われる。本人の熟慮する力を完全に回避する形で、人々の決定に影響を与えるのだ。

これが、サブリミナル広告の最大の問題点であるとするなら、知らないうちに催眠術にかけられるのも操作だと考える理由もわかるだろう。だが、サブリミナル広告は通常認められないし（この証拠については第6章を参照）、知らないうちに催眠術にかけられることにも賛成の意見は少ない。ではなぜ、そうしたことを取り上げるのか。それは、明らかにタブー視されている行為を検証することで、もっと身近にある、賛成意見も多い行為を理解できるかもしれないからだ。また、操作的行為の中に、システム1をかかわらせるのではなく、システム2に負荷をかけて機能させなくする形態のものがあるのも確かだ。

ケーススタディから見る操作

操作の概念の境界を試すような事例をいくつか考えてみよう。

1．官僚が、リスクに関する情報を提供することで人々に一定の行動を促すことを試みる。「○○をしなければ、心臓病で死亡するリスクが三倍になります」というような場合だ。(34) 目的は明らかにナッジで、そのためにリスクに関する情報を利用している。情報は正しいものだが、誤解を招くこともある。たとえば、前記の情報が提供された人々の間では、心臓病で死亡するリスクは非常に少ない――一〇万人に一人程度――としよう。実際には、○○をしなければ、一〇万分の一が一〇万分の三に上昇するだけ（どう見ても、上昇率はわずかなものだ）なのに、そのことを知らされなければ、人々は「リスクが三倍」になるということの方に影響されてしまう。目的が人々の行動を変えることならば、相対的リスクを使った方が人々の関心を惹きつけやすく、絶対的リスクの形で知らせるより効果は高いだろう。リスクが三倍になると言われれば警戒するが、リスクが一〇万分の二だけ上昇すると言われてもあまり気にしないかもしれない。相対的リスクの枠組み（健康への影響としては大きく見える）を使って、人々を脅かし、システム1を働かせる――そうやって、（少なくとも、穏やかな方法で）人々を操作する――というのは確かに理解できる。

リスクを説明するに当たって、ある程度の選択がかかわってくるのは事実だ。リスクを説明するときに何かしらのフレーミングは避けられない。フレーミングも一つのナッジである。だが、そのようなナッジは操作の要素を含むとは限らない。相対的リスクの枠組みを用いるのは、人々の熟慮する力を充分に活用せず、その力を尊重してもいないという主張には説得力がある。システム1を狙った行為と言ってもいいくらいだ。しかし、これから見ていくように、だからと言って、相対的リスクの枠組みを使ってはならないというわけではない。これを最も悪質な類の操作ということはできず、これによって多数の人口の中で数人の命を救うことができるのなら、その正当性も認められるかもしれない。それでも、これは操作行為と考えられる。

2．官僚が「損失回避」の力を理解し、それに沿って「損失回避の枠組み」を使い、肥満症や過度なエネルギー消費に伴うリスクについて、人々の懸念を呼び起こす。啓蒙キャンペーンの一環として、エネルギーを節約できる技術を使うとどれだけ得するかではなく、それを使わないとどれほど損をするかの方を力説する。[35] この選択は一種のナッジだ。損失回避の方が効果が大きいとわかっていて、それを使うのは操作だろうか。

これに対して明確な答えはないが、操作ではないとする論には納得できるところがある。熟慮する力が充分にかかわっているからだ。損失回避の枠組みであっても、全体の効用を評価することは充分にできる状況にある。ただし、損失回避の枠組みを意図的に使用するというのは、損失には必ず伴うマイナスの感情を引き出すためかもしれないということは頭に留めておくべきだ。損失回避はシステム1を起動する。その意味で、それは操作だとするのは当然であり、そこから、いかなる枠組みも中立を目指すべきだという意見も出てくる。それを目指すための一つの方法は、同じ文脈で損失と利益の両方の枠組みを用いることだろう。米連邦政府は、製品が「脂肪分九〇パーセント抜き」と表示するのを認めると同時に、その場合は「脂肪分一〇パーセント」であることも同時に表示することを企業に求めている。この表示義務の目的は、限られた枠組みでは操作となってしまうかもしれないことの防止である。

損失回避を利用することが倫理的に重大な問題となるかは、ここでも別の問題である。操作が疑われる表現はあまたあるが、損失回避を用いたものが深刻な問題となることは滅多にない。ここで挙げた事例では、政府の目的は賞賛されるべきものだ。損失回避を利用することで（健康面や経済面の恩恵という意味で）大きな益が得られるのであれば、強く反対する理由はない。

だが、損失回避の利用が打算的だったり、利己的だったりする事例や、状況によって明らかに操作となってしまう事例も常にある。(36)（序論で紹介したように）連邦準備制度理事会から新たな規制が発表された後、銀行は、顧客が高い利用料金がかかる借越保護プランを選択するよう、損失回避を利用したキャンペーンを展開した。「ＡＴＭやデビットカードの借越保護プランを失うな」とか、「ＡＴＭやデビットカードの借越補塡プログラムを継続しよう」などと訴えたのである。(37) この場合、銀行は明らかに一定の警戒心を呼び覚まそうとしたのであるから、顧客は、自分たちの損になる方向に、操作されたという主張にも一理ある。この例から言えるのは、判断の分かれる操作について倫理的な判断を下すには、操作の範囲とその目的や効果についての評価がかかわってくるということだ。この点については、後でもう一度取り上げる。

3．

行動科学が社会に与える影響を意識して、次のようなアプローチを考えたとする。

① 人々に対し、同じ街のほとんどの住民が望ましくない行動（薬物やアルコールの乱用、税金の滞納、環境に有害な行動）にかかわっていることを知らせる

② 人々に対し、同じ街のほとんど／多数の住民が望ましい行動を取っていることを知らせる

③ 人々に対し、同じ街のほとんど／多数の住民が、人は一定の行動を取るべきだと信じてい

ることを知らせる

　こうしたアプローチはすべてナッジであり、かなりの効果が予想される。最初の二つは「記述的規範」を利用したもので、人々が実際に行っている行動についての規範である。[38]三番目のアプローチは「命令的規範にかかわり、何をすべきかについて人が考えていることに基づいている。実際的なところでは、記述的規範の方が強力である。[39]選択アーキテクトが人々の行動を変えたいと思っているのなら、大多数あるいは多数の人々が正しいことをしていることを強調する方がいい。しかし、大多数あるいは多数の人々が誤ったことをしているのであれば、記述的規範は逆効果（あるいは虚偽）となるため、命令的規範を用いる方がいい。[40]

　官僚がこうした結果を理解していて、それを使って、人々を望む方向にナッジしようと考えたとしよう。ここでも「充分に」という言葉が鍵となる。言葉をあれこれいじることはせず、官僚が最大の効果を生む形式を選択することがそもそも操作だと考える人もいるかもしれない。社会的影響というのが、自動的システム（システム1）への作用によるもので、熟慮のプロセスを回避した結果のことだとすれば、それももっともな見方である。[41]だが実際には、それほど明確な話ではない。人々がしていることや考えていることについての情報は、熟慮プロセスの一部で、それに反することではないかもしれない。官僚が正直である限り、操作だと非難するかどうかの判断には無理が生じる。大多数の人々の行動について知らされるときは、人の熟慮する力が充分に発揮されるのである。

4．デフォルトルールは半分惰性、半分それが持つ暗示の力によって、生き続ける。官僚はその事実に気づき、デフォルトのそうした面を利用して、一連のデフォルトルールを再考しようとする。たとえば、節約のために、プリンターのデフォルトを両面印刷に設定する、環境汚染削減のために、環境に優しいグリーンエネルギーをデフォルトにすることを奨励あるいは義務化する、貯金を増やすために、退職年金制度への自動加入を促進あるいは義務化する、などだ。

これらのイニシアティブは操作に当たるだろうか。デフォルトルールが有効である理由の一つに、それには暗示の要素が含まれており、人々にとっての最良の行動を暗示、つまりそうした情報を送るシグナルになっているからだということがある。人々がそのシグナルに左右されても、デフォルトルールは操作だということにはならない。人々が何を買うべきか、デフォルトルールを作成した側の考え方に関する情報を伝えるだけであれば、人々の熟慮する力に訴えかけているからだ。だが、デフォルトルールは惰性のおかげで生き続けるという点が絡んでくると、検証は難しくなる。意識して選択することなしに、何らかのプログラムや制度に加入させられることになる。そういう意味では、官僚は、惰性や引き延ばしの傾向に大きく影響されるシステム1を利用していると言われても仕方ない。だが問題は、自動加入という方法が思慮や熟慮を可能にする「充分」な余地を与えているかである。

この疑問に答えるには、加入するというオプションもデフォルトルールとして有効だということを考えてほしい。つまり、問題にすべきは、どんなデフォルトルールもすべて操作の一形態だと考えるべきか、ということだ。これへの答えは簡単明瞭で、人生をデフォルトルールなしに切り抜けていくのは不可能で、公職にある者が何事も抑えず、何事も隠さずにいる（透明性を尊重する）限り、選択の結果がどうであろうと、それだけで操作だということはできない。デフォルトルールから外れることが容易であれば、人はそのルールが本当に嫌いであれば、拒否する。そうしたルールをすべて操作だと考えるべきではないということの実証である。

だが、惰性でデフォルトルールが生き続けるのであれば、人はある意味、操作されているのではないかというのも当然の疑問だ。ある種のデフォルトルールは選択する側ではなく、選択アーキテクトの利益に沿ったものになることを考えると、この疑問はさらに深刻な話になる。操作のリスクが現実のものである場合は特に、人々に対して、わかりやすく、適切なタイミングで、デフォルトルールから外れたければそれが可能なことを明らかにすべきだ。単に選択の機会を与えるのではなく、自らの意思を表明する機会を確保するアプローチとして、能動的選択という方法を考えることも重要だ（第6章参照）。

さて、本筋に戻そう。現代の広告が、魅力的な人々や大胆な色彩、独特の美的効果を使って、システム1をターゲットにしていることは明らかだ（バイアグラの宣伝を見ればわかる）。その目的は、好感情を引き起こすことで、具体的に言えば、「感情ヒューリスティック」を活性化することだ。人は目の前のものについての様々な要素を評価する代わりに、製品やサービス、行動に対する自らの感情的反応を意思形成の基盤（ヒューリスティック）にする。[42] 様々な要素を細かく考慮することは大変だから、もっと簡単な質問、すなわち「これについて自分はどう感じるか」とだけ尋ねるのだ。選択アーキテクトが感情ヒューリスティックに頼る場合は、操作の問題が浮き彫りになる。

ウェブサイトのデザインの多くは、関心を集め、その関心を正しい場所に導くことを意図している。[43] 携帯電話会社、レストラン、衣料品店は音楽や色彩を用いて、製品を独特の方法に「フレーミング」する。医者、友人、家族（配偶者も含めて）も時に同じようなことをする。ロマンスも操作の実践例だろうか。そうだと言える場合もあるが、この例では「充分」というのが特に難しい問題となるだろう。

弁護士は、代弁者として操作にかかわるかもしれない。それが、陪審員の前での彼らの仕事であり、交渉の過程でも必要となる（交渉に長けた人間は損失回避やアンカリングの使いどころを知っており、確かにそれらは功を奏する）。公職に立候補する人物についても同じことが言える。彼らの常套手段は感情ヒューリスティックに訴えることだ。政治家は、有権者の多くは候補者の政策的立場などを詳しく調べることなどしないことを承知している。そんな時間もないし、楽しくもない。その代わりに何をするかと言えば、「自分はその候補者が好きなのか」と尋ねてみる。医療行為でも同じような側面がある。医者は患者に特定の治療法を選ばせるために、行動科学を基盤としたテクニックを用いて、患者に影響を及ぼしたり、ナッジしたり、時には操作したりする。意識的かどうかはともかく、医者は笑顔を見せたり、しかめ面をしたりして、患者がある治療については安心し、それ以外の方法については不安に思うように仕向けるのだ。

ソーシャルメディアの利用についても考えてみよう。これは明らかにナッジを伴い、操作との境界線に迫るものだ。わかりやすい例として、フェイスブックが六八万九〇〇三人の人々の感情に影響を与えよう（操作しよう）としたことがある。いいストーリーと悪いストーリーを掲載して、これらの話が人々の気分にどう影響したかを確かめようとしたのだ。感情は極めて伝染しやすいことがわかっている。悲しみは悲しみを生み、怒りは怒りを増幅し、喜びはさらなる喜びを生む（幸せな人と一緒に住んでいると、自分も幸せになる）。ストーリーを選択的に掲載したフェイスブックの試みも、その後の投稿に示される感情を見る限り、利用者の感情に影響を与えることになった。(44) このように見れば、どれほど身近な行為であっても、その多くが操作だと思われても仕方ない。

操作のどこがいけないのか？

自律と尊厳の観点から

操作の最大の問題は、人々の自律と尊厳を侵すことだ。自律の観点から見ると、操作は人々の行為者性〔自らの意志を代弁すること〕を妨げ、その延長線の最後には強制が登場する（何かを買わされてしまったら、人は強制されたと感じるかもしれない）。尊厳から見ての操作の問題点は、人を馬鹿にするということとだ。何らかの能力を失ったというのではない、健全な成人であれば、騙されたり、馬鹿にされたりするようなことがあってはならない。自ら決定を下すことができる人間として扱われるべきだ。自らの人生を決める権利は、子どもや人形のように操ろうとするアプローチによって侵害されてはならない。操作行為は、人々に敬意を払うことがない(45)。

たとえば、こんな風に考える人がいたとしよう。「私は友人にあることをしてほしいと思っている。そうするよう仕向ける戦略もわかっている。社会的影響についての名著も含めて、心理学や行動科学関連の本をたくさん読んだし、その知識を使って、友人を操作しようと思う」。このような人物は、友人の自律を重んじていない。道具として使おうとするだけだ。その行動は友人関係の根本とも相容れない。友情は相手を道具としては考えない、そういう人間関係である(妻をこのように考える夫を想像してみるといい)。

さて、ここで政府に目を向けよう。同じように、役人が人々に影響を与える方法を学び、その知識を使って、ある政策目標を達成しようとしたとする。そのための手段の中に、熟慮を回避したり、妨げたりするようなものがある。彼らの行動を評価するためには、詳細を知る必要がある。役人が行ったことは正確にはどんなことか。人々が恩恵を受ける資格を得ることを簡単にしたり、資格を得ることが有利だと思えるようにしたりするものだとすれば、操作の例には当たらない。だが、その伝え方が——人々を怖がらせて何かをさせるように——極端だったら、操作の要素があり、役人は市民の自律を充分に尊重していないことになる。では、人々に一定の行動を取らせるために、感情やシステム

1に訴えるような、心理的に巧みな方法を取る場合はどうか。たとえば、――地震や気候変動などの――ある種のリスクについての関心を高めようとする場合だ。

この場合も詳細を知ることは必要だが、役人が市民に敬意を持って当たっていないとは言えそうだ。自らの目的のために（あるいは役人が考える公共目的のために）市民を道具として、あるいは操り人形のように扱う。政治の分野ではすべて統計に基づいていなくてはならないというのは細かすぎる話だが、熟慮を重んじる民主主義制度では、システム2を無視することがあってはならない。

操作の判断については、「役割」が重要であることを認識しなくてはならない。ジョーンズ氏が就職活動をしているとしよう。彼が雇ってもらえそうな相手に、自分を気に入ってほしいと思うことは決して悪くない。彼が社会的影響やシステム1について勉強して、その知識を自分が有利になるように使うとしても、それも不当なことではない。もちろんジョーンズ氏がやっていいことにも限界はある。就職活動中であっても、嘘やペテン、あからさまな操作行為（過度のご機嫌とり）は度が過ぎる。だが、道具的、あるいはそう理解されているやりとりや関係では、操作に対する縛りは弱くなったり、あるいは異なるものであったりする。

宣伝キャンペーンでは、誰もがその活動の実態を知っている。まさに操作こそが、ここでは鍵だ。宣伝の目的は製品を売ることで、純粋に事実を伝える宣伝もあるが、多くは熟慮に訴えるようなものではない。雰囲気を作り上げ、連想させようとする。ここでは感情ヒューリスティックが大きく作用する。見方によれば、これが自由市場の働きであり、消費者の利益は競争によって守られるから、それに任せればいいとなる。一方で、これは深刻な問題で、競争では解決できない、逆に事態を悪化させるという見方もある。ノーベル賞受賞者のジョージ・アカロフとロバート・シラーが著した名著によれば、自由市場では「釣り師」が無知や偏見だらけの「カモ」（一般人）を食い物にするという。[46] 二人は、見えざる手は釣り師が多くなり、成功することを後押しすると述べる。無知や偏見に付け入らない企業は、競争では不利になるからだ。見えざる手は一定の操作行為を奨励する。宣伝という言葉自体、アカロフとシラーの議論を証明している。二人が正しいとすれば、民間事業者による操作に対してさらなる規制が必要であることの根拠になる。見えざる手は人々の福利を増進しないのである。

すでに見たように、政治キャンペーンと有権者の間の関係には道具的性格がある。キャンペーンは票集めであり、誰もがそれを知っている。その過程で、宣伝やスピーチは操作的性格を帯びる。この場合、人々はあらゆる形の操作に同意している、というのは言い過ぎだろう。ここでも境界線はあり、倫理的な異論に意味はある。ただ重要なのは、人々はこうした特定の活動については、その性格をよく承知しているということだ。

これら以外の役割では、まったく異なる規範が用いられ、操作はそうした規範に外れる、あるいは規範を侵すことになる。雇用者が、宣伝会社が消費者を扱うように従業員を扱ったら、それは倫理にもとる行為となる。政府が市民に対するときも、キャンペーンとは根本的に異なる規範に直面する。少なくとも自由で民主的な社会ではそうなる。そこでは市民が究極の主権者であると理解されているからだ。役人が、自分たちが好ましいと思う選択肢や方法が最もよく見えるようにフレーミングすることは許されない。それはガバナンスとして正当なことである。ゆえに、役人の行為の操作的要素が極端になってくれれば、それに対する反論も強くなる。

福利の観点から

福利の視点に立って、重要なのは人々の人生がどう進んでいくかだと考えてみよう。(47)また、自律や尊厳の侵害を問題にするのは、そうした侵害によって人の主観的感覚が変化する場合（たとえば、自分に制限が加えられたり、馬鹿にされたりしたように感じる場合）だけにする。そのような場合、操作についてはどのように考えたらいいだろうか。

このように考えることは決して不可能ではない。これから見ていくように、操作によって人々の福利が増進されることもある。問題はそうなるかどうかであって、福利の点から見ても、操作そのものには異論はない。ただ、明らかに福利の視点からの異論というのはあり、それは次のようなものだ。一般的に考えて、選択する者こそが（少なくとも成人に達していて、精神的疾患などで能力を損なう状況にない場合）自分にとって何が最良かを理解している。(48)自分自身の状況や制限、価値観、嗜好を知っている唯一無二の存在だ。そうした人間が操作されるというのは、自ら選択するために能力を（フルに）発揮できなくなるということである。すべての要素を評価する適切、公正な機会を与えられないからだ。人々がより良い選択をする手助けをしたければ、情報を提供して、人々が自分自身でそのような評価を下すことができるようにしなければならない。

操作する側に関する問題点は、選択する者の状況や嗜好、価値観など、必要な知識に欠けていることだ。そうした知識に不足しながら、操作側は、選択者が自分にとって最良のものを選択するプロセスをねじ曲げようとする。操作側が、選択者の利益ではなく自分の利益を優先する場合、状況はさらに悪くなる。この意味で、自己中心的な操作者は、人々から盗み取っていると言える——人々が自ら意見を表明する権利を妨害し、人々の持つ資源を自分が思う方向に向けさせることで。

こうしたことから、福利の立場からのパターナリズムへの反論は、ミルの「他者危害の原則」に見られる懸念と同じものに基づいていると見ることができる。ミルは、政府の役人も含めて、外部の人間についての問題点は、彼らには必要な情報が不足していることだと言う。「ごく普通の男女にも、他者は入手できないほど膨大な知識という手段がある」とミルは述べた。社会が個人の判断を覆す場合は、「一般的な前提」を基準にする。だが、その前提は「間違っているかもしれず、また正しくても、個々の場合については誤って適用されることもある」。こうして論点は、強制を実施する側同様、操作を実施する側にも言える。

ミルの説はともかく、福利の視点からも、操作を禁止するに当たっては、抽象論に終始してはならず、実践に即した正当化が必要であるということを再確認しておきたい[49]。行動科学によって、そのような正当化ができるかについては深刻な疑問が呈されている。またどちらにしても、操作によって人々の福利が増進されるかが何にもまして重要なポイントだ。それを理解するために、すべてを理解している、善良な、福利志向の操作者というのを想像してみよう。理想的な友人や親のような人々で、操作の対象となる人々の福利しか頭にはなく、必要な知識はすべて有していて、間違いも犯さないという存在だ。福利を増進する操作者というのは、福利の視点から言っても賞賛されるべきだ。福利増進の最良の方法が、他のどれでもなく操作を通じてだけだとすれば、そう仮定できる。

ここで重大な問題となるのは、人々が自分が操作されていることを知り、それが気に入らないとすれば、それは福利にはマイナスとなり、そのマイナスも全体の評価に反映させなければならないということだ。人々が操作を好まないのなら、福利の点から見ても、それは認められるものではない（操作とわからないように行われれば、それはそれで問題となる。秘密裏に行われる操作はバレるかもしれず、そうなると人々は秘密だったことを不満に思うから、危険である）。だが、操作によって本当に福利が増進されるなら、それは正当化されるものであり、倫理的な視点からはやるべきことにもなる。

だが、頭の中だけの、こうした思考実験にはまったく現実が反映されていない。実際には、操作する者が善良でも、すべてを知っているわけでもない。自分なりの思惑があることが多く、操作という方法を使うこと自体、それを証明していると言っていい。本当に選択側の福利を思うなら、説得を試みればいいではないか。なぜ、操作にまで踏み込むのか。人は様々な形の間違いを犯すことはすでに見た。ミルは人々自身の選択が福利を増進することを確信していたが、それは間違いだ。行動科学者は、なぜミルが誤ったかについて具体的な原因を挙げ、時には外部の人間が、とりわけナッジを通じて、人々を大いに助けることがあることを示した。外部の人間でも手助けできるのなら、なぜ、情報提供やリマインダー、警告などを通じて行わないのか。デフォルトルールでもいいではないか。なぜ、操作に走るのか。
操作する側自身が、こうした問いに答えられるかもしれない。たとえば、時間が切迫しているとか、選択する側に能力がない（子どもである、あるいは病気である）とか。また、システム1を狙った、生々しい画像を使っての健康についての警告は多くの人命を救うが、そうした画像抜きで、単に事実を述べるだけでは多くの命は救えないとか。福利の視点からは、生々しい画像の警告について様々に弁護できる。[50]
この例は、福利の視点で見ると、すべては状況にかかっていることを示している。操作がかかわっているからといって、操作する側の福利についての意図を常に糾弾していいわけではない。操作する側の目的を疑ってかかることは、多くの場合当然である。加えて、立派な目的であっても、操作する側にその行動を正当化できるだけの知識がない場合もある。ハイエクの主張を思い出せば、「（操作する）人が知っていることのほとんどについて、私たちが絶望的に無知であるということに気づくことが、自由を求める議論の主たる論拠である」。[51]

同意のうえでの操作――「操作大歓迎」

人々が操作を受け入れる場合はどうだろう。[52] アルコール依存症の男は妻に向かって、「飲むのをやめるために本当に努力している。どんな方法でもいいから助けてほしい。操作だろうが何でもいい。

何でもしてくれ」と言うかもしれない。ギャンブルがやめられない男が友人や家族に、「これは深刻な問題で、俺の人生を狂わせている。操作でも何でも好きにやってくれ」と言う。あるいは、喫煙者の圧倒的大多数が政府に対し、「タバコをやめたい。この依存症を克服できる方法を見つけてくれるのなら、感謝しかない」と訴える。T・M・ウィルキンソンは、操作は自律を侵害するというのは言い過ぎだと述べる。なぜなら、「操作が同意のうえだということがあるからだ。正しい形で同意を得ているなら、操作は自律に反するものではなく、むしろそれを広げるものと考えられるかもしれない」。(53)

この説には説得力がある。同意はシステム2からの承認のサインで、システム2はシステム1の悪しき効果を閉じ込める方法として、少しばかりの（あるいは多大な）操作を受け入れるのかもしれない（第3章の自己管理の問題と、好みについての好みについての議論を思い出してほしい）。ユリシーズは操作を求めていたのか、どうなのか、ユリシーズとセイレーンの魔女の話がここでは参考になるだろう。(54)同意については、福利の観点からも異論はない。選択する者自身が、操作された方が自分のためになると決めたのだ。その選択が自身の福利を促進すると思われるのなら、操作を選択したとしても、その選択は尊重しなくてはならない。

同意が明白に表明される場合は簡単だ。だが、操作する側が状況から同意を推測したり、充分な理由があって、人々は尋ねられれば同意するだろうと信じた場合は難しい。推測が当てにならなければ、同意を正当化する根拠も同様に当てにならない。同意すると信じることが妥当であっても、誤りの可能性がある限り、間違いというリスクを回避するために、同意の明白な表明を求めるのは当然である。注意すべきは、同意のうえでの操作というのは例外的なことで、人は通常「どうぞ私を操作してください」などとは言わない。ただ、人々が自己管理で深刻な問題を抱えている場合は、そうしたこともありうる。

透明性と操作

操作という考え方には、透明性の欠如が包含されていると見られるときがある。何か重要なことが隠されているか、公表されずにいる。操作は必ず何かを隠している。[55] 操作する側を人形使いと考えるなら、その役割を隠していると言えるかもしれず、操るうえ（＝操作）での重要な要素となる。だが、操作を考えるうえで、透明性が何を意味するのか、それも明確ではない。何についての透明性なのか。操作する側の行動のことか。状況にかかわることか。影響力が発揮される原因についてか。それとも、何か別のことについてか。

何かを隠すとは

典型的な操作では、状況の鍵となる事柄についての透明性が確保されていない。それ自体が操作である。父親が幼い子どもに対し、「いい子でいたら、サンタクロースがキリンのおもちゃを持ってきてくれるよ」と言う。父親は、実は自分がサンタクロースであるという事実について、透明性を保ってはいない（実際は嘘だが、操作の一種でもある）。操作の代表例に立ち戻って、サブリミナル広告を使って、人々に製品を買わせようとする企業のことを考えてみよう。関連する事柄が明らかになると、操作の対象となった人々は裏切られた気分になり、「なぜ、それを言ってくれなかったのか」と思う。透明性が確保されれば、操作しようとしても上手く行かない。

映画『オズの魔法使』のクライマックスシーンで、魔法使いが、「カーテンの後ろにいる男の言うことは気にしなくていい」と言う。カーテンの後ろにいる男はただの人間で、偉大な魔法使いの振りをしているだけだ。振りをすることで、実際に持っている、あるいは持つ資格がある以上の権威を振りかざし、明るみに出たら人々の判断や選択を大きく変えるような要因を隠した社会状況を作り上げる。魔法使いは人々の信条や感情を巧妙に操作している。正体がバレたら、かかし、ブリキ男、弱虫ライオンにもっといい贈り物をして、それぞれ知恵と心と勇気を手に入れたと思わせてしまうだろう。魔法使いは、まさに透明性の欠如を通じて操作する（だが、それで三人の福利を増進させたのではないか）。

『オズの魔法使』ほど話題にはならなかった映画だが、もう一つ『トゥルーマン・ショー』を見てみよう。主人公トゥルーマンの人生は陰の演出家が下す様々な判断に左右される。演出家は、①トゥルーマン本人が知らないうちにテレビ番組の主演になっていること、②友人や知り合いはすべて俳優が演じていること、の二つを隠している。秘密工作や隠蔽は操作によく見られる要素である。自分の役割を隠して影響力を発揮しようとすると、それには当然、反論が生まれる（政治の世界ではまさにそうだ）。

見てきたように、透明性の欠如は、自律と尊厳の双方を侵害する。トゥルーマンは福利の面で害を被ることはなかったが、権威者によってデザインされた、いつも明るい、快適な生活を送らされる彼のようには生きたくないと、多くの人は思うだろう。

福利の視点で見ると、透明性の欠如は別の問題も引き起こす。必要な情報さえあれば充分に自分自身で決定を下せるはずの人間に、面と向かって話ができないのはどうしてなのかという疑問だ。福利に関する検証は、すでに見たように複雑で、透明性が必要ではなく、逆に問題となるような事例を思い浮かべることもできる。自己管理に深刻な問題があって、本人の命にもかかわるような場合（アルコールや薬物への依存症など）はどうだろう。操作する側が命を救う戦略を見つけたのだが、透明性を重視するとその戦略の効果が弱まってしまう。こうした場合、福利を重視すれば、透明性は考えなくていいと仮定できる。能力に欠ける人々（子どもや精神疾患のある人々）を対象に考えると、この仮定はすぐに肯定されるだろう。だが、充分な能力を有した成人も操作によって恩恵を得ることができ、透明性が逆効果となる場合も考えられる。

福利の面からすると、もう一つ、極端な状況だが隠れて操作することが正当化できる場合が考えられる。誘拐を防ごうとする場合や、誘拐の被害者を救おうとする場合だ。誘拐犯は操作されないという権利を放棄したと見なされる。間違いを犯している者、あるいは犯そうとしている者をとめることが目的である場合は、そうした人間を隠れて操作することは認められるし、必要でさえある。彼らは敬意を持って扱われる権利を失っており、選択する者としての彼らの福利を問題にする必要はない。

透明性で操作が正当化されるわけではない

だが、通常の事例では、この論は通用しない。ほとんどの場合、操作行為、あるいはそれと見なされる行為は、それが正当化されるものであっても、隠蔽されたり、秘密裏に行われたりしてはならない。生々しい画像での健康についての警告がその例に当たる。透明性は必要条件である。しかし、十分条件ではない。つまり、透明でありさえすれば操作が正当化されるわけではない。誰かといちゃつくにしても、それが恋愛感情からではなく、何かしてほしいからであれば、その行為は操作行為と考えられる。だが、それは隠された操作ではないものの、正当化できるとも言えない（隠されているのはいちゃつく目的で、だが、それを明らかにしてしまったら目的は達成されない）。操作行為で、それが操作される対象に明白に知らされている場合もある。たとえば、相対的なリスクについての情報開示で、この場合、情報開示の理由は隠されていない。健康についての生々しい画像の警告は完全な透明性を確保している。それについて規制が求められる場合でも、規制の前にはパブリックコメントが求められることになるだろう。(56)

サブリミナル広告に、「この映画にはサブリミナル広告が含まれています」などの明確な警告をつけるという方法も考えられる。しかし、それについて知らされたからといって、サブリミナル広告が受け入れられるということにはならないだろう。映画館チェーンが、予告編にはサブリミナル広告が多く含まれていますとアナウンスしたら、人々は反対するだろう――自律の観点から、また、おそらく福利の観点からも。

心理学に関する透明性？

透明性という概念には曖昧さが伴うと述べてきたが、その理由がわかってきた。相対的リスク情報は公開されるが、その情報が功を奏する心理的なメカニズムについての情報は開示されていない。「相対的リスクの情報を開示するのは、皆さんの行動を変えたいからです。私たちは、死に至るリスクが三倍になると言えば、皆さんが行動を変える可能性が高いことを知っています。もちろん、行動を変えなくても、致死率はかなり低いままです」とは、誰も言わない。デフォルトルールは秘密ではないが、「デフォルトルールが有効なのは、人間には引き延ばす傾向があり、惰性があるからです。私たちはあなたがたのそういう傾向や性格が、政策目標達成の助けになることを期待しています」とまでは公表しない。

影響力の働き方の心理的メカニズムについて透明にしないというのは、操作だろうか。操作という言葉の意味を普通に考えるなら、そうだと言えるが、私個人の定義では、そうである必要はない。行為そのものが透明であり、人々の熟慮する能力が充分活かされるのであれば、根底にある心理的メカニズムについて知らせなくても、操作が行われたとは言えない。しかし、政府の行動については、通常その理由を提示することが求められ、その理由には、どうしてその形の影響力を用いるのかについての説明――それが心理的メカニズムの説明にもなる――が入っていなくてはならない。この点については、次章でもう一度論じる。

民主的に承認を受けた操作

操作が、民主的に承認を受けているとしたらどうだろうか。たとえば、国民の健康増進のために議会がそれを採決したような場合や（喫煙や薬物乱用の削減や、不健康な食生活の改善など）、その他の目的（入隊勧誘や時流に乗ったイデオロギー支持の拡大など）の場合だ。問題のない事例なら、議会は疾病や死亡を削減するような啓蒙キャンペーンや、その目的を達成するために、行動経済学に基づいてシステム1をターゲットにするような戦略を承認するかもしれない。

民主的な承認があるからといって、操作に対する反論がすべて解消されるわけではないことははっきり言っておこう。議会に不当な目的（人種的偏見や特定の立場を確保しようとする策）がある場合は明らかに問題になる。政治的多数派が、自らの優勢を確保しようとして人々に対する操作を支持する、特定の社会集団を二級市民として扱うことを奨励するなどでは、多数の支持があっても正当化はできない。事態を悪化させるだけだ。操作に対する反論――自律、尊厳、福利の視点からの――は、目的が正当であっても通用する。議会がサブリミナル広告を承認しても、自律と尊厳の立場から異論を唱えることは充分可能である。福利の面からの異論も可能だ。ならば、民主的なプロセスがなぜ、操作に頼り、人々の熟慮を促進するような、それ以外のコミュニケーションの方法を活用してこなかったのだろうか。

確かに、民主的なプロセスによる承認を、過半数の同意あるいは集合体の同意を元に、システム2に基づいた同意と見ることもできる。この時、システム2はシステム1の悪影響を閉じ込める方法として、多少の（あるいはかなりの）操作を歓迎するのかもしれない。人々の健康の問題への対応として、政府が支援策を行うことを心から望んでいる人が大多数を占め、彼らはシステム1に訴えることが最善の策だと思っているとしよう。このような場合では、同意があると考える。社会全体では、個々人の近視眼的な見方や向こう見ずを前に、一般的評価の正当性、あるいは「好みについての好み」の有効性、を証明するものかもしれない。社会はユリシーズ〔ホメロスの『オデュッセイア』の主人公〕のように、セイレーンの魔女から身を守っているのであって、社会が追求する崇高な目的（たとえば、人種や男女間の平等など）を主張しているのかもしれない。

役人がこのような議論を展開するのは可能だし、実際に行われることでもあるが、それには明らかにリスクがある。反論の源は個々人、操作されたくないと考える個人個人で、過半数が操作を支持しているからというのは言い訳にならない。過半数の同意とか、集合体としての同意というのは、個人の権利にかかわることではまやかしにすぎない。過半数が少数者に対し、何かを信じたり、行ったりすることを納得してほしいのなら、操作という方法に頼ってはならない。

しかし、一定の状況においては、穏やかな操作は、特に福利の視点から見てありえないわけではない。[57] 民主的プロセスによって支持されている場合はなおさらだ。運転中のメールの送受信に伴うリスクについての啓蒙キャンペーンや、危険薬物の乱用を防ぐ努力、学校に留まって教育を受け続けることを説得する活動などが例となる。このような活動の多くは生々しく、感情に訴えるような要素を含むが、自己管理の問題に対応し、長期的な視点で考えることを奨励するものとして理解されるだろう。

政府が――フレーミングや感情的な反応を呼び起こすことを通じて――、システム1をターゲットにするのは、人々の害になるような形ですでにシステム1が標的にされていることに対抗するためかもしれない。たとえば、喫煙の問題では、――宣伝や社会規範など――これまでの操作によって、人々がすでに喫煙の方向に流されてしまったとする。もしそうなら、役人も毒をもって毒を制すことが許されると言えるだろう。しかし中には、間違った方法を二回重ねても物事を正すことにはならない、禁煙を進めたいのなら、政府は人々を大人として扱い、自ら考える力に訴えるべきだと言い張る人々もいるだろう。私に言わせれば、これはもっともな意見だが、少なくとも依存症で命にかかわる行為については厳格すぎる話だ。生々しい画像で多くの命が救えるのなら、それは禁止されるべきではない(58)。

操作には程度があることを思い起こしてもらいたい。代替案を好ましい見せ方、あるいは好ましくない見せ方、さらには嫌になる見せ方で提示するのと真っ赤な嘘では、大きな違いがある。日常生活では、友人や恋人が、何かについて大多数の仲間が好きなことであるように描いたり、自分が嫌いなことについてはそれによる損を強調したり、何かを説明するときに暗い顔やしかめ面をしたりしても、操作していると非難したりはしない。これらも操作ではあるが、最も軽度の操作で、対象とする人々の利益を促進するものであれば、善良なものとして（楽しいものとしても）、受け入れられることがある。

この点を理解しておくことは重要だ。他人の認知バイアスを利用することを違法とする法制度はない。(59)

操作行為の四分類

これまでの様々な議論をまとめると、操作行為の評価に当たっては次の表が役に立つかもしれない。この表は、倫理、政治、法制度の視点から操作にどう対応すべきか、ヒントになるだけでなく、一般的に見られる直感的な反応も反映している。右下の欄には、民主的／非民主的制度にかかわらず、自己中心的で打算的な役人の行為が含まれる。右上は、人々の熟慮する力をまったく無視するわけではないが、正当に扱うわけでもない選択アーキテクトによる打算的、あるいは愚かな言動を示す。省庁や企業の大半は、左上に当てはまるような行動を取り、自分たちの行為に衆目を集め、好意的な反応を得ようとする。政府は、特に生々しい画像を使ってのキャンペーンでは、左下の欄に当てはまる行動をする。

この表はまた、操作に対して法制度ではどのように対抗すべきかの検証の出発点となる。福利の立場から見ると、根本的な問題は、操作に当たる言動を制限することの恩恵がそのコストに見合うものかだ。この疑問に答えるためには、その言動がなかった場合（あるいは操作ではない形に変化した場合）はどうなったかを理解しなくてはならない。この点、操作についての分析は、嘘についての分析によく似ている。操作のコストは、操作する側に悪意があるか、あるいは情報に疎いかによって、大きく変

	善良で情報提供を行う	悪意があり情報提供に欠けている
操作度が低い	福利の観点から認められる：自律と尊厳に関しても認めることは可能	認められない
操作度が高い	福利の観点からは認められる：自律と尊厳に関しては認められない	まったく認められない

わる。そうだった場合、福利の面で深刻な損失のリスクがある。だが、広告業者が真に競争的な環境の中で、製品を売るためにある程度操作の要素を含んだ宣伝をしたとする。競争のプロセスが本当に機能しているならば、消費者が大きな損失を被ることはない。市場の圧力が操作の効果や利用を制御する働きをするからだ。[60] だが、人々に情報がなく、行動バイアスに囚われていると、見えざる手は操作を助長し、操作を利用しない企業を酷い目に遭わせることになるかもしれず、それは福利の面での深刻な損失につながる。[61]

そうなると次の疑問は、何かしらの市場の失敗があると、操作行為が継続したり、助長されたりすることはないのかとなる。情報の問題と行動バイアスに照らして言えば、答えは、多くの市場でイエスである。[62] もちろん、操作に当たる言動についての消費者の理解や反応は様々である。それと見抜ける消費者もいれば、完全に騙されてしまう人もいる。人口構成を反映した集団を対象に実証的に検証してみることが、ここでは有益かもしれない。人々の理解が多様であることは、有害な操作方法を規制したいと考える関係者には厄介な問題となるかもしれない。だが、操作行為の中には明らかに福利を阻害するものがあり、それらを規制することには意味がある。[63]

操作的表現の強制は許されるのか？

合衆国憲法に表されている法規範では、政府は脅迫行為を規制することが許されている（「金か命のどちらか選べ」）[64]。また、虚偽や、誤解を与えるような宣伝文句も規制できる（「この製品を使えば、癌にはなりません！」）[65]。さらに、一種の強制的な発言もだ（「組合に入らなければ、解雇する」）[66]。であれば、政府は操作も規制できるのか。他方、政府は、消費者が購入するものについて確実に理解していることを目的とする場合、ある種の発言を強制することもできる[67]。であれば、操作だと思われる発言についても強制できるだろうか。

試しに、食品医薬品局（ＦＤＡ）がタバコのパッケージに、健康についての生々しい画像の警告を掲載することを義務化した例を見てみよう。多くの国でそのような警告の印刷は義務づけられており、憲法上の問題を引き起こす問題だとは通常考えられていない。それが正しい態度だと、私は考える。表現の自由は自治を守ることが中心で、広告代理店を守るためのものではない。生々しい画像の警告は多くの命を救うことになるかもしれず、それだけで充分正当化の根拠となる。だが、合衆国憲法の歴史的発展の中では、憲法上の問題も現実的に起こりうる。二〇一二年、連邦控訴裁判所はＦＤＡが義務化したことを表現の自由を根拠に無効と判断した。ＦＤＡ側に表現を強制するだけの充分な証拠がないと結論したのである[68]。この判決では、生々しい画像が操作に当たるかどうかについては注目してない。だが、下級裁判所ではそれが問題となった[69]。

下級裁判所はまさにそれを問題視して、「生々しい画像を使うことを求めたルールは、純粋なる事実や議論の余地がない事柄という基準で判断できる情報開示の範疇には入らない」とした。さらに、予想通り、「こうした画像を見れば明らかだが、これらの画像が生み出そうとした感情的な反応は、見たものに喫煙をやめさせる、あるいはそもそも始めさせない、ことを計算したもので、それは事実や議論の余地のない事柄について情報を伝えるという目的とはまったく外れたものである」とも付け加えた。ここでの判決は、政府が「純粋な事実や議論の余地のない」ものを含む表現を強制する際は、さらに厳しい正当化の義務を負うとした。

この考え方は連邦最高裁判所の判決では支持されていないが、それなりに説得力はある。表現の自由という規範は、政府が熟慮する力に訴えるのではない表現を求めることに対して障壁となるだけではなく、あえてシステム1を作用させようとする表現を求めることに対しても障壁となる。この見方では、操作に当たるような、この手の表現を強制することを規制する確固たるルールはないが（それが嘘や欺瞞でない限り）、政府がそのような強制を行う場合は、それを正当化する強力な理由が必要である。

この考え方には数々の問題が含まれている。生々しい画像は操作的だと言えるだろうか。本能的な反応を引き起こすことを目的にデザインされていることは確かだ（そして、まさにそうなる）。だが、問題は、人々が熟慮のうえで選択することについて充分に配慮、奨励していないかどうかである。これに答えるには、「充分に」という考え方を具体的に定義しなくてはならない。具体的にするためには、実状を反映する必要がある。この警告を見た後、人々はこの問題をどのように理解するだろうか。多くの人々の理解が改善され、リスクについて正しい感覚を持ったとしよう(70)。その場合は、操作ではないとしてもいいだろう。だが、理解が改善されなかったら、それでも、このような警告は正当化できるだろうか。

後者を正当化するためには二つの方法が考えられる。一つ目は福利に関することだ。生々しい画像は多くの命を救うが、純粋に事実だけの情報では効果ははるかに小さい。そうすると、生々しい画像は充分に正当化できる(71)。二つ目は自律に基づくものだ。喫煙者や、喫煙を始めてしまいそうな者は、健康に対する喫煙のリスクを充分に理解していない。生々しい画像は、単なる統計的な情報では解消できない「偏見を解消する」ことができる(72)。ここでは、政府による義務化は、白紙の状態に対して課せられるわけではないと付け加えておこう。喫煙させようとするときにはかなりの操作が行われており――幸せそうで、健康的で、見た目のいい人間がタバコを吸っている様子を見せる――、これに対して政府が対応することは正当化できると私は思う。リスクにかかわる生命の数やそれを示す証拠に照らしてみれば、喫煙という問題においては、正当化の根拠は充分であると思われる。

操作を規制できるのか？

政府は操作を規制すべきか。政治的スピーチやコマーシャルに対してはどうするか。著しく酷い場合を想像すると、あるいは見つけたりすると、規制すべきだと言いたくなる。だが、表現の自由の壁は相当に高い。

政治的スピーチおよび公人の場合

政治的スピーチに関して、連邦最高裁判所の判例に『ハスラー』誌対ファルウェルの裁判がある。[73]このケースで裁判所は、『ハスラー』誌がキリスト教福音派原理主義の牧師ジェリー・ファルウェル師の性的初体験は家の離れで母親を相手にしたものだったかのような、下劣で侮辱的なパロディを掲載したことに対し、表現の自由の規範を適用して、擁護する判決を下した。パロディは皮肉を意図したものであるが、同時に、ファルウェルは偽善者で愚かな人物だと読者に思わせようとして作られた、一種の操作行為だとも見える。ここでの議論によれば、パロディは直接システム1にアピールするもので、これを見た人々はその後、ファルウェルをこれまでと同じ見方で見ることができなくなる。彼の姿を見たり、声を聞いたりすると、人々は意識していなくても、頭にこのパロディが浮かんでしまう。

連邦最高裁判所は全員一致で、パロディ表現は憲法で擁護されるとした。一方で、州政府は偽りの発言を規制することはできるとした。偽りに「価値はなく、思想の自由市場が持つ、真実を追求する機能を阻害する。また、どれほど説得力のある反論を繰り広げたとしても、個人の評判について取り返しのつかない損害を与える[74]」。しかし、皮肉は違う。「偽りとは異なる扱いをしなければ、政治風刺画家や作家が、嘘をついて相手の名誉を傷つけたかどうかについて証明されなくても損害賠償を求められることになる」。最も極端な形の風刺も擁護される。なぜなら、極端という見方自体、「主観的な要素を含んでおり、陪審員が自分の意見や嗜好、あるいは一定の表現方法についての反感に基づいて、その責任の度合いを決定できる」ということだ[75]。

最高裁判所の判決理由はどんな場合にも適用されるというわけではなかった。明らかに誤りである発言や、真偽を無視した発言に対しては損害賠償を認めるという「現実的悪意」の基準は、パロディが事実であると読者に誤解させるような場合には適用されるとした[76]。だが、この事例では読者はそうは見ていないというのである。ここに、政治の分野でも、読者や視聴者が明らかに誘導されるようであれば、一定の操作行為が規制される可能性が残された。だが、最高裁判所は憲法修正第一条に対し、偽りの発言についても一般的に除外例を設けることは避けており、政治分野で操作的なスピーチを規制することにはやはり、憲法の高い壁が立ちはだかっている[77]。

そのようなスピーチを規制する場合、どのように行うか。それについては、曖昧さと範囲が広がりすぎないようにするという課題が伴う。政府が政治分野で、著しく悪質な操作を禁止したいと考えた場合、どのように表現したらいいだろうか。私なりの操作の定義をここで披露したが、それを民法や刑法の規定に適合させることは簡単ではない。見てきたように、操作の形は数え切れない。つまり、それを規制しようとすれば、どうしても曖昧になり、広範囲に及びかねない。

コマーシャルの場合

商業広告の場合はこれとは異なり、規制する側に課せられる義務が多少軽い(78)。それでも、表現の自由を守る壁はかなり高い。問題の表現が間違いでもなく、欺瞞でもない場合、政府が規制を課すためには正当化できる相当の理由が必要になる(79)。定義の問題も残るが、それが解決されたとしても、「ハスラー」誌の精神に則って言えば、思想の自由市場というのは、システム1にアピールし、熟慮を軽視、回避するような方法に溢れているからだ。

商業分野は表現の自由の規制からは比較的自由だが、操作行為が蔓延している分野であることにも留意すべきだ(80)。願わくは、宣伝とは、宣伝が目的であることを消費者が理解し、競争のプロセスがその欠点を矯正してくれるに充分であるよう機能してほしい。行動経済学がその希望の現実性について深刻な懸念を提起したことは承知している(81)。しかし、そうした懸念があるからと言って、商業的表現の擁護に対し、「操作の規制」という名の一般論を展開する充分な論拠とはならない。

消費者保護の観点から

これまでの結論はどれも、もっと狭い範囲での規制についても難しいと言っているわけではない。契約法ではすでに、操作の問題に長い間取り組んできており、操作側が操作を通じてしか達成できなかったような契約条項を有利に用いることを禁じるという形で対応している。[82] 消費者金融商品では、あらゆる形の操作が蔓延している。実際、そうした操作が、二〇〇七年、二〇〇八年の金融危機後の規制への動きの主たる動機となったと言っていい。[83] 「ドッド＝フランク・ウォール街改革及び消費者保護法」では、消費者金融保護局（ＣＦＰＢ）に、「消費者金融・サービス製品の市場が公正で透明、競争的であることを」確保することが求めている。[84] 「不公正で欺くような」行為に注意するだけでなく、操作の最悪の形態を指し示すと思われる「乱用」行為についても注意を促している。金融市場の監視に当たって、消費者金融保護局は「金融・サービス商品のリスクについての消費者の理解度」に配慮しなくてはならないとされており、これは、操作への懸念を反映していると見ていいだろう。[85]

こうした責任を果たすために、消費者金融保護局は「借りる前に知ろう」というスローガンを打ち出した。熟慮のうえでの選択を確実にするための様々な方策は、私がここで言う操作に対抗するものと考えられる。[86] もちろん、消費者市場の問題の一つは複雑さで、理解が大変なこともある。もう一つの問題は、「勧誘レート」のような、操作一般にかかわる範疇のもので、騙しているわけではないが、色々と誘い込む方法で、システム1にアピールするものである。

消費者金融保護局が例示するような、短くわかりやすいクレジットカード契約書は、操作のリスクへの直接的な対抗策と考えられる(87)。システム2をしっかり機能させる方法だ。勧誘レートを禁止、規制するのも同様である(88)。金融商品の規制策を考えるに当たっては、操作の問題がかかわってくる例が多くある。そうした場合、政府はコマーシャルを規制するのではなく、商業行為を規制しているのであって、消費者が熟慮する力を充分起動させない行為が真の問題であることを理解する必要がある。これだけではまだ、一つのカテゴリーを構成するわけではないが、消費者金融保護局のイニシアティブがその一歩となるかもしれない。アメリカをはじめとする国々がその歩みをさらに続けてくれることに期待したい(89)。

本章のまとめ

人々の熟慮する力に充分にアピールせず、それを活かそうとしない言動が操作である。ほとんどのナッジはこれには当たらないが、中には当たるものもあり、ギリギリの線にあるものもある。

操作の中にも著しく悪質なものがある。良くない結果を生々しく描写することで（子どもを失う、戦争に負けるなど）、人々をある行動に導くなどの場合だ（重ねて生命保険に加入する、ある立候補者に投票するなど）。それほどあからさまではない操作としては、政治家、雇用者、あるいはウェイターが、損失回避の方法を使ったり、声音や表情で、一定の決定に導こうとすることもある。そう定義されると、人生に操作はつきものだ。だからこそ、嘘や欺瞞には大抵対処できる法制度でも、操作を対象にすると難しい状況に直面するのである。

最も問題になる操作行為は、選択する側に敬意を払わない。人々の自律と尊厳を侵害する。選択する者が自らにとって最善のことを知っているという考え方に基づく、福利の観点からは、人々の選択が操作の結果であることが問題になる。そうなると、選択する者が関連する要因や意義について熟慮する立場には立てなかったことになり、その選択は人々の福利を増進するものではないかもしれないからだ。操作する側の動機が悪意に基づいている場合は当然そうなるが、操作する者が必要な情報を有していないときでもそうなることがある。

福利の視点は、そもそも操作は否定されるべきものという前提に立っている。善良で、知識もある操作者なら、人々の人生をいいものに、はるかにいいものにさえする可能性もある。だが、現実的に考えれば、操作する者が善良、あるいは知識がある、ということはなかなかないわけで、操作についてのこの前提は、当然ながら根強く人々の頭に残っている。

Chapter 6

ナッジは人々に支持されているのか？

人々はナッジや選択アーキテクチャについて、本当のところ、どのように考えているのだろうか。倫理的な面から強く反対しているだろうか。それとも、受け入れているのか。望ましい、あるいは、倫理的に必要だとすら考えているのだろうか。ナッジの中でも区別しているのだろうか。だとすれば、その区別の基準は何か。

これらの疑問に答えても、もちろん、倫理的な問題が消えてなくなるわけではない。大事なのは、こうした問題の規範的な解決を見つけ出すことであって、人々の反応を実証的に調査してみても決定的な解決とはならない。おそらく、こうした疑問そのものが紛らわしく、よく練られたものでもなく、あるいは誤っているのかもしれない。人々の反応をアンケート形式の調査で調べることには、人々が熟慮する時間や機会がないというリスクが伴う。特に関係する事実（たとえば、問題にしている政策のコストと恩恵について）が質問で説明されていない場合はそうだ。(1) 人々が充分に考えて答えるとしても、多くの情報が与えられていないと、自律や尊厳については充分に考えない、あるいは、これらの概念の意味すらわかっていないかもしれない。社会の福利についての関心が低いか、それについての評価が見当外れになるかもしれない。(2)

国によっても、また、国内の異なる集団によっても、答えは違ってくるかもしれず、つまり、コンセンサスは存在しないのかもしれない。行動科学の研究者も似たような点を指摘している。倫理的問題や、倫理的に受け入れられるかどうかについての質問は、質問がどのようにフレーミングされるかにかかっており、フレーミングの微妙な違いが答えを大きく左右するかもしれないというのだ。そうした違い自体がナッジであり、大きな効果を及ぼすが、それを避ける術はない。(3)

倫理上の判断がフレーミングに左右される、ちょっとした例を挙げておこう。(4) 若者の方が高齢者よりも高く評価されるべきかという質問に対しては、通常「とんでもない」という答えが返ってくる。政府が年老いた命より若い命を優先するという考え方には執拗に抵抗するものだ。だが、①五歳以下の人間を七〇人助けるか、②八〇歳以上の人間を七五人助けるか、の選択ではどうだろう。ほとんどの人が①を選ぶと思われ（証拠もある）、自発的に年老いた命より若い命を優先することを示している。(5)
倫理的な質問で、望ましいとされる特定の反応を導き出すことなど簡単な話で、子どもでもできるくらいだ。

とはいえ、慎重に設計された質問に対する人々の答えは、それはそれで興味深い。長い時間をかけずに質問に答える場合の思考パターンの様々を見せてくれるからだ。さらに政治的、法的、倫理的な問題についても学ぶべきことを指し示してくれるが、それには三つの理由がある。第一の理由は、最も大事な点だが、民主主義社会では、公職者は市民の本音を避けては通れないということだ。市民が倫理的に強く反対している場合は、政府もそれを進めることを（選挙への影響という自己的な利益のためだけだとしても）ためらう。そのような反論は、推定あるいは事実上の拒否権として機能する。かなりの数の人々が倫理的に問題だと強く思っているのであれば、公職者もそれを黙殺することはできない。また、人々が倫理的に問題とは思わず、ナッジが有益であり、望ましいと思うならば、公職者はそうした意見にも耳を傾ける。広く一般に承認されるということは、免許や許可、時には動機づけや催促の役割を果たすのだ。(6)

第二の理由は認識に関連するもので、人々の判断は、倫理的問題についてどう考えるべきかについての情報、それが確定的な情報ではないとしても、関連する情報となる。特に議論沸騰の事柄については、ナッジの対象となるかもしれない側の人々の倫理的判断についても充分配慮しなければならない。それを論じるために、群衆の知恵の重要性をここでことさら強調する必要はないはずだ。公職者は他者の意見に対して配慮を怠らず、謙虚であるべきだ。大多数の人々が、ナッジを支持する、あるいは反対している場合には、そうした意見も考慮されるべきである。

第三の理由は民主的自治にかかわる。自治を維持することが大事であるなら、公職者は人々の考えに対しては、たとえ賛成できない意見であっても、耳を傾けるべきだ(7)。人々が熟慮のうえで下した判断が、簡単な調査の結果とは異なることがあるのは事実である。公職者の側に、明らかに社会福利を害するアプローチだという理解がある限り、人々がそのアプローチを支持しているとしても、それを採用するべきではないと考えていい。社会の福利を増進するものであるのなら、人々がそれに反対していても、採用すべきだとする考え方も同様である(8)。だが、公職者の側に、そのアプローチが望ましいものなのか確信がない場合には、自治の精神に則って、人々の意見を考慮することが当然である。

ここで取り上げるような全国標本調査も含めて現行の調査からは、一つの結論が導き出せる。ほとんどの人々はナッジ一般については肯定的でも否定的でもなく、特に意見は持ってない。評価は特定のナッジの目的や効果についてで、それを認めるかどうかである。これから見ていくように、大半の人々は、実在の機関によって最近、真摯に提案、実施されたナッジについては支持している。アメリカ国内では支持は典型的な党派の境を超えて、民主党員、共和党員、無党派層のすべてに共通している。ナッジの目的が正当で、重要であると考えれば、人々はそうしたナッジを支持する。この調査結果は重要だ。なぜなら、多くの人々は、操作につながるとか、自律を阻害する不当な介入であるとかという理由でナッジ全般を受け入れられないとは考えていないことを示しているからだ。面白いことに、人々は義務化や禁止については、その目的が疑いの余地なく正当であっても、否定的である。多くの人々は、選択の自由を重視し、それを許さない政策に対しては、その動機が正しいものであっても拒否する傾向にある(9)。

人々は、①不当な目的のためのナッジと、②選択する側の大多数の利害や価値観に合致しないナッジについては反対する。これは、調査結果にもはっきり現れており、ナッジへの反対が見られる場合も、多くはこれで説明できる。デフォルトルールへの反対の根拠とされる調査結果としては、人は、自分の惰性や無関心のおかげで経済的あるいはその他の損失を被ることになるような選択アーキテクチャは望まないというものがある。人は、金銭的に損をするのは、明確な選択の結果であると信じているのだ。

さらに人々は、無意識あるいは潜在意識に作用するのではなく、意識的な熟慮を促進するようなナッジを好む傾向にある。もちろん、前者を無視するわけではなく、そちらの効用も認めてはいる。すなわち、人は、システム1ではなくシステム2へのナッジを好むが、システム1へのナッジの方が効果的だとわかれば、そちらの方向に動くということだ。ナッジが特定の政治観と結びつくと、その政治観によってナッジの評価も変わってくる。そこから、ナッジ一般についての判断を左右するのは、多くの場合、特定のナッジの目的についての評価であるという結論が導き出される。

目的が不当で、押しつけがましく、脅しのようだとか、その他の理由で賛成できないナッジだけを考えると、ナッジ一般についても反対する。逆に、受け入れられる類のナッジだけを考えると、ナッジ一般についても肯定的になる。加えて、ナッジであることを透明にしてもナッジの有効性に変化はない。ナッジのほとんどはすでに透明で、人々は一般的にはナッジに反感を感じないからである。

だが、この結論については用心してかかる必要がある。透明性という考え方が曖昧だからというだけではない。役人はナッジについては透明であっても、その背後にある意図や、ナッジの効果を生む心理的メカニズムについては明かさないこともある。これは問題だろうか。そう考える人は確かにいる。ある種のナッジに対しては、「リアクタンス」の可能性があることについてもそれなりの根拠が示されている(10)。「リアクタンス」とは、命令や指令に対して人々が時に逆の反応を示すことを意味する言葉で、言われていることの逆方向に人々を導くことになる。ナッジは指令ではないが、リアクタンスを引き起こすことがある。「ナッジされることは好きではないから」として、反抗するということだ。ナッジされることを好まない人はいるもので、ナッジされると、ナッジされているということ自体に反発して、反対する。これから見ていくが、リアクタンスの反応を示す人は、ある種のナッジは好む傾向がある。

論を進めるにあたって、一つだけ但し書きをつけたい。ここで取り上げる証拠のほとんどはアメリカの例だ。それが他の国でも同じように見られるのかという疑問は当然出てくるだろう。他の国との相違点としてはどのようなものを予想したらいいだろうか。それについては、スウェーデンのデータからある程度説明できるだろう。また、デンマーク、フランス、ドイツ、ハンガリー、イタリア、イギリスでは、アメリカ人と似たような反応が見られることがわかった(11)。これらの証拠から、国は違っても、人々は同じ原則で考えるようで、相違点は比較的小さいと言えそうだ。もちろん、中国、韓国、南アフリカ、ルワンダなどでは大きな違いが見られるかもしれない。それは、今後の課題として残る。

一方、アメリカはナッジの実験の場としては適さないところもある。自由を尊重する気風が強く、政府に対しては一般的に懐疑的だ。他の国に比べて、ナッジには特に用心してかかるかもしれない（この点では、スウェーデンとの比較が色々と解明してくれる）。だが、ほとんどの証拠がアメリカのものであるとしても、そこから導き出される一般論は、文化の違いを超えて適用できるものだと思われる。国際的に多少のバリエーションはあるだろうし、国によって、市民が一般原則をどのように具体化するかは異なるかもしれないが、その原則は通用するはずだ。

一般的な反応は予想通り

三四種類のナッジに関する調査を準備した。調査を実施したのはサーベイ・サンプリング・インターナショナル社で、アメリカ人五六三人を対象に、eメールで参加を依頼し、合計で二〇七三ドル七五セントを支払った。調査の誤差はプラスマイナス四・一パーセンテージポイントある。調査参加者はアメリカを代表する構成になっており、（人種、ジェンダー、年齢、地理的分布、収入など）すべての面で多様な集団である。これらの人々の答えから、主たる結果が二つ現れてきた。第一に、アメリカ人は、目的が不当と思われる（一定の宗教や政治観を優先する）ナッジを拒否する。第二に、選択する側の利害や価値観と合致しないと思われるナッジも拒否する。

それとは対照的に、目的が正当で、選択する側の利害や価値観に合致すると思われるナッジに対しては幅広い支持が見られる。これは、ナッジの多くは――デフォルトルール、警告、一般啓蒙キャンペーンなど——、その目的が支持できるもので、選択する側の価値観や利害に合致するものと認められれば、党派を超えて広く支持される可能性が高いということにもつながる。注目すべきは、ほとんどのアメリカ人が、ナッジを——たとえ、システム1をターゲットにしたものであっても——過度に操作的であるとして拒否しようとはしないことだ（ただし、二種類のナッジを並べての質問では、システム2をターゲットにするナッジの方を支持することを裏づける結果が出ている）。この調査で対象にした政策には賛否が強く分かれるものや、いかにも操作的なものもあった。それでも、過半数はそれらを支持しており、唯一の（そして滅多にお目にかからない）例外はサブリミナル広告についてだった（ただ、驚いたことに、喫煙や食べ過ぎを防止するための場合は少数ではあるが、こうした方法にもかなりの支持が集まった）。

政治観の違いが時に、支持の程度に影響を及ぼす状況は見られた。民主党員の方が共和党員より、健康や安全に関しては関心が高い。動機は立派と認めても、ナッジは認められないと言う人もいる。システム1をターゲットにしたナッジには多くの人が懸念を感じている。党派による違いが強く出た場合でも、こうした傾向は現れた。しかし、どのようなナッジを支持し、どのようなナッジに反対するかについては、民主党支持者、共和党支持者（さらに無党派層）の大多数が広範囲に渡って、同じ傾向を示すことがわかった。

表1　最近の主要なナッジへの支持率

	カロリー表示	生々しい警告（タバコ）	連邦政府による奨励：自動加入	連邦政府による義務化：自動加入
支持合計(%)	87/13	74/26	80/20	71/29
民主党支持者	92/8	77/23	88/12	78/22
無党派層	88/12	74/26	75/25	67/33
共和党支持者	77/23	68/32	73/27	62/38

支持されるナッジ

米連邦政府では数多くのナッジが採用、推奨されてきた。その代表例を三つ挙げれば、①レストランチェーンでのカロリー表示[12]、②タバコパッケージへの生々しい形での警告掲載[13]（連邦控訴裁判所の判決で中止[14]）、③加入しないという選択を確保したうえでの預貯金プランへの自動加入制度[15]がある〔表1参照〕。アメリカ全土の人々を対象にした調査では、この三つすべての政策に対して過半数を超える支持があった。特に③に対しては、連邦政府による自動加入への現行の「奨励制度」や、同じく連邦政府による大規模事業者への自動加入の義務化（そのような義務化は実施されていない）の有無にかかわらず、支持が表明されている。

およそ八七パーセントのアメリカ人がカロリー表示ラベルを支持[16]、七四パーセントがタバコパッケージへの警告掲載を支持している。どちらの政策も、民主党支持者、共和党支持者、無党派層のすべての人々から過半数以上の支持を得た。全体として、八〇パーセントが自動加入制度の奨励を支持、七一パーセントがその義務化を支持している。党派にかかわらず、過半数を超える人々が支持していることになる[17]。

表２　６種類の啓蒙キャンペーンへの支持率（18）

	小児肥満防止	わき見運転防止	性的指向による差別	映画館での公共広告	動物福祉協会への寄付	肥満防止
支持合計（%）	82/18	85/15	75/25	53/47	52/48	57/43
民主党支持者	90/11	88/12	85/15	61/39	59/41	61/40
無党派層	81/19	84/16	75/25	51/49	55/45	60/40
共和党支持者	70/30	80/20	57/43	41/59	34/66	47/53

表2の左側の三種類の啓蒙キャンペーンも広い支持を集めた。小児肥満の防止を訴える連邦政府の啓蒙キャンペーンに対しては圧倒的な支持が見られた（民主党、共和党、無党派のすべての人々から強く支持され、全体の八二パーセントが賛成）。同じく、わき見運転防止のために、生々しい話や画像を使っての連邦政府による啓蒙キャンペーンに対しても強い支持があった（八五パーセント）。性的指向に基づく差別防止のためのキャンペーンについても七五パーセントが支持している。ただし、ここでは党派による違いが現れた（民主党支持者からは八五パーセント、共和党支持者からは五七パーセント、無党派からは七五パーセントが支持）。

別の三種の啓蒙キャンペーンも過半数の支持を集めたが、支持率は低く、共和党支持者の間では少数の支持しか集まらなかった。映画館で喫煙や食べ過ぎ防止の公共広告を上映することを連邦政府が義務化することについては、五三パーセントが賛成した。民主党支持者の方が共和党支持者より賛成した割合が高い（民主党支持者の六一パーセント、共和党支持者の四一パーセント、無党派層の五一パーセント）。全米動物福祉協会（架空の組織）への寄付を奨励するために連邦政府が啓蒙キャンペーンを行うことについては、過半数を少し超える程度の支持が見られた（五二パーセント。民主党支持者の五九パーセント、共和党支持者の三四パーセント、無党派層の五五パーセントで、党派別は統計的に重要である）。この結果は驚きである。政府が動物福祉協会への寄付を奨励するキャンペーンを行うことを支持する人が多いことは予想外であった。

連邦政府が肥満防止のために、肥満児童が運動している様子や、肥満の大人がインタビューで「人生最大の後悔は体重管理ができなかったことだ」とか「私にとって肥満は重苦しい呪いのようなものだ」と語る様子を見せて、啓蒙キャンペーンを行うことには、五七パーセントが賛成した。この設問は、賛否が強く分かれたり、明らかに気に触る、操作的なキャンペーンへの人々の反応を確かめるためのもので、反対が大きいことを予想していたのだが、そうはならなかった。設問の目的自体がそのような反対を示すことだったのだが、それは見られなかった。民主党支持者と共和党支持者の間に大きな差が見られ、一方に民主党支持者（六一パーセント）と無党派層（六〇パーセント）、他方に共和党支持者（四七パーセント）となった。党派による意見の違いはここでも重要な要因となっている。

健康増進や環境保護のために選択アーキテクチャを使って、様々に努力することには、アメリカ人の大半が支持している〔表3参照〕。最近では、「信号」の赤、黄、青を使って健康への食品の影響度を表すシステムが盛んに議論されている。このシステムが有効であることを示す証拠もある。[19] 米連邦政府はこの方法に対して、公式には何の反応も見せていないが、アメリカ全土対象の世論調査では過半数の支持が見られる（六四パーセント）。また、契約しない選択を残してであれば、「グリーン」エネルギー業者との自動契約についても過半数の支持がある。グリーンエネルギーの利用については連邦政府による「奨励」によるもの（七二パーセント）、または大規模電気供給事業者への義務化によるもの（六七パーセント）の双方で支持が高いのは、驚きかもしれない。これらの場合でも党派による違い

表3　環境及び健康に関するナッジへの支持率

	遺伝子組換え作物表示	塩分表示	健康食品の陳列場所	食品の影響度を表す表示	オレゴン州の臓器提供選択	グリーンエネルギーの奨励	グリーンエネルギーの義務化
支持合計(%)	86/14	73/27	56/44	64/36	70/30	72/28	67/33
民主党支持者	89/11	79/21	63/37	71/29	75/25	82/18	79/21
無党派層	87/13	72/28	57/43	61/39	69/31	66/34	63/37
共和党支持者	80/20	61/39	43/57	57/43	62/38	61/39	51/49

は大きいが、民主党、共和党、無党派のすべてで、過半数が支持した。

遺伝子組み換え作物（GMO）を使用した食品について業者に情報開示を求めることについては、多くが支持している（八六パーセント）[20]。塩分が非常に高い食品について、「この食品には非常に高い塩分が含まれていて、健康に害がある場合があります」などのような警告ラベルを義務づけることについても過半数以上の支持がある（七三パーセント）。調査に答えた大多数の人々（共和党支持者は半数以下）は、州政府が食料品店に対し、健康に良い食品を見えやすい、目立つ場所に並べることを義務づけることに賛成している（全体として五六パーセントの賛成、民主党支持者の六三パーセント、共和党支持者の四三パーセント、無党派層の五七パーセント）。これは意外な結果かもしれない。また、運転免許証取得の際、臓器提供に同意するかどうかを表明することを州政府が義務づけることについても支持が多い（全体として七〇パーセント、民主党支持者の七五パーセント、共和党支持者の六二パーセント、無党派層の六九パーセント）。これらの政策については、民主党と共和党の違いが、統計的には重要な差となった。

さらに、かなり問題となりそうな五種類の選択アーキテクチャについても過半数の支持が集まった〔表4参照〕。一つ目は、現職の政治家の名前を投票用紙の一番上に載せるというものだった。現職に有利になるこのナッジは、人々は

表4　問題のありそうなナッジへの支持率（22）

	現職政治家をトップに記載	有権者登録の自動化	夫の姓への変更の自動化	製造地表示の義務化：労働法違反	製造地表示の義務化：テロリスト支援
支持合計（%）	53/47	53/47	58/42	60/40	54/46
民主党支持者	58/42	63/37	61/40	67/33	56/44
無党派層	51/49	50/50	56/44	57/43	49/51
共和党支持者	47/53	39/61	57/43	50/50	58/42

現職の有利になるような投票法を望まないし、順序効果を利用することは操作だと見られるだろう（まさにその通りである）ということから、広く拒否されると予想された。ところが、ギリギリ過半数がこの方法を支持した。この方が状況が明確になると思ったらしいこともあるが、順序効果による偏向のリスクをよく理解していないということも考えられる。

最近オレゴン州とカリフォルニア州が採用した、有権者自動登録（登録せずの選択あり）についても過半数（五三パーセント）の支持が見られた。共和党支持者の多く（六一パーセント）がこれに反対したというのは興味深い。自ら登録する手間を惜しむ人間は有権者に値しないと考えているのが理由の一つかもしれない。もう一つの理由は、オレゴンの方法では民主党が有利になると考えたというものだ。さらには、この方法では不正のリスクが高まるということもあったかもしれない。

結婚の際、女性の姓を自動的に男性の姓にするという方法については、そうしない選択があることを条件に、わずかながら過半数を超える人（五八パーセント）の支持があった。民主党支持者、共和党支持者、無党派層のすべてで過半数が支持している。この結果で特筆するのは、それが実際の行動や好みに沿ったものであっても、性的差別の点からは間違いなく憲法違反となるからだ（21）。男女間で差があることを予想していたが、双方とも五八パーセントが支持した。

最後に、労働関連法（職場の安全に関する法律や差別を禁止する法律など）に違反する行為を繰り返した企業の製品には、「この製品は労働関連法に違反する行為を繰り返した企業によって作られました」というような表示を連邦レベルで義務化することに過半数の支持があった。回答者の約六〇パーセントがこの政策を支持したが、民主党支持者（六七パーセント）と共和党支持者（五〇パーセント）の間にはかなりの差が見られた。また、最近テロリストを匿ったことが判明した国で作られた製品には、「この製品は最近テロリストを匿ったことが判明した国で作られました」といった表示を連邦レベルで義務化することについても過半数の支持があった。全体としては五四パーセント——民主党支持者の五六パーセント、共和党支持者の五八パーセント、無党派層の四九パーセント——の支持率である。

支持されないナッジ

一方、広く支持されなかったナッジが一二種類あった。そのうち、七種類はデフォルトルールを利用するものだった〔表5参照〕。さらに、その七種のうち二つは問題視されるようなものであるだけでなく、特に不快感を感じるように作られたもので、大多数が予想通りの反応を示した。

第一の例は、州政府が、個人が共和党員あるいは無党派として有権者登録することを明白に表明しない限り、民主党員として有権者登録していいとするものだった。この種のデフォルトルールは政治

表5 支持されないデフォルト(25)

	民主党への登録	国勢調査でのキリスト教	妻の姓への変更の自動化	赤十字への寄付	動物福祉協会への寄付	ユナイテッドウェイへの寄付	二酸化炭素排出課金
支持合計(%)	26/74	21/79	24/76	27/73	26/74	24/76	36/64
民主党支持者	32/68	22/78	28/72	30/70	30/70	26/74	43/57
無党派層	26/74	17/83	23/77	28/72	25/75	25/75	34/66
共和党支持者	16/84	27/73	18/82	20/80	20/80	17/83	25/75

プロセスを歪曲するものと見なされて当然である（その意味で、憲法に反することになる）(23)。圧倒的多数がこの方法を拒否した（全体の支持率は二六パーセント、民主党支持者の三二パーセント、共和党支持者の一六パーセント、無党派層の二六パーセントが支持、民主党支持者と共和党支持者の間には統計的にかなりの差が出ている）。

二番目の例は、国勢調査を目的とした際、個人がキリスト教徒ではないと明示しない限りキリスト教徒であると見なす州法についてである。このようなデフォルトルールも、人々の信仰を一定の宗教に導く試みと考えられる（したがって同様に憲法違反となる）(24)。ここでも、広く不支持が見られた（全体の支持率は二一パーセント、民主党支持者の二二パーセント、共和党支持者の二七パーセント、無党派層の一七パーセントが支持した）。

三番目に不支持が多かったデフォルトルールは（憲法に違反するナッジの最後になるもので）、結婚（異性間）に際して、それを選択しないというオプションを設けたうえで、自動的に男性が女性の姓に合わせるという州法についてである（全体の支持率が二四パーセント、民主党支持者の二八パーセント、共和党支持者の一八パーセント、無党派層の二三パーセントが支持）。この例では、ジェンダーによる差は見られず（逆のデフォルトでも同じである）、双方とも二四パーセントが支持している。四番目は、連邦政府は納税者から明確にそうしたくないという表明がない限り、税の還付金のうち五〇ドルを赤十字に寄付していいとするルールだ（全体の支持率は二七パーセント、民主党支持者の三〇パーセント、共和党支持者の二〇パーセント、無党派層の二八パーセントが支持）。五番目も同じルールだが、赤十字の代わりに「動物福祉協会」を寄付先とした。予想通り、こちらも不支持が強かった（全体の支持率は二六パーセント、民主党支持者の三〇パーセント、共和党支持者の二〇パーセント、無党派層の二五パーセントが支持）。

六番目は、州政府職員に対して、そうしない選択を残しつつ、月に一度「ユナイテッドウェイ（アメリカの慈善福祉団体）」に二〇ドル寄付させるというルールである。州政府および職員が関係していることから、支持が高いことも予想された。しかし、実際にはそうではなかった（全体の支持率は二四パーセント、民主党支持者の二六パーセント、共和党支持者の一七パーセント、無党派層の二五パーセントが支持）。七番目は、航空会社がチケットを購入した乗客に対して、支払い拒否を明示しなければ、チケット一枚毎に二酸化炭素排出対策料金（一枚につき一〇ドルほど）を加算することを連邦政府が義務化することで、これには不支持が過半数（六四パーセント）に達した。

これら以外に支持されなかったナッジの五種類は、情報や啓蒙活動に関連するものだった（表6参照）。最も不支持率が高かったのは、新しく選ばれた大統領が、自分の決定を批判することは愛国心にもとる行為で、国家の安全保障にも害を及ぼす可能性があるとするキャンペーンを国民向けに展開することだった。これに対しては不支持が圧倒的だ（全体の支持率は二三パーセント、民主党支持者の二四パーセント、共和党支持者の二一パーセント、無党派層の二二パーセントが支持）。だが、ここで注目すべきは、ア

表6　支持されない啓蒙キャンペーンや情報開示

	愛国的でないというキャンペーン	母親の育児への専業	サブリミナル広告	製造地表示の義務化：共産主義	トランスジェンダー
支持合計（%）	23/77	33/67	41/59	44/56	41/59
民主党支持者	24/76	33/67	47/53	47/53	49/51
無党派層	22/78	34/67	35/65	42/58	38/62
共和党支持者	21/79	31/69	42/58	43/57	29/71

メリカ国民の五分の一が、党派の別なく、この特例中の特例である啓蒙キャンペーンを支持していることの方だ。

二番目は、連邦政府が、育児中は母親は家にいるべきだとするキャンペーンを展開することだ。このナッジには、回答者の六七パーセントが反対した（全体としての支持率は三三パーセント、民主党支持者の三三パーセント、共和党支持者の三一パーセント、無党派層の三四パーセントが支持）。三番目は、映画館で、喫煙と食べ過ぎを控えさせる内容のサブリミナル広告の上映を義務化するもので、これについても過半数が不支持を表明した（全体の支持率は四一パーセント、民主党支持者の四七パーセント、共和党支持者の四二パーセント、無党派層の三五パーセントが支持）。だが、五分の二以上の人々がこれを支持したことの方が驚きで、それは注目に値する。

四番目は、共産主義諸国（中国やキューバ）から輸入された製品に対しては、「共産主義下で製品の全部あるいは一部が製造された製品」というラベルを添付することを、連邦政府が義務化することについてである。半分を少し超えるくらいの回答者が不支持を示した（全体の支持率は四四パーセント、民主党支持者の四七パーセント、共和党支持者の四三パーセント、無党派層の四二パーセントが支持）。五番目は、連邦政府が人々に対し、ジェンダーを男性から女性、あるいは女性から男性へと変えることが可能で、「本当にそれを望むなら」その可能性を考慮することを勧める啓蒙キャンペーンを展開することについてで、これにも過半数（五九パーセント）が不支持を表明した。ここでの注目は、このような大胆なキャンペーンが四一パーセントの回答者に支持されたことだが、民主党支持者（四九パーセントが支持）と共和党支持者（二九パーセント、無党派層は三八パーセント）では大きな差があった。

支持されないナッジの共通点

暗黙の規範

ナッジへの支持と不支持を分けるものは何か。すでに指摘したように、二つの規範が影響しているようだ。第一に、人は目的が不当なナッジは拒否する。自治を重んじる社会では、公職者に対する批判は愛国心にもとる行為だと人々に言い聞かせるようなことは正当とは言えない。ましてアメリカでは、特定の宗教や政党を有利にするようなナッジは、その宗教や政党の支持者の間でも広く反対に遭う。[26] この明解な規範から、一つの推論が可能になる。すなわち、選択アーキテクトの動機が不当である場合、人々はそのナッジを拒否する。この推論は特に驚くべきものではないが、重要なポイントを示している。人々は（たとえば）デフォルトルールや警告そのものに反対しているわけではなく、そのようなナッジが人々をどこへ導こうとしているかが問題なのだ。[27]

これとは対照的に、義務化は、義務化であるというだけで反発を呼ぶ。その反発は党派を超えたものだ。ナッジについて党派によって評価が異なる場合は、ナッジそのものについての意見の違いというよりは、その動機が正当であるかどうかについての意見の違いによる場合が多い。こうした意見の違いは、ナッジについての判断とは異なるところで解消してもらうしかない。

第二に、人は、選択する側の利害や価値観に合致しないナッジには反対する。これに直結する調査結果が、結婚の際、女性が自動的に名前を変えることを大半の人々が支持し、自動的に男性が名前を変えることには反対するというものだ。理由は明らかに、前者は人々の利害や価値観に合致（少なくとも一般論では）しており、後者はそれに反するからだ。[28] どんなデフォルトルールでも、誰かの利害に反してしまうのは避けられない。もっともな理由があってルール通りにしないことを選ぶ人もいるだろうし、そう思っても、惰性や引き延ばしの傾向のためにそうしない人もいるだろう。これが、デフォルトルール一般への反論を生むことがある。しかしそれだけでは、デフォルトルール自体を非難するには充分ではない。有権者登録手続きの自動化や年金制度やグリーンエネルギーへの自動加入については過半数が支持していることを思い出してほしい。こうしたナッジは大半の人々の利害に適っていると回答者は考えているからだ。[29] さらに、肥満や性的指向による差別を防止する目的の啓蒙キャンペーンも支持されている。一方、女性が家庭に留まることや、ジェンダー変更が可能であることを知らせるためのキャンペーンについては、ほとんどの人が反対する。そのようなキャンペーンは、人々の間で支持される利害や価値観に合致しないというのがその理由だろう。[30]

デフォルトルールについて支持するかどうかを考慮する際は、それによって不利な立場に置かれる人々の規模が影響する。デフォルトルールによって過半数が被害を受ける場合は、支持は少ないだろう。そうした人が多い（だが過半数ではない）場合は、デフォルトルールを拒否し、能動的選択の方法を選ぶかもしれない。この原則の詳細については今後の検証が必要だが、回答者の大多数は、第三の原則を受け入れているように思える。損害が発生する前に、人々には自らの意見を表明する機会がなくてはならないという、重要な原則である。[31] つまり、同意という事実が必要ということだ。回答者の大半が、州政府が運転免許取得の際に臓器提供の意思について表明させる（能動的選択の奨励）という方法を支持したという結果がここでは参考になる。後で述べるが、別の調査では、大多数の人が臓器提供者になる方向に導くデフォルトルールに反対している。臓器提供については、そうすることの表明を「促す」ナッジについては支持しつつ、最後は自主的な意思表明が必要だとされる。

これに関連することとしては、過半数をかなり超える人々が様々な慈善団体への寄付が自動的に行われることについて反対している。惰性や引き延ばし傾向、あるいは無関心によって、寄付を望んでいなくても寄付することになってしまうのではないかというのが最大の心配のようだ。そこで、第三の原則に条件をつけて限定的にして補完したものを第四の原則としたい。曰く、人は、寄付プログラムへの自動加入については、それが公的制度で行われる場合には拒否する。二酸化炭素排出オフセット制度も同様だ。これは寄付ではないが、害（環境汚染）を防止する制度と考えると、アメリカ国民はやはり同意の表明を求めるようだ。同意の事実なしに金を渡すようなデフォルトルールについての人々の懸念の範囲についてはよくわからないが、そのような懸念が存在することは間違いない。

人は一般的に、健康や安全に関すると思えること（塩分、遺伝子組み換え作物）については情報開示を支持する。同時に、製品の生産過程（製品の健康や環境への影響ではなく）に伴う政治的な問題についての情報開示の義務化についての支持については、疑問が残る結果となった。この点については、意見が二分している。労働関連法に再三違反している企業やテロリストを匿っている国に対しては、そのような情報開示を過半数が支持する。しかし、共産主義国家の製品についてはそうではない。製品やサービスを提供する対象について、人は情報開示を求める前に、その不当な行動のレベルについて確かめたいようだ。ここでは、そのレベルや内容についての意見が党派によって異なるであろうことから、それによる違いが予想される。

データとも合致することから、人々のナッジへの反応について第五の原則を次に挙げたい。すなわち、人は、必要以上に操作的であるナッジは拒否する。サブリミナル広告についての調査結果がその根拠となる。だが、必要以上の操作とは何だろうか。タバコのパッケージへの生々しい画像の掲載には多くの人が賛成する。デフォルトルールも（人々の利害や価値観に合致するものであれば）支持する。健康的な食事を勧めるようなカフェテリアのデザインも支持する。わき見運転防止のためのキャンペーンも支持する。肥満については、操作的と言われても仕方ないような、多少論議を呼ぶ啓蒙キャンペーンも支持する。抽象的なレベルでは、操作を支持する人はいない。だが、目的に正当性があり、選択する側の利害に適っている場合、必要以上に操作的と思われるナッジも拒否しない事例は数多くあるように思われる。

党派性による差異

党派の違いはどのような役割を果たしているだろうか。民主党支持者と共和党支持者は当然、特定のナッジの目的の正当性について意見が異なることがある。時には、ナッジが選択する側の利害や価値観に合致しているかについても意見が分かれる。たとえば、人工妊娠中絶に反対している人は、中絶を止めさせようとするナッジを支持し、反対しない人は中絶も容認するナッジを支持する。

中絶反対のナッジとして、中絶を希望する女性に対し、胎児の鼓動を聞かせたり、ソノグラム〔超音波映像〕を見せたりすることを義務化する法律の例を考えてみよう（州によっては実際に、そのようなナッジを義務化している）。これについては、民主党支持者の方が共和党支持者より低い支持率になるだろうと、かなりの確信を持って予想できる。私がアマゾンメカニカルターク〔アマゾンウェブサービスの一つ〕で実際に行った調査では、まさにその通りの結果が出た。共和党支持者の七〇パーセントが支持したのに対し、民主党支持者は二八パーセントだけだった(32)。ジェンダーの変更が可能であることを知らせる啓蒙キャンペーンでも民主党支持者と共和党支持者の間では大きな違いがあるだろうことは驚くに値しない。

だが、もう一つ、広く意見が分かれることがある。民主党支持、共和党支持、無党派のどの人々の間でも過半数の支持を得たものであっても、支持の度合いは集団間で異なることがある。つまり、根底にある目的については同意できても——たとえば、公衆衛生の問題とか——、共和党支持者内の下位集団では政府によるナッジに対する警戒心が強いことがある。そのため、目的の正当性を認め、ナッジが選択する側の利害や価値観に合致していると思えた場合でも、ナッジということで反対する人々がいる。共和党支持者や、民主党支持者と無党派の中にも、もう一つの原則で動く人々がいるようだ。政府がナッジの使用を避けられるならば、それがナッジへの反論の根拠となるはずだという原則だ。この原則を守っている人々がいるかどうかについて、調査では確証は得られなかった。しかし、そうであるらしいこと示す証拠はある。タバコのパッケージへの生々しい画像の警告掲載に対してはかなりの人々（二六パーセント）が反対、小児肥満防止キャンペーン（一八パーセント）、わき見運転防止キャンペーン（一五パーセント）、健康への食品の影響（三六パーセント）についても反対が見られた。これらのナッジに反対する人々は、ナッジの目的の正当性は認め、人々の利害に合致すると判断しても、政府の介入は好まないということで反対していると想像できる。選択の自由が残されていても、そうした介入に抵抗するという意味で「反動型」と考えられる。

　ナッジへの反対は、問題によっても、党派性によっても、また、政府の役割についての意見の違いによっても、その強さは変わってくる。共和党支持者の方が民主党支持者よりナッジについて懐疑的な場合もある。たとえば、カロリー表示や小児肥満防止キャンペーンに対しては、両者とも過半数が支持しているが、その度合いにはかなりの差が見られる。また、中絶防止のためのナッジの例のように、共和党支持者の方が民主党支持者よりかなり強く支持するケースもある。このような事例がそれほど多くないことは、質問の仕方に関わってくる。質問が、もし高所得者は自動的に譲渡所得課税（キャピタルゲイン課税）による恩恵を受けられる制度に加入できるようにするということであれば、共和党支持者の方が民主党支持者より支持する率が高いことは予想できるだろう。実際、それを示す証拠もある。(33)

ヨーロッパで行われた全国標本調査でも、非常によく似た調査結果が見られる。イギリス、ドイツ、デンマーク、ハンガリー、フランス、イタリアでは、アメリカで支持の高かったナッジは広く支持され、アメリカで支持が低かった（サブリミナル広告や寄付制度への自動加入など）ナッジには反対が多かった。支持の度合いもアメリカと非常に近いもので、数多くの国々で、人々は基本的に同じように考えることを示唆しているように見える。(34) もちろん、多少の違いはある。面白いことに、デンマークとハンガリーでは他国に比べて、支持率が低かった。だが、基本的には、データを収集した国々の間で、国境を超えたコンセンサスが存在するようである。

ナッジ vs 義務化

義務化に対しては、目的が正当であっても懐疑的な人間が多いことはすでに述べた。この仮説を検証するために、アマゾンメカニカルタークを利用して（参加者三〇九人の）調査を行った。ナッジ（そうしない選択を含む）と義務化（選択の余地はない）の二つの形で、まったく同じ目的のイニシアティブを三種類提示して、その反応を確かめたのだ。三つのイニシアティブは、預金（預金に回す資金は三パーセント）、性感染症のリスクの低い性行為についての教育、それに、インテリジェントデザイン説（進化論に対抗する説）〔宇宙や自然界で起きていることには高度の知性が働いているとする創造論〕を教えることについてである。このすべての場合で、義務化よりナッジの方が好まれ（過半数の支持）、義務化については過半数が反対した。

そうしない選択が許されていれば、六九パーセントが預金についてのイニシアティブを支持、性行為についての教育については七七パーセント、インテリジェントデザイン説の教育については五六パーセントが支持した。だが、義務化になると、どれも支持が減り、それぞれ一九パーセント、四三パーセント、二四パーセントの支持しかなかった。デンマークでも同じような結果が見られたが、ナッジ（情報提供も含めて）の方が、その他の強制的方法より強い支持を集めた。(35)

つまり、多くの人々が、目的については支持できても義務化という方法自体に反対しており、同じ目的のために設計されたナッジの方を好む。過半数のアメリカ人は、ナッジについてはこのような一般的な傾向はなく、判断は本章で見てきた原則に基づいて行われる。しかし、義務化については多くの場合、推測という形で一定の傾向、要は否定的な傾向を示す。ただし、他者への害がかかわってくる場合は、（刑法やその他の規制にかかわる場合など）様々な形の義務化を支持することがあるのも事実である。

ジャニス・ジュンとバーバラ・メラーズが独自に行った調査も、同様の結果を示した(36)。二人は二三種のナッジを取り上げたが、それらには、預金プログラムへの自動加入、タバコの害についての生々しい画像での警告、借越制限の上限に近づいた人々への警告、食料品店で健康的な食品を目立たせたり、手に取りやすくしたりする、学校の食堂で健康的な食生活促進のためにサラダや低カロリーのメニューをオーダーしやすくする、などが含まれた。この調査結果の中で重要なことの一つが、アメリカ人の過半数がこのようなナッジを支持しているということだ。二人の調査については、この他に問題となる重要なポイントも含まれているため、この後再び取り上げることにしたい。

スウェーデンとアメリカの比較

ウィリアム・ハグマン、デイヴィッド・アンダーソン、ダニエル・ファスフィアール、グスタフ・ティングホグの四人が、スウェーデンとアメリカの二カ国で九五二人を対象に行った調査では、両国の過半数の人々が様々な形のナッジを支持していることがわかった(37)。スウェーデン人とアメリカ人の間では多くの点で異なることが多いのにもかかわらず、倫理的な判断では驚くほど似通っているということが、この結論の意義を大きいものにしている。公共、民間双方の部門に関係するナッジの五つの例を取り上げて、考えてみよう。

1. 税金逃れを回避する（良心に訴える）

多くの国で税金の未納問題には苦労している。社会にとっては金のかかる問題だ。そのため、「納税は（国民として）正しい行為です」といったメッセージをつけて、納税者に情報を提供することを始めた国もある。未納者に後悔させ、納税する意欲を高めようとするためだ。

2. 喫煙をやめさせる（生々しい画像の使用）

喫煙は依存症につながり、健康にも害を及ぼす。その害をより明確に知らせるため、多くの国で、タバコのパッケージに喫煙をやめたくなるような画像を掲載し始めた。長期の喫煙の結果としての内臓の損傷を見せるような画像もある。これは、喫煙を始めさせないようにすることや、すでに喫煙している人に禁煙を促すことを目的にしている。

3. カフェテリア（容易なアクセス）

高カロリー食品の食べ過ぎは健康に害となる。従業員の健康増進のため、企業がカフェテリアのデザインを変更した。カフェテリアに来た人間から見て、健康的な食品が目の高さで、取りやすいようにした。キャンディやスナックなど健康的ではない食品は、カウンターの向こう側など、目につきにくく、取りにくい場所に置いた。目的は、従業員の健康を改善するような、健康的な食品の摂取を奨励することである。

4. エネルギー消費（社会規範）

多くの世帯は今日、エネルギーを無駄使いしており、その世帯にとっても、また社会にとっても、資源の浪費につながっている。そのため、世帯の平均的エネルギー消費量を削減することができたエネルギー企業には、政府から補助金が支払われることになった。そこで、各世帯のエネルギー消費削減のため、企業はエネルギー料金の請求書にある情報を追記することにした。追加情報には、対象世帯と同じ地域の世帯のエネルギー消費量の比較が含まれる。

その世帯のエネルギー消費量が同地域の世帯のそれより低ければ、請求書にはスマイルマークが現れる。だが、それがもし高ければ、憂い顔のマークが現れる。目的は、こうしたマークを見せることによって、世帯のエネルギー消費改善につなげることである。

5. 食品成分ラベル（情報開示）

食品が健康にいいかどうかを見分けることは難しい。そのため、食品チェーンは製品に、信号のような青や赤のステッカーを添付することにした。ミネラルやビタミンが豊富で、脂肪分や糖分が少ない、健康的な食品には青のタグがつけられる。脂肪分や糖分が多く、ミネラルやビタミン成分が少ない食品には赤のタグがつけられた。目的は、健康的な食品を選びやすくすることである。

ハグマンたちの調査結果では、スウェーデン人とアメリカ人の八〇パーセント以上が、税金逃れ対策を支持した。同じように、健康的な食品選択のための情報開示も支持している（スウェーデン人の八六・九パーセント、アメリカ人の八三・八パーセント）。喫煙を諦めさせる対策（スウェーデン人の八一パーセント、アメリカ人の七二・六パーセント）やカフェテリアのデザイン（同じく八二・六パーセントと七六・四パーセント）についても同様に高い支持が見られた。エネルギー節約のためのナッジについても、双方の三分の二近く（六六・四パーセントと六七・一パーセント）の人々が支持している。

予想を裏切らず、スウェーデン人はアメリカ人よりナッジについては積極的に支持している。だが、検証されたナッジの中で二つだけ、どちらかの国で過半数の支持を得られなかったものがある。次の二つは、アメリカではそれぞれ四二・九パーセントと四五・七パーセントの支持しかなかった（スウェーデンでは両方とも六〇パーセント以上が支持した）。

6. 臓器提供（デフォルトルール）

多くの国で臓器提供者が不足している。国によっては、臓器提供のためには能動的な選択をしたうえで、管轄官庁に提供者として登録しなくてはならないところもある。登録されていなければ、万が一の場合でも臓器提供を望んでいないと見なされる（選択参加）。以前の調査によれば、ほとんどの人が提供の意思はありながら、登録していないという状況だった。

臓器提供者を増やす方法の一つに、意思のないことを明示しない限り、提供者として自動的に登録するというものがある（選択不参加）。言い換えれば、死に至る事故の場合でも臓器提供はしないという意思を当局に登録するかどうかは、個人に任せられている。（選択不参加の）目的は、臓器提供者を増やすことである。

7．気候変動防止（デフォルトルール）

飛行機の運航に伴う二酸化炭素の排出は環境に害を及ぼす。これへの対応策として、乗客は最終航空料金にプラスして排出への負担金の支払いを選択できるようになっている。こうして集められた資金は、そのフライトで排出される二酸化炭素と同じレベルの削減を目指すプロジェクトの援助に当てられる。この負担金を支払う乗客の数を増やすために、最終料金に自動的に負担金の額を加算するという方法が考えられる。その場合、乗客は、負担金を払いたくなければ払わないという能動的選択をすればいい（選択不参加）。目的は、気候変動を補償する乗客の数を増やすことである。

この二つのナッジに対して、アメリカでは過半数が反対した（スウェーデンでもかなりの反対があった）理由は何だろうか。すでに検討した倫理的原則が働いていると推察できる。すなわち、損失が発生する前に、人々にはそれを承諾する機会がなくてはならないということだ。これに非常に近い原則に、選択アーキテクトは人々の惰性や引き延ばしの傾向を、人々の不利になるように悪用してはならないというものがある。倫理的に微妙な配慮が絡んでくる問題（臓器提供）や、コストの問題（気候変動のための負担金）に関する決定については、多くの人々がデフォルトを拒否し、能動的選択を支持する。デフォルトルールによって、（人それぞれにとって）倫理的に悩ましかったり、コストが発生したりする問題については、デフォルトは支持されず、能動的選択の方が好ましいということに見えるが、これについてはさらなる検証が必要であろう。

調査結果から類推して、有権者が現職の政治家を支持すると見なされること（支持しない選択は可能）や、従業員が収入の一〇パーセントを、雇用者の子どもあるいは雇用者が選ぶ慈善団体に贈呈することにも、広く反対が集まるだろう。デフォルトについての判断では、人々は、デフォルトルールの対象となる人々の望みや価値観に沿った結果になるかどうかを気にする。

これは大事な教訓だが、最も重要なのは、目的が第三者を保護すること（たとえば税金逃れ対策）や自らを保護すること（たとえば喫煙防止）のどちらでも、そのようなナッジには幅広い支持が寄せられるということだ。[38] ハグマンらの調査によれば、一般的に第三者を保護するナッジの方が支持は高いが、その差は大したものではなく、自分自身を保護するナッジにも指示は高い。さらに同じ調査では、「独自の世界観」を持った人々の方がナッジへの支持が低いかどうかについても検証した。人々の世界観を確かめるため、調査では「文化的世界認識スケール（Cultural Cognition Worldview Scale）」の簡略版を用い、たとえば、「政府は人々の日常生活に介入しすぎる」といったような意見に賛成するかどうかを尋ねた。当然の結果だが、このような意見に賛成する傾向が強い人々はナッジを否定することが多いことがわかった。

ハグマンらの調査では、分析的思考をする回答者はナッジについて、選択の自由を侵害するものとは考えない傾向が強いこともわかった。これは注目に値する結果である。分析的な人は、ナッジが自由を保持することを理解でき、そうでない人々は、もっと直接的で本能的な反応を示し、懐疑的（誤った?）結論に到達しやすいのかもしれない。

スウェーデンとアメリカでは、（その他の国も含めて）全般的には共通点が多いのだが、その中でも違いがあるところが興味深い。様々なカテゴリーのナッジを取り上げて、どのような違いが浮かび上がるかを確かめてみることが、もちろん大切である。スウェーデン人よりアメリカ人の支持率が高いナッジもあるだろう。（中絶など）社会問題ではアメリカ人のかなりの数がナッジを支持し、スウェーデンでは不支持が多いこともあるかもしれない。データから見ると、スウェーデン人の方が一般的にナッジへの支持が高いと思われやすいが、その点には気をつけよう。アメリカ人、あるいはその一部のどれかが、ナッジには懐疑的で、その点スウェーデン人との違いが際立つかもしれないが、証拠を見れば、必ずしもそうではない。ハグマンの調査が取り上げたナッジについては、スウェーデン人の方がアメリカ人より支持が高かったが、別のナッジではその違いが逆転することもあるかもしれない。

「自身への損害」についてのナッジと、「他者への損害」についてのナッジで、人々の反応が異なるかどうか、より詳しく調べることは大事である。これまで見てきた理由からいうと、少なくとも一般論としては、前者の方が後者より議論の的となるかもしれない。政府が、人々が自身を守るための手助けをしようとするときには、人々は懐疑心を抱くが、他者への害を防止するための時にはそれほどでないということだ。しかし、すでに見てきたように、人々は「自身への損害」についてのナッジは、その多くを強く支持している。カロリー表示ラベルや年金制度への自動加入のようなナッジは、環境に優しい（だが高額の）エネルギー業者を利用するデフォルトルールのような「他者への損害」についてのナッジより支持されている。[39]

さらに、非常に個人的で繊細な選択にかかわることを左右するような、人生の微妙な部分にかかわるナッジを拒否するかどうかについても実証が必要である。スウェーデンでもアメリカでも、「配偶者デフォルト〔学資ローンの返済について配偶者が返済の義務を負う〕」制度には不満が強いだろう。また、どちらの国でも、ナッジの影響を受ける人の福利を促進しない、あるいは阻害するようなナッジは支持されないと考えられる。危険な行動や不健康な食生活を奨励したり、第三者に害を及ぼすとか、非道徳的だとか思えるような行動を促進するようなナッジがそうだ。

「システム1型ナッジ」と「システム2型ナッジ」

すでに見てきたように、行動科学の分野では、人間の認知作用に見られる二種類の動きを区別することが当たり前になっている。「システム1」は速く、自動的で、直感的であるのに対し、「システム2」はゆっくりと、計算し、熟慮する。人間の知的プロセスには熟慮型と自動型の区別があることを踏まえて、ナッジについても、システム1に訴えるものとシステム2に訴えるものの二種類を区別して考えてみるといいかもしれない。ナッジに対する強い反対論の多くは、「システム1型ナッジ」に注目していて、明らかに敵視している。[40] 政府や民間部門が、自動的なシステムをターゲットにしたり、それに付け入るようなことをしたり、あるいはその偏向傾向を利用したりしたら、人心操作を行っているようで、人々に敬意を持って接していないように思える（第5章を参照）。人々が自ら意見を述べる力を軽視しているようにも見える。この見方では、システム2に訴えるナッジの方が望ましい。人々に考える余裕を与え、熟慮する力を高めることにつながるからだ。

だが、人は本当に、その違いを気にしているだろうか。どんな時に、何が気になるのだろうか。これらの疑問は実際に検証することができる。アマゾンメカニカルタークを利用して、約三〇〇人の人々に次のような質問をしてみた。

Q1　禁煙キャンペーンの一つとしては、次のどちらの対策を支持するか？

①癌になった人々のリアルな写真を使った、生々しい警告

②喫煙に伴うリスクについて統計的情報を提供する、事実だけの情報

Q2　定年後のための預金を奨励するキャンペーンの一つとしては、次のどちらの対策を支持するか？

①従業員を預金プログラムに自動加入させる、ただし、加入したくなければ、「そうしないことを選択すること」が可能

②定年後に備えた選択について従業員を教育する目的で、職場で金融についてのセミナーを開催

Q3　環境汚染削減のためのプログラムとして、次のどちらを支持するか？

①若干費用は高いが、「グリーンな」（環境に優しい）エネルギーに利用者を自動加入させる、ただし、利用者が少しでも安いエネルギーを望むなら、「加入しないことを選択すること」が可能

②消費者に対して、「グリーンな（環境に優しい）」エネルギーの利点について伝える啓蒙キャンペーンを行う

Q4　小児肥満防止のためのキャンペーンとして、次のどちらを支持するか？

①健康的で、低カロリーの食品が目につくように、学校のカフェテリアのデザインを変更する

②小児肥満問題とその対処法について、親に教える

これらの設問では、①がシステム1型ナッジで、②がシステム2型ナッジと考えることができる。Q3までの三つの設問では、システム2型ナッジの方が支持を得た。それぞれ、五九パーセント、六二パーセント、六一パーセントの支持率である。四番目の子どもにかかわる設問では、五五パーセントがシステム1型ナッジを支持している。しかし、基本的には、人々の熟慮する力を活かすようなナ

ッジ、それを「ブースト」するナッジに強い支持が集まったと言える。人々は、（システム1型ナッジを支持しているときも）個人が自分の意見を述べる力を重視し、それを促進するようなナッジを支持するようである。

さらに、システム1型ナッジの方が目的達成（喫煙者の減少や預金プログラムの参加数増加）の面では「効果が高い」ことを人々に明確に知らせた場合、回答が変化するかどうかについても確かめてみた。このような情報提供で、四つのうち三つの設問で回答に変化が見られた。生々しい警告については五三パーセントが支持、預金プログラムへの自動加入は五〇パーセント、カフェテリアのデザイン変更は六八パーセントが支持した（グリーンエネルギーについては変化はなかった）。システム1型ナッジが有効であると、人々のシステム2型ナッジを好む傾向が弱くなる、あるいはなくなるようである。自ら意見を述べる権利や、それへの「ブースト」への支持は相変わらず見られるが、多くの人々にとってそれは前提にすぎない。それには代償を伴い、その代償が高すぎると思えるものもあるのだろう。この点で、人々の判断は異なるものになる。

ギドン・フェルゼンらも実証実験を行ったが、全般的に似たような結果が得られた。[41] 預金促進を目的としたナッジで、次の二つのシナリオを提示したのだが、その違いを考えてみてほしい。

①毎年の定期昇給の際、南国のビーチを示すアイコンを使って（現在の段階を）伝える。投資額が大きければ、定年後の預金額も増えることを表している。昇給分を投資に回さずに、すべて受

け取ることもできるが、この情報提供によって、気持ちは潜在意識的な偏向によって投資に向かわせられる。言い換えれば、投資するという決断は潜在意識のうちに行われる。この方法を実施すると、定年後のための預金が増加することが研究で証明されている。

②毎年の定期昇給の際、給料の何パーセントを投資することで、定年後どのような余暇を楽しむことができるかを、収入別の細かい表によって示す。投資額が大きければ、定年後の預金額も増えることを表している。昇給分を投資に回さずに、すべて受け取ることもできるが、この情報提供によって、意識的に長期的投資を選ぶことになる。言い換えれば、投資するという決断は意識的な熟慮の結果である。この方法を実施すると、定年後のための預金が増加することが研究で証明されている。

①は「無意識に動かされるバイアス」を利用しているのに対して、②はそうではないという違いがある。さらに、健康的な食生活を促進するための二つのアプローチを見てみよう。

①カフェテリアを改修して、キャンディバーやポテトチップスなどの不健康な食品を取りにくい場所に並べる。それでも好きな食べ物を選ぶことはできるが、不健康な食品の場所を移したことによって、潜在意識的な偏向によって健康的な食品を選択することになる。言い換えれば、健康的な食品を食べるという決断は、意識的に考えることなく行われる。この方法を実施する

と、健康的な食習慣につながることが研究で証明されている。

②カフェテリアを改修して、すべての食品の栄養成分がよく見えるように掲示されるようにする。それでも好きな食べ物を選ぶことはできるが、栄養成分についての情報によって、意識的に健康的な食習慣を選ぶようになる。言い換えれば、健康的な食品を食べるという決断は、意識的な熟慮の結果である。この方法を実施すると、健康的な食習慣につながることが研究で証明されている。

ここでも違いは、「無意識に動かされるバイアス」をターゲットにしているかと、「意識的な熟慮」に注目しているかである。このような設問で、「人々は、無意識あるいは潜在意識のプロセスに訴えるようなナッジには反発する傾向がある」という仮説を検証することができる。操作についてのこれまでの議論とも関連することだ。カナダとアメリカで二七七五人の人々を対象に調査した結果、フェルゼンたちは、無意識あるいは潜在意識に訴えるのではないナッジの方にわずかながら支持が強いことを見いだした[42]。幅広い事例で――健康的な食習慣や預金だけでなく、投資やオンライン購入についても――、熟慮する余地があるアプローチを多少なりとも好む傾向がある。

実験上の仕組みとして、回答者はどちらのナッジを好むかについて、直接返答することを求められていない。そうではなく、この二つのナッジのどちらかを提供する会社、あるいはどちらも提供しない会社（中立条件）に雇われるとしたら、どの会社を選ぶかという形の設問だった。回答者の約半数にとって、選択はシステム1型ナッジと中立条件のどちらか、残りの半数にとってはシステム2型ナッジと中立条件のどちらかとなった。回答スケール一の「選びそうにない」から一〇の「選ぶ可能性が高い」までの一〇段階で、研究者らは人々の会社選びの可能性に対するシステム1型ナッジとシステム2型ナッジの効果の違いを比較した。結果的には、システム2型ナッジを提供する会社への興味（一〇段階のスケールで平均八）の方が、システム1型ナッジ（同じく六）の会社より高かった[43]。

人々がシステム2型ナッジを好む傾向にあるとはいえ、システム1型ナッジにも効用を見いだし、そういう会社で働いてもいいと考えているということが重要である。それでも、システム2型ナッジの方が支持された。それはなぜか。考えられる理由としては、人々は、無意識や潜在意識に訴えるナッジが行われると、自身で意見を述べる力を阻害されると考えるからではないか。フェルゼンたちの研究では、意識的なプロセスがかかわると、人々は、その結果による決断は、選択する者が自身で意思表明する力を示したものであるという意味で、より「確実（信頼性が高い）」と考えるという結果が出ているが、これは、前記の理由を証明しているように思われる。「確実な決定を下すための個人の能力を保持することが、決定を促す状況を受け入れるかどうかにとって重要な条件となっている」と、彼らは結論している[44]。

だが、人々の反応の違いがわずかであることには留意すべきだろう。人々はシステム2型ナッジを一貫して支持しているわけではなく、またシステム1型ナッジを一貫して否定しているわけでもない。さらに、自己管理の問題のように、ある種の行動的偏向が作用している場合は、無意識や潜在意識をターゲットにしたナッジも受け入れる傾向があるらしい。フェルゼンらの調査でも、(食生活に関する)一つのシナリオでは、助けを必要とする場合はシステム1型、システム2型ともにナッジへの支持が強いことがわかっている[45](これに特に関係する質問は「健康的ではないが美味しい食品が簡単に手に入る状況で、健康的な食品を選ぶことを手助けしてくれるのなら、どの程度その助けを利用するか」というもので、答えは一から九までのスケールで示すことになっていた)。自己管理の問題に悩んでいて、その問題を解決したいと思っているときには、人はシステム1をターゲットにしたナッジも受け入れ、むしろ歓迎する。その問題がそもそも無意識のプロセスの結果であると思えれば、ナッジを受け入れることにも積極的になるかもしれない。火をもって火を制す、である。

フェルゼンらの調査が示すように、「結果としての決断が高邁な願望に即したものになるように意思決定プロセスに影響を及ぼすことは実際、対象とする人々が特定の行動について手助けを求めている場合、自律を拡張することにつながるかもしれない[46]」。「食生活について手助けを求めている回答者は、食の選択が潜在意識のレベルで影響されていることに気がついている可能性が高く、したがって、意思決定に見えない形で影響する方法も、見える形で影響する方法も、同じように支持する傾向にある。一方、食の選択に助けを必要と思わない人々は、予想通り、目に見える形での影響を好むようだ[47]」。

この問題についてはさらなる実証が有益ではあるが、システム1型ナッジについての人々の評価は、それが自己管理の問題に対処するものとして必要だと思えるかどうかにかかっていると言っていいかもしれない。面白いことに、デンマークでの調査では、ナッジと自己管理の度合いについての関連性を示す結果は見られなかった。ただ、自己管理ができない人と比べると、できる人の方が義務化や禁止を支持する傾向が強かった。(48) これは、ちょっと驚く結果である。自己管理の問題を抱えている人は、本当に助けとなるのであれば、義務化の方を支持するのではないかと思われる。しかし、おそらく、自己管理ができない人々は政府によって強制されることを良しとしないのだろう。この問題に関連しては、タバコをやめたいと思っている喫煙者はやめたいと思っていない喫煙者より、義務化を支持する傾向があるなど、これからも様々な結果が現れるだろう。(49)

二つのナッジのどちらが好まれるのか？

私が行った調査はもっと直接的な設問で、システム1型ナッジとシステム2型ナッジを比較した。ジャニス・ジュンとバーバラ・メラーズの調査では二三のナッジを取り上げたが、アメリカ人はそのほとんどを支持した。(50) 基本的に同じ意図のナッジで、システム1型と2型それぞれを同時に示した。二種類の例を見てみよう。

①システム1型――クレジットカードのオンライン決済で、政府がクレジットカード会社に対し、一括払いをデフォルトとすることを義務化する。一括払い以外のやり方で支払うこともできる

が、その場合は別のオプションを選択して、その額を明示しなくてならない。このデフォルトの目的は、利息を支払うことなく返済し、信用評価を高められることの恩恵を享受できるようにすることである。

②システム2型――クレジットカードのオンライン決済で、政府がクレジットカード会社に対し、一括で支払うことのメリットを簡単に理解できるような情報提供を行うことを義務化する。一括で支払えば、利息を払うことなく返済し、信用評価も高められることの恩恵を享受できることを知らせ、利用者に一括で支払おうという気持ちにさせるための情報提供である。

あるいは、

①システム1型――滞在中のホテルが、政府が義務化した「環境に優しい」デフォルト策を実施し、タオル掛けにかかっているタオルは取り替えないところだとしよう。取り替えてほしければ、タオルを床に落としておかなくてはならない。水を節約し、持続可能な環境につながらない水の無駄使いを防止することが目的である。

②システム2型――滞在中のホテルが、政府が義務化した「環境に優しい」デフォルト策を実施し、タオル掛けにかかっているタオルは取り替えないという「環境に優しい」対策について説明するところだとしよう。取り替えてほしければ、タオルを床に落としておかなくてはならない。この情報提供は、水を節約する行動についての理解を容易にし、水の節約を促進、持続可

能な環境につながらない水の無駄使いを防止する行動への参加を促すものである。

私の調査はシステム1型と2型のナッジのどちらかを選んでもらう形だったが、ジュンとメラーズの調査は二つの形のナッジそれぞれに点をつけてもらう形だった。全般的には、システム1型より2型のナッジへの支持が高いレベルの支持が見られた。システム1型への支持もそれなりにあり、（デフォルトルールの形での）健康保険や退職後のための預金、クレジットカードの支払い、水の節約に関するものでは、過半数がシステム1型ナッジを支持した。カフェテリアや食料品での健康的な食生活の奨励やインターネット上のプライバシー保護強化についても同様である。だが、他のほとんどの場合は、システム2型ナッジの支持レベルの方が高かった。人々にとっては、2型の方が安心できるようだ。調査した二人の言葉を借りれば、アメリカ人は「システム1型と2型のナッジを区別し、デフォルトや順序を利用する1型ナッジより、情報を提供してリマインドしたり、学ぶ機会を提供したりする2型のナッジの方を好む」[51]。これは重要な結果であるが、但し書きが必要だ。第一に、この調査では、回答者の反応の根本となる情報レベルについてよくわからないこと（システム1型ナッジが実際にもっと効果的だったら、どういう反応になっただろうか）、第二に、システム1型ナッジについても過半数の支持があったことである。

ジュンとメラーズの二人はまた、態度や政治的志向の異なる人々の間に興味深い違いがあることを発見した。回答者に対し、（ハグマンらが使ったものに似た）個人主義傾向を確かめるテストや、リアクタンス傾向、共感傾向、「支配願望」を試すテストを行った。さらに、政治的リベラルと保守を区別するテストも行った。結果、個人主義傾向が強い人はシステム1型も2型も、そのどちらにも反対、保守派も同じく両方に反対だった。これは予想通りだ（だが、保守派の方がリベラルより支持するようなナッジを選ぶことも可能で、二人の調査結果は、保守派よりリベラルに支持されそうなナッジを集めて作り出されたものである）。共感傾向が強い人間は1型も2型も支持した。リアクタンスを示す傾向のある回答者はシステム2型のナッジは気にしないが、1型には反対した。支配願望が強い人々も同じ結果だった。全般的に、システム1型ナッジは2型より自律を脅かすものとされた（ただし、システム1型ナッジに対しても、過半数の支持があったことには留意すべきだ）。

イスラエル、アメリカ、ドイツの学生を対象に調査したアヤラ・アラドとアリエル・ルービンスタインも、同じような結果に到達した。二人は特に、教育的なナッジ（ターゲットはシステム2）とそうではないナッジ（ターゲットはシステム1）に対する人々の反応を確かめた。[52] 私と同じように、ナッジとは程遠い、強制的義務化についての人々の評価についても調べている。

この調査の主たる結果は、人はシステム1型より2型のナッジを支持する傾向が強いというものだった。教育的な意図での介入は三カ国を通じて、広く支持された。大半の回答者は健康的な食品について情報提供をするような活動を支持しており、レストランのメニューにあるものの栄養成分情報を提供する、政府開発のスマホアプリも人気があった。逆に、レストランに対し、メニューを料理の健康度の順に並べる形にすることを義務づける法律には反対——雇用者に対し、従業員の収入の八パーセントを貯金に回すことをデフォルトルールとすることを義務化する（そうしたくないかどうかについては従業員が決める必要がある）法律にも反対――だった。一方で、三カ国の間では興味深い、ある程度規則性がある差も見受けられた。

貯金に関しては、かなりの人数――アメリカ人の四二パーセント、イスラエル人の二八パーセント、ドイツ人の六六パーセント――が、政府による義務化について「否定的」に感じた。健康的な食品の選択については、少数ではあるが結構な数が、レストランの「メニュー記載順序」義務化より情報提供のような教育的な介入の方を支持した。後者の方が効果が低いとしてもそちらを選んでいる。ドイツでは三七パーセント、アメリカでは三五パーセント、イスラエルでは二一パーセントの支持を集めた。しかし、アメリカ人の過半数（六六パーセント）、イスラエル人の過半数（五五パーセント）、そしてドイツ人の五〇パーセントが、もっと効果的な介入の仕方があれば、その方がいいとしているのは重要な点である。さらに、少数だが、効果が低くても「メニュー記載順序」の義務化を支持する人（イスラエル人の九パーセント、ドイツ人、アメリカ人それぞれの一三パーセント）がいたことも興味深い。

アラドとルービンスタインはこの三カ国では、義務化や課税には一般的に反感が強いことも見いだした。ドイツ人の八三パーセントが、禁止の方が効果的であっても禁止よりスマホのアプリを支持した。アメリカ人の六六パーセント、イスラエル人の七三パーセントも同じである。ドイツ人の五一パーセントは「脂肪税」（脂肪分など肥満の原因になる食品に課す税金）の方が効果が高くても、アプリの方を好んだが、それはアメリカ（四一パーセント）でもイスラエル（五一パーセント）でも同じである。イスラエル（六五パーセント）とドイツ（五九パーセント）では、課税の方が効果が高くても、それより情報提供の方が支持されている。アメリカでもほぼ半数（四八％）が支持している。

教育的ではないナッジに対する人々の否定的反応を基に、人々の行動を予測できるだろうか。アラドとルービンスタインの調査結果では、できるとされる。貯金に関しては三カ国共通して、かなりの割合の人々が、デフォルトから外れることを選択すると答えたが、これは明らかに政府の介入に対するリアクタンスと思われる。これまで見てきた通り、デフォルトルールは命令ではない。拒否することができる。そうであるにもかかわらず、デフォルトそのものが一種のトップダウンの押しつけだと考える人の間ではリアクタンスが発生する。ここで、アラドとルービンスタインは、驚くべき、いや、衝撃的ですらある結果を見いだす。参加しないオプションより、参加することを選ぶオプションの方が、人々の参加率は高まるというのだ。二人はそこから大胆な結論に至る。ナッジを行っているのが政府であることを人々に知らせると、かなりの数の人々が否定的な反応を示し、それが原因で参加しないことを選択する。[53]

貯金の場合でも実際の行動が示す証拠を考慮に入れれば、デフォルトルールが強力に作用することがわかっており、この結論には推測の部分が大きい。調査の設定に左右された可能性もある。しかし、この調査結果が実際の行動にも反映されることがあるというのは、デフォルトの有効性を逆から証明していることでもある。デフォルトには、何をすべきかについての情報シグナルが包含されている。人はそのシグナルを聞いたからといって、デフォルトから外れることはしない。このメカニズムは

「レセプタンス」と呼べるものかもしれない。アラドとルービンスタインの調査結果は、これとは逆の可能性を示すもので、人々の中には、そのシグナルが気に入らないという理由で、外れることを選択する者がいることを示しているように思われる。

サイモン・ヘドリンらが行った実験でも同じような結果が出ている。(54)能動的選択の方がデフォルトより、グリーンエネルギーの利用度を上げるという結論だが、これも、研究のための調査の結果である。私たちにとっては予想外の結果だったが、これは、罪悪感とリアクタンスの間の相互作用の結果であるように思われる。能動的選択に関しては、回答者は参加しないことに（罪悪感について直接尋ねた結果わかったこととして）特に罪悪感を感じると語っている。グリーンエネルギーでは、政府によって自動的にグリーンエネルギーに参加させられてしまうデフォルトに反感を覚え、その結果、不参加を選択してしまっている。ここでは、反感が罪悪感より強く作用する。同時に、これが面白い点だが、グリーンエネルギーをデフォルトにする策より、能動的選択という方法の方が支持率が低いこともわかった。能動的選択は、人々に決定することを求め、同時に、参加しないことについての罪悪感も生む。結局、グリーンエネルギーをデフォルトにすることと通常のエネルギーをデフォルトにすることの二つを比較すると、能動的選択という方法が最も効果的だが、同時に最も罪悪感を感じさせる方法で、さらに、最も支持されない方法であるということである。

これまでに見てきた結果は複雑だが、そこから得られる教訓はシンプルなものだ。すなわち、人々はデフォルトルールについて何かしらの押しつけがましさを感じると、それに反発し、結果、ナッジとしての効果は薄れる。しかし、こうした結果はあくまでも実験的調査の結果であり、用心する必要がある。人々が、こうすると言ったことと実際の行動とでは、大きな違いがあるかもしれない。調査では政府が行う政策からは外れる選択をすると言っていても、実際にはそうしない――惰性や引き延ばし傾向、それとも社会規範や罪悪感（レセプタンス）からかもしれない。調査で「イエス」と言うのは簡単だが、しないというオプションが可能であっても、なかなかそうはできないのが現実だ。実社会の状況を見れば、グリーンエネルギーのデフォルトルールはなくならず、アラドとルービンスタインの調査結果とは逆に、不加入というオプション付きの貯金奨励策の方が、加入をオプションにした奨励策より効果が高い(55)。

ナッジに対する党派バイアス

ナッジへの評価は政治的な意見に左右されるだろうか。一見すると、そのように見える。オバマ政権が行動科学に基づいた手段を用いたときには、政権に反対する人々の間ではそうした手段に反対する傾向が強かった。そこで、次のような仮説を考えてみよう。少なくとも全般的な話としては、人々はナッジに対して特に意見はない。意見が出てくるのは、特定のナッジを支持するかどうかを問われる、つまり特定のナッジを頭に浮かべたときである。

デイヴィッド・タネンバウム、クレイグ・フォックス、トッド・ロジャーズの三人が行った一連の研究では、「ナッジに対する党派バイアス」が確認された。年金制度への自動加入を奨励する政策を例として、彼らは、その政策がブッシュ政権、オバマ政権、その他匿名の政権のどれによって行われたかがわかるような状況に、回答者を無作為に振り分けた。そして、回答者にその政策ナッジについて知らせた後、三人は「ここで挙げた例だけでなく、広く政策全体にわたって」、デフォルトが実施されることを明示し、さらに、具体的な事例は別にして、「公共政策一般のアプローチとして、デフォルト選択を積極的に採用することについて」どう感じるかを尋ねた。

一般論的な設問に対しての人々の答えは、問題のナッジがブッシュ政権によるものか、オバマ政権によるものかに大きく影響されたものになった。年金制度のデフォルトが、オバマ政権が実施したものであると知らされた場合、回答者のうちリベラル派は、一般的な政策ツールとしてデフォルトを利用することを支持する傾向を見せ、逆に保守派は反対した。だが、同じ政策が、ブッシュ政権が実施したものであると知らせると、結果は逆のパターンを示し、リベラル派はデフォルトの利用に反対、保守派は支持の傾向を示した。

タネンバウムらはさらに、リベラル派と保守派では異なる反応を示すことが予想されるナッジについても尋ねた。内容は、既存のフードスタンプ制度（低所得者のための食料品割引切符制度）や補助的栄養支援プログラムへの低所得者の参加を増加させること（リベラル派の支持誘発）、高所得の人々がキャピタルゲイン税優遇措置を受けやすくすること（保守派の支持誘発）、性感染症のリスクや避妊方法についても含めた教育プログラムに高校生の参加を奨励すること（リベラル派の支持誘発）、「インテリジエントデザイン」を含めた教育プログラムに高校生の参加を奨励すること（保守派の支持誘発）、そして、一般的な、特に背景的条件を限らない政策（どちらも誘発せず）についてである。政策としてのナッジには、①自動加入デフォルト、②実施の意図、③一般の関心度、④損害の明示、⑤社会規範の説明、の五種類がある。前記の調査と同じく、タネンバウムらは人々に、こうした例を見せた後、ナッジ一般についての意見を尋ねた。回答者には、アプローチは一般論で、どの政策にも適用されることは説明した。

結果は一目瞭然。ナッジの説明にある政治的目的が支持できるものである場合、人々は一般論としてナッジを支持する傾向にある。伝統的にリベラルな政策（フードスタンプ、安全なセックス）のためにナッジが用いられていると、リベラル派は政策ツールとしてのナッジを支持する。一方、この場合保守派はナッジの利用自体に反対する。一方、伝統的に保守的な政策（キャピタルゲイン税優遇措置、インテリジェントデザイン教育）に同じナッジが用いられると、支持傾向の結果も逆になる。

ナッジが特定の政策目標と結びつけられていないと、政治的志向とナッジへの支持／不支持には何の関係も見られないというのは興味深いし、重要な点でもある。一般論では、リベラル派と保守派の間に意見の相違は見られない。保守派の方がナッジへの支持が多少低い傾向にあることを示したジュンとメラーズの調査結果は取り上げたナッジに影響されたものだとする結論を跡付けるものだ。タネンバウムらの研究で特に面白いのが、リバタリアンの人々はそうでないと人々に比べて、ナッジを否定する傾向が強く、ナッジへの支持度を予測する要因としては、リバタリアニズム一般の傾向ではなく、特定の政策への考え方の方が有効であることがわかったことだ。

タネンバウムらは基本的に同じやり方を使って、アメリカ国内の市長や、州政府、地方自治体の高官らなど実際の政策決定関係者の反応についても調査した。回答者には、自動加入デフォルトの二つの例の一つを読んでもらった。半数は、低所得者が補助的食料支援プログラムに自動加入できる例について読み、残りの半数は高所得者がキャピタルゲイン税優遇措置を自動的に受けられる例を見た。回答者には、一般的な政策ツールとしてのナッジの評価が求められていることが強調された。ここでも、いつものパターンが登場し、政策決定関連者の評価も、取り上げられた事例の政治的志向に大きく影響された。

まとめると、「人々は、自分が反対している政策目標のためにナッジが用いられると、ナッジは倫理的に問題だと思う。一方、自分が支持する政策目標や、自分が支持する政策決定者が支持する政策目標のために用いられると、同じナッジも受け入れるようになる(56)」。人が、自分が目標とするもののためのナッジを好み、目標を阻害するようなナッジには反対するというのは驚くことではない。面白いのは、多くの人はナッジそのものについて特に意見があるわけではないということだ。特定の例を見せられて初めて、何らかの意見を持つ。おそらく、その例によってナッジ全般についての感覚的反応が形成されたり、その例がナッジが実際に使用される状況についての情報を持つから（それは当然、全体の評価に影響する）だろう。人々はその事例をヒューリスティックとして、つまり心理的近道として利用して、より広範囲におよび、複雑な質問への答えを考える（様々な状況で見られる「属性代替」の一種と思われる(57)。

ナッジの政治経済的側面への教訓がここにある。ナッジの倫理性、またその利用一般についての人々の判断はかなりの部分、人々がナッジされる方向という現実問題についての評価によって決まる。イギリスでは、ナッジは保守党（およびデイヴィッド・キャメロン元首相）と結びつけられて考えられることが圧倒的で、それ故に右派の間では懸念は少ない（左派からの懸念は強いものになっているかもしれない）。もちろん、この点を強調しすぎてはいけない。現職の大統領を強く支持する人の間でも、（デフォルト投票のシステムを通じてなど）自身の立場を守るためのナッジを強要すれば、執拗な反対が起こる。保身のためや、広く守られている社会規範を犯すような、不当なことが行われれば、自由な社会の市民は（自由ではない社会の市民でも）、その裏の目的に対して激怒するだろう。だが、広く言って、政治的な評価は、政治的志向を反映するものであることが多い。

透明性の効用

ナッジされていることを人々に明確に知らせたら、人々の行動は変わるだろうか。ここで問われているのは人々の倫理的判断ではない。少なくとも、それを直接確かめているわけではない。確かめたいのは、アラドとルービンスタインの調査結果に合致する仮説で、すなわち、人々はナッジされていることを知らされると、反発し、抵抗する（結果、ナッジされにくくなるか、まったくされなくなる）ということだ。この仮説は、倫理的な問題に強く関連している。ナッジについて知らされると、人々は抵抗するというのであれば、ナッジには何らかの面で倫理的な懸念がありそうだと、人々が思っていると考えていいのではないか。その可能性は影響力の倫理全般にもかかわる問題である。人々は何かの影響を受けているが、そういう影響を受けていること、その理由や方法についても知らされると、影響を受けにくくなるだろうか。その可能性はある。その場合、透明性に配慮すると意味がなくなるような類の影響というのもあるのだろうか。

ここでの私の中心的な議論とは異なる意見だが、ナッジの有効性は非透明性の程度にかかっているとする見方がある。哲学者のリュック・ボヴェンズは極めて洞察力に溢れた論文で、心理の根底で動くメカニズムは「通常、闇の中での方が功を奏する。学生たちに、カフェテリアの食品の並べ方が食生活を考えて変更されたと知らせれば、その方法はそれほどの効果を生まないかもしれない。従業員に授かり効果〔自分が持っているものについては他者の評価より高く評価して手放さない傾向〕について教えたら、『明日はもっと貯金しよう』〔なかなか貯金できない人たちに対し、給与の一部を自動的に貯蓄に回し、昇給の際にはその割合を高くすることができるようにした制度〕プログラムに参加しようとは思わなくなる」と述べた[58]。確かに、まさにこの理由でナッジは倫理的に問題だと考える向きもある[59]。

しかし、実証結果なしでも、この主張を受け入れるのには慎重になる必要があることはすでに見てきた。ナッジの多くはそもそも透明で、すべてがそうあるべきだ。闇にある必要はない。情報開示、リマインダー、警告、社会規範の利用などはどれも、隠されたものではない。効果を挙げるには、まさに透明であることが必要だ。一般的に言って、公職者は自らの行動について人々に知らせる義務がある。ただし、透明性という概念は自明の理ではない。ナッジそのものが秘密でなければ、透明性の条件を満たしていることになるのか。ナッジが効果的に働く心理的メカニズムの詳細まで、人々に知らせる必要があるのか（ボヴェンズの懸念はこの点にある）。人々が選択しているそのときに、そのような義務はあるのか。

ボヴェンズの考え方に立つと、明確な警告（「これからナッジされようとしています」とか「損失回避の感覚を利用しています」など）によって、すべてがおじゃんになってしまうことになる。透明性の種類によって、その効果が違うのかを考えてみよう。たとえば、「人は他の人々がすることと同じことをする傾向にあるので、ここでは、あなたにも他の人々がしていることを同じことをしてもらうために、社会規範についてお知らせします」と伝えるとする。このような透明性は逆効果だろうか。あるいは、「惰性のために、デフォルトルールが継続することがわかっています。そこで、ここでもデフォルトルールを用いて、それが続くことを期待したいと思います」というのはどうだろう。このようなお知らせはナッジの効果を薄めることになるかもしれないが、ならないかもしれない。情報開示は効果を挙げるかもしれないし、取るに足らないことで、何の意味もないかもしれない。

こうした疑問についてはまだ実証結果が少なく、さらなる調査が必要だ。だが、ジョージ・レーベンスタイン、シンディ・ブライス、デイヴィッド・ハグマンの三人が行った調査では、少なくとも終末期医療に関する問題では、次の結果が判明した。人々にデフォルトルールが適用されている、ある

いは適用されていないと知らせても、その情報は、人々の最終的行動には何の影響も及ぼさないというのである。(60)

レーベンスタインらが考案した実験では、人々には次の二つのうちのどちらかのデフォルトが適用された。①私は医療関係者や代理人に対し、私が痛みなどで苦しむことになってもできる限りの延命治療を施すことを求める、②私は医療関係者や代理人に対し、命を縮めることになっても痛みを緩和する治療を施すことを求める、の二つである。実験では、回答者にはどちらかのデフォルトが与えられているが、他方のデフォルトを選択することもでき、イニシャルを記入することで変更を確定する。これは非常に弱いデフォルトであることに留意してほしい。変更が非常に簡単であるだけでなく、回答者にとって極めて身近な問題であるだけに、引き延ばしや惰性が働かないという意味で、デフォルトが「張り付いた」ままになることがない。よくあるデフォルト（医療保険制度への自動加入など）は、そうするかしないかの選択を無視しても特に問題はなく、今でなくても後で考えられるということから、張り付いたままになりやすい。

レーベンスタインらの実験で人々に開示されたのは、デフォルトが適用されているという情報である。「この調査の目的はデフォルト――人々が別の行動を取ることをしなければ実行される決定――についてです。調査に参加した人たちは二つのグループに分けられています」(61)。この情報を伝えられた後でさらに、回答者たちは「一方のグループに入った人々には、命を縮めることになっても痛みを緩和する治療を施すことを医療関係者に求める事前指示書に記入してもらいます。別のオプションを選択したければ、そのオプションをチェックして、その横にイニシャルを書いてください」と指示される。そして、「もう一方のグループになった場合は、痛みなどで苦しむことになってもできるだけの延命治療を施すことを医療関係者に求める事前指示書に記入してもらいます」と続く。

この情報は回答者の最終的な選択には何の影響も及ぼさなかったという、注目すべき結果が出た。他の例でも見られるようにデフォルト自体に大きな効果があり、予想通りデフォルトが「緩和治療」の場合、ほとんどの人がそれを選択した。「この調査の目的」について選択以前に具体的に知らされていても、人々の最終的な選択にはまったく影響しなかったのである。

開示情報を見ても、回答者たちが「どうでもいいよ」と思ったという説明も可能だろう。デフォルトが張り付くのと同じ理由で——惰性と引き延ばし傾向——、このような情報開示は人々の決定にあまり影響しないのかもしれない。ここから一般仮説が一つ考えられる。人々がナッジされていることを知らされても、そのナッジの効果が減じることはない。人々がそのような情報を気にしないか、あるいは、その情報に集中しようと努力しようとしないからかもしれない。

レーベンスタインらの調査結果についても慎重に扱わなくてはならない。調査はオンラインで行われ、回答率は低かった。また、質問は、このような場合どのような選択をするだろうかという形（実際に選択する必要はない）だった。したがって、この仮説の有効性は状況によるだろう。また、デフォルトが適用され、それは張り付く傾向にあることを知らせるだけでなく、特定の目的達成のために適用されたことも伝え、デフォルトが張り付くのは多くの人々が引き延ばし傾向や惰性に支配されているからだということも伝えたら、人々はどのように反応するかを確かめることが重要である。ここから学ぶべきことは多く、それは倫理上の問題に重なってくる。

人々に、選択アーキテクトがある目的のためにデフォルトを設定したと知らせても、それで何かが変わることはない。だが、デフォルトの効果が増幅されたり、リアクタンスを引き起こしたりして効果が低下する可能性はある。たとえば、「ほとんどの人がデフォルトルールを変えることはしません。貯金を奨励するために、退職年金制度に自動的に加入してもらいます。ほとんどの人と同じで、あなたもこれを拒否しないと思います。拒否しない理由の一つは、人間の引き延ばし傾向です」と、人々に伝えたとしよう。このような情報開示は、それが持つ情報シグナルのおかげで、デフォルトをますます張り付ける方向に働く。これをどのように説明しても、ナッジの影響力を強化することにしかならない。ただ、中には、「他人を操作しようとしているんだろう。私は気に入らないから、拒否するね」と否定的な反応を示す人もいるかもしれない。どのような枠組みで情報開示が行われるかによって、どちらの反応が増えるかが決まる。また、細かく見ればさらに違う反応を示すかもしれない。

あるいは、社会規範の利用に関しての透明性について考えてみよう。「七〇パーセントの人がXという行動を取ります。あなたにそれを伝えるのはあなたにもXをしてほしいからで、人は他の人がしていることをしたがるからです」と伝えた。この場合、ナッジの具体的な目的を明示したことで、ナッジの効果は上がるかもしれないし、下がるかもしれない。ボヴェンズはナッジの裏にある心理的メカニズムについての透明性に関心を寄せていた。彼は、もしこのメカニズムが「暗闇に」なっていなければ、ナッジの効果は薄まると考え、アラドとルービンスタインはすでに見たように、この論を間接的に裏づける証拠を、特にドイツの例に見いだしている。

この点についてはレーベンスタインらの研究は実証を行っていない。彼らの実験で、人々が、「デフォルトルールは、惰性からだったり、そのルールは他の人がすることを反映しているのだろうと思ったりすることから、人々の行動に影響を及ぼすことが多々あります」などと知らされたら、実験結果は変わっていただろうかは興味深いところだ。デフォルトの効果を明らかにするメカニズムについて知らされたら、人々が反発する可能性は無視できない。メカニズムを知ったことで、人々は警戒するようになるかもしれないからだ。

そうだとすれば、ナッジを三種類に区別しておきたい。①心理的メカニズムについての情報が何の意味も持たないタイプのナッジ、②そのような情報が効果を高めるタイプのナッジ、③そのような情報が、疑念を呼び覚まし、効果を弱めるタイプのナッジである。情報提供やリマインダー、警告は通常、①か②のカテゴリーのナッジである。そのようなナッジでは、心理的メカニズムは明らかで、それで人々が懸念を感じる理由は見つけにくい。デフォルトルールや社会規範の利用では、メカニズムの公開によって多少の懸念が生まれることは考えられる。この点はさらなる検証が必要である。

また、この点では終末期医療についての設定は特例で、レーベンスタインらの実験が別の条件で行われたら、情報開示がもっと大きな影響を及ぼすかどうか、確かめることも重要である。終末期医療は複雑な話題で、考えて嬉しいものではない。だからこそ、どのような情報開示がついていても、デフォルトが張り付きやすいのかもしれない。情報開示が特に影響を及ぼさないのは、まさに、開示された情報について考えるのが大変だからだということもあるのだ。[62] それほどの努力を必要とせず、これまでの傾向が明らかである場合には、デフォルトルールは続かず、情報開示によって、さらに変更されやすくなるかもしれない。

多くは、人々が選択アーキテクトのことを信用できる存在と考えるかどうかにかかっている。また、人々が全般的に反抗的な「タイプ」かどうかというのも重要だろう。利己的な選択アーキテクトが人々に向けたデフォルトルールを設定し、そのデフォルトを選んだ理由が、デフォルトは張り付きやすいからということになると、そのルールを拒否したくなるのも当然だろう。人々の中には「反動型」の人もいて、自分たちの選択が妨げられていると考えると、どうやってでも自分自身で決めた道を行きたくなるかもしれない。

デフォルトルールに関しても、リアクタンスの可能性には配慮しなくてはならない。しかし、レーベンスタインらの実験結果は、多くの状況で、ナッジをしなくてもいいが、そこでは行われていることを開示しても、結果に大きな違いが現れないと推測していい根拠を提示している。

本章から導く五つの結論

ここで、結論として五つの論点を挙げておこう。

①少なくとも民主主義社会が採用、あるいは最近採用を真剣に考慮したようなナッジは、国の違いを超えて広く支持されている。

②人々が選択アーキテクトの動機を信用できなかったり、惰性や無関心のために、自分自身の価値観や利害に反する結果になってしまうことを恐れるような場合、ナッジへの支持は弱くなる。

③システム2型ナッジの方が1型ナッジより支持が高い。ただし後者についても、自己管理の問題に対処する場合は広い支持がある。タバコについての生々しい画像のラベルがその例に当たる。

④人々のナッジの評価は、人々の頭に浮かぶ（あるいは気づかされる）特定のナッジと政治との関連に左右される。

⑤ナッジに関する透明性は通常、ナッジの効果を弱めることはない。なぜなら、ナッジのほとんどはそもそも透明で、人々は普通はナッジに反発しないからだ。この最後の点については但し書きが必要で、それにはある程度証拠も見つかっている。つまり、場合によっては、リアクタンスの可能性も無視できない、特に人々が選択アーキテクトを信用せず、自分たちが騙されたり、操作されたりしていると感じるときはその可能性がある。

Chapter 7

環境問題からナッジを考える

これまでのところ、特定のナッジについて詳細に検討してこなかった。が、ここで特に議論の多い分野の倫理的問題を取り上げ、抽象論の罠に陥ることなく、さらに理解を深めたいと思う。そこで本章では、環境保護について取り上げてみたい。この分野では、気候変動の問題を中心に、選択アーキテクチャの倫理性が特に問題視され、多くの議論を巻き起こしている。環境問題の特徴の一つに、大抵の場合、外的影響が及ぶという点がある。生産者や消費者の決定が第三者に害を及ぼすような場合（たとえば、大気汚染、水質汚染、ゴミなど）だ。

ナッジの多くは、自らの生命に危険を及ぼすリスクを減らすためのものであるが、他方、他者に害を及ぼすことを防ぐためのナッジも数多くある。外的影響を減らすナッジには、義務化や禁止、矯正的課税を補完したり、それらに代わるものもある。どちらにしても環境分野は、倫理的側面を検討する際に重要で、問題を様々に明らかにしてくれる。ここからは、環境分野での選択アーキテクチャの活用と乱用に注目して、ケーススタディらしきものに取り組んでみよう。

たとえば、あるコミュニティに、少々荒っぽい言い方で「グリーン」と「グレー」の二種類のエネルギー資源があるとする。その名の通り、「グリーン」は環境面では「グレー」よりはるかにいい。グリーンエネルギーを使えば、温室効果ガスも通常の有害物質も、排出量は低いレベルに抑えられる。だが、グレーエネルギーを使えば、金を節約できる。この二つのうちのどちらを選ぶかと聞かれたら、消費者はどちらを選ぶだろうか。

真っ先に出てくる反応は、どの程度の違いになるかによって答えは変わるというものだろう。たとえば、グリーンエネルギーは環境の面でグレーエネルギーよりはるかに良く、費用の面では、グレーの方が少し安いという程度だとする。その場合は、環境面でグリーンが少しいい程度だとか、グリーンの費用がすごく高いとかの場合に比べて、消費者はグリーンを選ぶ可能性が高いだろう。個人の嗜好は確かに重要な役割を果たす。程度の差が極端でなければ、選択の違いは個人や国、文化によるものと考えられる。環境についてあまり関心のない人の場合は、金銭的数字が選択を左右することになるだろうし、逆に環境保護が大事だと思う人は、環境にいい選択のためにはかなりの金額を払うことも厭わない。一般論のレベルで言えば、経済的インセンティブと自分の嗜好との関係で人は判断する。一般論も間違いではない。だが、それでは、厳密に経済的インセンティブとは言えない重要な要因を無視することになるのはすでに見た通りだ。その一つが社会規範である。(1) 他の人々はどんな理由で何を選ぶのだろう。他の人々がグリーンエネルギーを選ぶということを知ると、グリーンエネルギーを選ぶ可能性が高くなる。逆に、環境保護に関心の高い人が、グリーンエネルギーを選ぶ人が少ないという事実について残念だと思う結果の場合、解決しようと思っている問題がさらに悪化するという結果になることもある。変えたいと思っている社会規範について、そうではない事実に言及することで、かえってその規範を強化してしまうのだ。(2) 一方、理性的で善良な人々は環境に優しい製品を選ぶという考え方がすでに広まっていると、その規範が、グリーンエネルギー選択の方向に圧力をかける。(3) かなりの経済的インセンティブを前にしても、社会規範の方がグリーンかグレーかの方向に行動を導くことになるかもしれない。(4)

ここで主に取り上げるのはデフォルトルールの役割である。前記の例では、人々にグリーンかグレーかのどちらかのエネルギーの間で能動的な選択を行うことを求めている。だが、別のアプローチも考えられる。たとえば、選択アーキテクトが、人々がそのルールから外れることも可能にしつつ、どちらかの方向に導くデフォルトルールを設定するという形だ。この形では、社会に現れる結果は自動的にグリーンになるかもしれない。デフォルトルールの設定にかかわらず、選択アーキテクトが人々の選択に影響を与えようとする、あるいは、しないようにすることはある。実際、可能なアプローチは幅広く、能動的選択（選択肢のプレゼンは中立公正）から厳格な義務化（外れることは許されていない）までの間には、様々な中間的アプローチが存在する。そうしたアプローチの例を次に挙げる。

・意識的なフレーミングや類似の影響力行使（グリーンかグレーかのどちらかを奨励することを目的とする）を伴う能動的選択
・グリーンデフォルト＋外れるためには高いコスト
・グリーンデフォルト＋外れるためのコストはなし
・グレーデフォルト＋外れるためのコストはなし
・グレーデフォルト＋外れるためには高いコスト

グリーンデフォルトが、環境に対して大きな効果を持つ可能性についてはこの後見ていく。場合によっては、情報提供、啓蒙、倫理的圧力、さらには相当な規模の経済的インセンティブより大きな効果を発揮し、義務化や禁止に匹敵する効果を挙げるかもしれない(5)。環境保護が目的で、しかも、その過程で節約もしたいのであれば、デフォルトルールは規制の方法として重要なツールとなる。さらに、他のツールよりも高い成果を挙げることも可能である。特に、標準的なツール――義務化、禁止、経済的インセンティブ――が時に、経済的、政治的に大きな障害に直面することがある時代、デフォルトルールに注目すべき理由は充分にある。

では、デフォルトルールが倫理的に問題となるのはどんな時か。自律性を侵害し、尊厳を貶めるのはどんな場合か。消費者の福利を害するのはいつか。グリーンデフォルトの基本的な利点の一つは、選択の自由を保持し、その結果多様性を尊重しつつ、プラスの効果を挙げられるという点だ。たとえば、対象とする人々の中に経済的な困窮状態に陥っている人が一定程度いるとする。その場合、そしてグリーンエネルギーが他よりお金がかかるのであれば、消費者がデフォルトから外れることを可能にしておくことが大事である（少なくともエネルギー補助金などがない場合）。しかし、社会の福利の観点から見ると、そのデフォルトルールが第三者ではなく、まさに選択者を利するという意味で複雑な問題を呈する。環境の分野では、外的影響ということがこの点でよく取り上げられる。

これは、デフォルトルールを用いる場合は、消費者の福利だけではなく、それ以外の費用や効果についても考慮すべきであることの表れである。たとえば、グリーンデフォルトに関する消費者のコストがそれほど高くなく、一方、排出規制によって社会的に大きい恩恵が生まれるのであれば、費用対効果の点から（仮定としては）正当化できると考えていいだろう。

最大のポイントは、環境関連のデフォルトルールはすでに広く行われていること、その方向はグリーンかもしれないし、グレーかもしれないし、中間かもしれない、ということだ。現行のデフォルトはどちらかといえばグレーに傾いているが、それは自然の為せる業ではなく、強く人間の為せる業であり、そうではないデフォルトもありうる。官民双方の機関が環境問題での前進――程度はどうであれ――を目指すのであれば、これまでよりはるかに強く意識して適切なデフォルトを選択しなくてはならないだろう。デフォルトルールはすでに、その他の形式の選択アーキテクチャに並んで様々な形で存在する。そして、詳しい検討にさらされることがなくても、経済・環境双方の面で大きな効果を及ぼしている。世界が気候変動の問題に注目している今、グリーンデフォルトについては真剣に検討すべきである。

グリーンデフォルトの特徴とケーススタディ

グリーンデフォルトに近いものが、グレーデフォルトに代わって日常生活に増えてきた。たとえば、人が部屋にいないときに電気を消すような、動きを感知する機器（モーションセンサー）だ。この機器は、事実上「電気を消す」というデフォルトに近い役割をしている。機器を使用していないときには自動的にスイッチを切る家電やコンピュータ設定もある。職場の温度設定のデフォルトが、冬には低く、夏には高くしておけば、その設定があまりに不快で人々がわざわざ設定を変えない限り、かなりの節約になり、環境にもいい効果が期待できる。[6] 政策面でもテクノロジー面でも、このようなグリーンデフォルトが簡単に手に入るように進められている。そんな状況を説明するために、選択アーキテクトがそのようなデフォルトを用いる、あるいは用いないかもしれない、四つの領域を見ていきたい。

(1) 紙の使用削減

人間は多くの紙を使う。そして、紙には大量の木が使われる。官民のどちらにかかわらず、紙の使用を削減することで、節約と環境保護の両方を目指したいと考えているとしよう。そのためにできることと言えば、たとえば、①使用削減によるプラスの効果について人々に伝える（「事実のみ」）、②経済面や環境面での効果を強調し、人々の倫理観に訴えて説得する、③紙の使用に対して何らかの料金を課す、④使用する個人や部署の総使用量に上限を設ける（温室効果ガスの排出権取引に似せて工夫したアプローチ）などが考えられる。

だが、もっと簡単な方法も考えてみよう。組織内で、プリンターのデフォルト設定を「片面印刷」から「両面印刷」に変えてみるという方法だ。数年前、ラトガーズ大学がそのような両面印刷設定を取り入れた。設定を変えて三年の間に、紙の消費量は五五〇〇万枚、割合にして四四パーセント減った。木の本数にすれば、四六五〇本の削減である。(7) スウェーデンの大規模大学でも面白い実験が行われ、かなりの削減につながった。効果はすぐに表れ、紙の使用量は一五パーセント削減、そしてその効果はその後も安定して継続している。(8)

官民諸団体は、ただデフォルト設定を変えるだけで、紙の使用について大きな変化をもたらすことができる。多くの人が、デフォルトが「片面印刷」になっているだけの理由で、必要以上に紙を使ってしまっている。そのデフォルトを変えるだけで、利便性や資料を読む際の習慣の面で大した労力を求めることなく、かなりの節約を達成することができる。少なくとも、その嗜好が弱いものである場合、デフォルトは大きな効果をもたらし、しかもその嗜好を変える際のコストは取るに足らない程度である。人々に両面印刷の使用を強く推奨しても何のインパクトもない一方で、デフォルトにはそのような効果があった[9]。また、デフォルト設定を両面印刷にすると、紙の使用に一〇パーセントの税金を課すより大きい効果が得られた。課税ではわずか二パーセントの削減にしかつながらない[10]。

(2) グリーンエネルギー

本章は、電力会社の選択という問題から始まった。もちろん、現在可能な選択が「グリーン」か「グレー」かの二者択一であるとするのは単純すぎる話で、選択肢は複数ある。そして様々なエネルギー源にそれぞれに環境面・経済面の効果があり、それらについては慎重に検討する必要がある。だからこそ、議論も多い。「グリーン」というラベル自体、それがキャンディバーにつけられていても、また、商品やサービスが健康にいいか、あるいは環境保護につながるかに何の関係がなくても、消費者に与える影響は大きい。だが、ここでの議論のためには、環境面から考えて好ましいエネルギー源とそうでないエネルギー源がある、そして、消費者はエネルギー選択に際して環境面に配慮する、特に、それが同時にお金の節約（あるいは損にはならない）につながる場合は配慮する、としておくだけで充分だろう。

多くの電力管区が何かしらの選択を準備している。（アメリカも含めて）特定の電力会社との契約をデフォルトとし、それ以外も選べるとしている国もある。通常、デフォルトはグレーが多い（おそらく、グリーンな選択肢には未だに高額なものもあるからだろう）。グリーンエネルギーにするためには、自ら必要な情報を探し、能動的に選択しなくてはならない[11]。グリーンな選択がデフォルトになっていなくても真剣に考えたいと思わせるような状況でも、面倒なことはやめようかとなる傾向は強い。ここで個人的な体験を語らせてもらうならば、少し前に、私が契約している電力会社からお知らせがあり、グリーンエネルギーへの変更届の提出を勧めてきた。届出用紙は簡単で短いもので、変更することはいいことだと思えた。それで、二、三日のうちによく考えてみようと決意した。だが、ありがちなことに、その用紙を失くしてしまった。

グリーンをデフォルトにすると、どのような効果があるだろうか。これについては、実際の行動についての調査や一連の実験を通じて確認されてきた[12]。

実際の行動

ドイツでは多くの人々が、選択肢があるならグリーンエネルギーを使うと言っているが、実際にはグリーンエネルギーを選択する人々がほとんどいないという状況が長く続いている。ほぼすべての市町村で、グリーンエネルギーの使用率が一パーセント以下だった時がある（ただ、最近ではかなり増加している）[13]。ところが、全体としてはグリーンエネルギー使用率がゼロに近い時期でも、二つの市だけは九〇パーセントを超える使用率を示していた。理由は簡単、これらの市ではグリーンデフォルトが設定されていたのだ。

そうした市の一つがシェーナウで、黒い森地域に位置し、人口二五〇〇人、（注目すべきは）住民は圧倒的に保守派で、緑の党への支持は弱い（調査と同時期の緑の党の得票率は五パーセント）[14]。一九八六年のチェルノブイリ原発事故の後、住民投票が行われ、環境に優しいエネルギーの供給が選択された。その結果、シェーナウ市民が共同所有するシェーナウ電力会社がこの地域の電力供給源となる。同社は太陽光発電を促進し、再生可能エネルギーへの依存を進めている。顧客は同社以外を選択し、別のエネルギー源を使うこともできるが、そうするためには自ら情報を探さなくてはならない。同社以外を選ぶ住民はほとんどおらず、そうする住民の割合が〇パーセントをわずかに超える状態が長年続いている。

実例の二つ目がドイツ南部に電力を供給しているエネルギー供給会社だ。一九九九年、同社は三種類の電力料金を設定した。デフォルトはグリーンエネルギーで、それまでの料金より八パーセント安くなっていた。二番目のオプションはグリーンの割合は低いが、さらに安い（前出よりもさらに八パーセント）。三番目はグリーンの割合は高いが、料金は高くなる（二番目より二三パーセント高い）。顧客が何の対応もしなければ、デフォルト設定に留まる。およそ九四パーセントの顧客がデフォルトに留まり、より安い料金に移ったのが四・三パーセント、残りはグリーン主流の選択肢か、あるいは別の電力会社に移行した。

こうした結果は、デフォルトが持つ特別な力を実証している。ドイツの他の地域では、調査が行われた時期グリーンエネルギーの使用率は一パーセント以下だった。しかも、多くの消費者がグリーンエネルギーのために追加料金を払う気があると言っていたのにもかかわらず、である。前記二つの地域以外では、人々は能動的にグリーンエネルギーを選択しなければならないが、圧倒的な人数の人々が実際にはそうはしなかった。ここから、少なくとも広範囲に及ぶ場合、デフォルトルールが人々が利用するエネルギーの種類を決めると言ってもいいのではないだろうか。

さらに最近、特に意義深い研究が発表されたが、それも同様の結果を示している。(15) 再びドイツで大規模に行われた無作為の実験だが、グリーンエネルギーをデフォルト設定にすると、他のエネルギー源より多少とも高いグリーンエネルギーの利用率が一〇倍増加するという結果が出た。グリーンエネルギー選択をオプションにすると、政治的志向が影響を及ぼし、緑の党の党員であるとグリーンエネルギーを選択すると予想できることがわかった。これは当然であろう。しかし、グリーンエネルギーをデフォルトにすると、政治的志向は関係なくなる。また驚くことに、グリーンエネルギーのデフォルトでは、環境についての意識も無関係となることがわかった。

こうした結果を見ると、グリーンデフォルトは人々の意識に関係なく結果だけに影響を与えることが懸念材料となり倫理的な疑念を生じさせる。だが、追跡調査によってこの疑念には根拠がないことが明らかになった。人々はグリーンデフォルトに頼っていることを充分承知しており、意識してそれに留まっている。その理由の一つについては後に検討していくが、グリーンデフォルトによって良心が刺激されるからであるらしい。

実験と調査

実験や調査の結果は、実際の行動を予測するものではないかもしれないから、色々と割り引いて考えなくてはならない。だが、学ぶべきことも多く、グリーンデフォルトの効果の大きさについても確認できる。[16]研究所内でのある実験では、人々は二つの電力会社から一つを選ぶことを求められた。一つ目の会社は「エコエネルギー」という名で、次のような説明が続いた。「エコエネルギーは再生可能な電力源が発電するクリーンなエネルギーを提供しています。気候変動防止と環境保護に貢献しています！」二つ目の会社は「エイコン」で、「私たちは安い料金で電力を提供します。この値段より安いものはありません。エイコンで節約しましょう」という。ここではデフォルトの力が証明された。エイコンがデフォルトだった場合、参加者の五七パーセントがそのまま留まったが、エイコンが代案だった場合には三二パーセントが選択しただけだった。能動的な選択の場合でも同じく三二パーセントがエイコンを選択したというのは、興味深い結果である。

関連の実験では、経済的評価の面で大きな不均衡が見られた。[17]グリーンエネルギーに変更するためにどのくらい支払う気があるかという問いに対して、答えの中間値は六・五九ユーロだった。逆に、いくら貰えばグリーンエネルギーから別のエネルギーに移行するかという問いへの答えは中間値一三ユーロだった。面白いことに、この差は、支払う気のある金額と貰いたい金額の差の標準に一致する。つまり、貰いたい金額は通常、支払う気のある金額の二倍になるのである。

第6章で言及した調査で、私はサイモン・ヘドリンと共に、グリーンエネルギーがデフォルトであれば、意図して選択しなくてはいけない場合より契約するという人々がかなりの割合で多いことを確認した。[18] また、グリーンエネルギーがデフォルトであると、グレーエネルギーがデフォルトの場合より、罪悪感が強いこともわかった。罪悪感は人々の行動を予測するのに有益な要因である。また、これも第6章で述べたように、能動的選択ではグリーンエネルギーの利用がデフォルトである場合より高くなった。おそらくはリアクタンスが原因だろう。しかし、調査結果だけでは、デフォルトから外れる選択をする割合が実際より高くなることがあるかもしれない。この点は確実にはわからない。だが、私は、現実世界においてもほとんどの場合、自動的参加の方が能動的選択より効果が高いと予想する。グリーンにすることが目的であるなら、グリーンデフォルトがおそらく最適だろう。

(3) エネルギー効率

消費者の多くが、もっとエネルギー効率の良い製品があるのに、かなり効率の悪い製品を使っている。公共政策として問題にすべきは、人々は、効率が良く、(長期的には)廉価な製品に切り替えるのか、切り替えるのはいつかということだ。一方で、人々がすでにエネルギー効率の良い製品を持っている場合もある。この場合、エネルギー効率は悪いが、(少なくとも当面は)もっと安い製品に切り替える可能性がある。こうした時、切り替えることの労力については別として、デフォルトは有効だろうか。

この疑問に答えようと、一連の実験が行われた。[19] 人々に、二種類の電球から選んでもらうものだ。一つは、エネルギー効率は良いが、高額な小型蛍光灯で、もう一つは、エネルギー効率は悪いが、廉価な白熱灯だ。どちらを選ぶかで、大きな違いが出る。アメリカの家庭のすべてで、白熱灯一個を小型蛍光灯に替えるだけで、年間のエネルギーコストで六億ドル以上の節約ができる。さらに、八〇万台以上の車が排出する温室効果ガスと同じだけのエネルギーコストを削減でき、三百万世帯以上の家庭の照明を一年間照らせるだけのエネルギーを節約できる。[20]

関連の実験で、参加者は、家のリフォームをしている最中だという設定で、工務店は白熱灯と小型蛍光灯のどちらでも使えるように照明の配線をしていったと聞かされる。そこで、参加者は、蛍光灯に切り替えたいかを尋ねられる。費用はかからない。二つの選択肢の費用と効果については詳しい説明を受ける。たとえば、小型蛍光灯は一万時間あたり一一ドルの電気料金がかかる。一方、白熱灯なら一万時間で四九ドルだ。小型蛍光灯の値段は一つ三ドル、白熱灯は五〇セントである。[21]

ここでわかったことは、デフォルトは大きな効果をもたらすということだ。エネルギー効率の悪い白熱灯がデフォルトの場合、四四パーセント近くの数で白熱灯が選ばれた。ところが、小型蛍光灯がデフォルトになっていると、白熱灯が選択されたのは二〇・二パーセントにすぎなかった。[22] この差で特に留意すべきは、この実験では参加者は、惰性を克服して、わざわざ何かを変えなくてはならないといった日常の生活環境に置かれていたのではなかったという点だ。こういう場合どうするかを聞かれただけで、ある意味、選択を強制されたことになる。もし、決定を先延ばしにして、現状に留まるという選択肢が許されていたら、この差はもっと大きくなっていただろう。

(4) スマートグリッド

スマートグリッドのテクノロジーは現在多くの国で関心を集めている。[23] 特にドイツでは、「エネルギー供給計画」（エネルギー利用の移行）実現に必要な再生可能エネルギーの割合を急速に拡大させるための前提条件になっている。このようなテクノロジーは、電力需給のバランスを改善し、電力網の柔軟性、効率、そして信頼性を高める可能性を持っている。中でも、スマートメーターについては、官民双方のセクターで、すぐにフィードバックを提供することでエネルギー使用の改善を促進できるとして、その有用性が認められている。[24] ヨーロッパ連合（EU）が定めた「第三次エネルギー・パッケージ」では、二〇二〇年までにスマートメーターを八〇パーセントの世帯に設置することが拘束力を持つ数値目標に設定されている。[25] しかし、目標達成にはデータのプライバシーや、家庭での快適さが失われる（電力消費のある程度が供給業者によって遠隔からコントロールされる）リスクがあるのではないかという懸念など深刻な障害が見受けられる。その結果、消費者の多くがこのテクノロジーを家庭に取り入れることに消極的で、八〇パーセントという目標は現時点ではかなり遠いものに思われる。[26]

目標に少しでも近づくためには、何ができるだろうか。デンマークで全国規模で行われたパネル調査に基づいた実験では、オプションつきの黙示的デフォルトが消費者の行動に大きな影響を及ぼすことが示された。具体的に言えば、スマートメーター設置に同意する割合は、「外れる」選択肢をつけた形（「いいえ、私は遠隔操作がついたスマートメーターを自宅に設置したくありません」）の方が、設置することを選択する形よりかなり高かった。(27) 設問のフレーミングとオプションのつけ方によって、スマートグリッド設置を受け入れる人々の割合にかなりの影響があることが、この研究によって確認された。

デフォルトルールはなぜ大事なのか？

デフォルトルールが結果にそれほど大きな影響を及ぼすのはなぜなのか。(28) それには四つの要因が絡んでいるように思われる。それぞれについてすでに簡単に見てきたが、グリーンデフォルトではそれらが特徴的に現れるため、ここで検討してみたい。

① 暗示と支持

第一の要因は、デフォルトルールを考えた側にある暗示と支持の意識だ。(29) 官民いずれであれ選択アーキテクトが、意図的にグリーンなデフォルトを選んだとする。その場合、選択する側にある人々は、事情をよく知っている人が暗黙のうちにそれを推薦しているのだと感じ、そうしなくていいことを正当化するに充分な情報を自分が持っているのでなければ、そのデフォルトを拒否してはいけないと思う。デフォルトが両面印刷だったり、グリーンエネルギーだったりすると、専門家や常識ある人々はそれが正しい行動だと考えているのだと思うようになる。デフォルトから外れることを考えている人も、選択アーキテクトを信じて、その例に倣ってしまうかもしれない。

多くの人々は、デフォルトは常識ある人々が何らかの理由があって選んでいると考える。特に、自分に経験や専門知識が欠けていたり、製品がとても複雑で、滅多に買うようなものではない場合には、誰かが選んでくれたものに従ってしまうかもしれない。この点から言えるのは、デフォルトルールは自分には充分な経験や知識があると思っている人間には効果がないということだ。実際、環境エコノミストの間ではこのデフォルトルールは功を奏さず、提示されたデフォルトを拒否するという結果がある。[30]

環境分野以外でも、選択者に代替案などについての情報がない場合は、デフォルトが強く働くことを示す証拠がある。[31]（貯蓄傾向などを調べた）ある調査では、デフォルトのままにした人の半数以上が実際に、個人的に情報を持っていなかったことをデフォルトに留まった理由の一つに挙げている。[32] この説明から考えられるのは、選択者が選択アーキテクトを、一般論としてもまた特殊な場合に限っても、信頼していない場合、デフォルトから外れる可能性が高くなる可能性である。[33] 選択アーキテクトがグリーンデフォルトを利己的な理由やエリート意識から、あるいは偉そうに、それともバカバカしい理由で選んだ場合は、デフォルトから外れる割合が増えることが予想される。グリーンデフォルトが有効になるのは、選択者がそれを選んだ人間を信頼しているか、少なくとも選んだ人間を信用してはいけない理由がない場合である。すでに見たように、リアクタンスを感じやすい人、または、一般的に選択アーキテクトを信用しない人は、アーキテクトが支持するものには興味を持たないだろう。

②惰性

第二の要因は惰性と引き延ばし傾向に関係する（時に、「努力」あるいは「努力負担とも呼ばれる」）[34]。デフォルトルールから外れてグリーンあるいはグレーに変更するには、人々はそのルールを拒否するという能動的選択をしなくてはならない。その問題に集中して、環境、経済、その他の面でのプラスマイナスを考慮する。問題が複雑だったり、テクニカルだったりして、さらにプラスマイナスの判断も複雑だったり、倫理に関するものであったりすると、決定を引き延ばすか、決定しないかの方が楽に思える。惰性や引き延ばし傾向を考えると、人は単に現状に留まってしまうかもしれない。

その格好の例がドイツにある。エネルギー料金の高騰がドイツメディアのトップニュースとなり、消費者の間にかなりの懸念を生じさせていた時期、ほとんどの世帯はそれでも供給業者の基本設定料金体系に留まった。基本設定は世帯の実際の使用パターンに比べても割高なことが多く、また、グリーンエネルギーよりも割高かもしれないのに、そうした状況だった[35]。最近二年間で料金体系を変更したり、供給業者を変えたりした世帯はわずか二二パーセント、惰性の力を示す証拠である[36]。

環境についての価値判断がかかわる場合の多くで、グリーンエネルギーを選択するかどうかについては、考える努力も必要だし、リスクも伴う。さらに、経済面、環境面での複雑な（倫理的）判断もしなくてはならない。電力会社の選択は勘でできるものではない。相当の思考力が求められる。そんなことは考えたくない、リスクは嫌だ、プラスマイナスの判断もしたくない、そうしたことからデフォルトルールが有効になるのかもしれない。脳の活動についての研究によれば、複雑で困難な決定を迫られると、人々はデフォルトに留まるという。[37] 問題について調べて、変更してもいいと少しは思ったとしても、明日取りかかろうと思う。そして、そんな明日は決してやってこない。

③ 基準点と損失回避

要因としては三番目になるが、特に興味深いものとして、デフォルトルールが人々の決定の基準点を設定するということがある。損失回避に関する行動についての調査結果を思い出してほしい。人は、同程度であれば得をするより損をすることの方をはるかに嫌う。[38] そして、損か得かは自然に決まっているものではなく、空から降ってくるものでもない。損得を決めるのはデフォルトルールである。

損失回避の力とデフォルトルールとの関係について、教員のインセンティブを取り上げて調べた研究がある。[39] 生徒の成績向上のために教員の質を高めることへの関心は高い。経済的インセンティブの提供については効果がマチマチで、大半は失敗している。[40] 関連の研究では、デフォルトルールを再設定することで損失回避の活用を試している。教員に対して事前にお金を渡してしまい、生徒の成績に真の向上が見られなければ、「教員はそのお金を返さなくてはいけない」としたのだ。結果、数学の点数にかなりの改善が見られるようになり、実際、教員の質がかなり改善されなければ得られない程度であったという。この方法の底流にあるのは、現状より損することは特に受け入れがたく、人はそうした損失を避けるためには頑張るというものである。[41]

この見方で、デフォルトルールとエネルギー効率の問題を振り返ってみよう。グレー（エネルギー効率が悪い）の選択肢に比べて、グリーンは初期費用として二〇〇ドル余計にかかるが、五年間で二一〇ドルの節約になるとしよう。グレーがデフォルトになっていると、人は目前の損失である二〇〇ドルに注目し、そのような損はしたがらない。いずれは二一〇ドル節約になるということで、そんな気持ちを克服できるかもしれないが、目前の二〇〇ドルの方が大きく見える。対照的に、グリーンがデフォルトになっていると、人はグリーンにしていないと最終的に二一〇ドル損をすることの方に注目し、その損をしたくないと考える。環境分野ではグリーンデフォルトの場合のように、損失回避は特に大きな効果を示す可能性がある。グリーンデフォルトを拒否しようかと考えるときには、良心の呵責を覚えたり、将来後悔しないかと心配する。

このような意味では、デフォルトは社会で優勢な規範と相互に作用し、その規範を設定したり、強化したりしているのかもしれない。環境に優しい選択肢を選ぶことはそれ自体、「意思表明だ」とする人がいることを覚えているだろうか。オプションから外れることが、環境面でも経済面でも害をもたらすとなれば、それは表明したくない意見を発信してしまうことになるかもしれない。オプションを選択しなかった場合でも、意思表明という点では同じである。

④ 罪悪感

最後の要因に、特に環境分野での重要性が高い罪悪感がある。決定の中には、明らかに倫理的な要素を含むものがあり、デフォルトルールはその倫理観を刺激することがある。たとえば、ズルをすることだ。ほとんどの人は、政府や市民仲間を相手にズルしようとは思わない。だが、政府や仲間が、あなたが得をするような間違いを犯した場合、そして、その間違いで得をすることがデフォルトになっていたら、あなたはそのデフォルトのままでいようと思うかもしれない。

デフォルトがグリーンになっている場合、人はそれを拒むことに罪悪感を感じることについては、実証された証拠がある。少なくとも、ホテルで同じタオルを繰り返し使ったり、利用明細を紙ではなく電子的に受け取ったりするように、デフォルトに従うことに倫理的に充分な理由があると人々が考える場合はそうだ(42)。環境分野では、グリーンデフォルトが強い罪悪感を生じさせ、それ故にデフォルトが特に有効なのかもしれない。また、グレーエネルギーからグリーンへと変更しないことが良心の呵責を感じさせることにもなる。ただし、デフォルトがグレーであると、デフォルトに留まるという現状維持の傾向もあり、罪悪感はそれほど強くならないということも考えられる。

デフォルトルールが有効でない場合

時にはデフォルトから外れ、結果的に環境に良いことにならない選択をする人々もいないわけではない。その理由を探るのに格好の研究がある。経済協力開発機構（ＯＥＣＤ）が、サーモスタットのデフォルト設定について職員に対して行った調査だ。[43]

冬季期間中、実験のためにエアコンのデフォルト設定の温度を一℃下げてみた。結果、平均設定温度はかなり下がった。大半の職員は新しい設定を気にかけず、わざわざ設定を変更しなかったからだ。わずかな違いであったため、人々はそれほど不快には感じず、したがって手間をかけてまで変更する価値があることではなかったのだ。ところが設定温度を二℃下げてみると、平均設定温度はあまり下がらなかった。おそらくかなりの人数の職員が寒すぎると感じ、設定を好みの温度に変更したのだろう。

ここから学ぶべきことはシンプルだが、その意義は大きい。人は通常、デフォルトに従う。ただし、寒すぎると感じる場合は違う。ここでの「寒すぎる」というのは比喩で、金銭面での損失から個人的な価値観を脅かすものまで、広い範囲のマイナスの反応を表している。デフォルトルールが本当に人々を不快にさせるものであれば、人々はそれを拒否する。また、学会に出席している環境経済学者に、飛行機での移動にかかわるカーボンオフセットのデフォルト値を提示しても、その分野での知識がある彼らはその値を気にかけることはなかった。[44] 環境経済学者らには自分たちが求める値がすでにあり、デフォルトが何であれ、自分たちの値の方を選んだからだ。電球のエネルギー効率に関する調査では、デフォルトルールの効果はそれほど強くないことが示された。エネルギー効率の悪い電球がデフォルトの場合でも、デフォルトを選択しなかったのは五六パーセントに留まった。[45] エネルギー効率がいい電球を拒否する人も同じくらいか、それ以上にいることは容易に想像できる。特に、効率の悪い電球の方がかなり安く、また、人々の間で環境についての配慮があまり意識されていないような場合はそうなるだろう。

デフォルトルールが守られない場合の理由は単純明快で、デフォルトと相反することを人々が明確に嗜好しているからだ。嗜好が明確であれば、人はデフォルトルールに示されるお薦めに左右されることはない。惰性も乗り越える。損失回避にも意味はない。なぜなら、明確な嗜好があれば、それが損失を判断する基準点の設定にもかかわってくるからだ。また、自分が欲しいものがわかっていれば、それを手に入れる努力することに罪悪感は感じない。

消費者に対し、エネルギー源のデフォルトが五〇パーセント割高なものに設定されている場合を考えてみよう。社会規範や惰性が特に強く働く場合を除いて、消費者は普通、そのデフォルトは拒否するだろう。これを支持する証拠として、その結果と、さらに、イギリスで行われた調査結果を挙げておこう。イギリスの調査では、通常より高い（つまりやる気がしない）レベルの積立率（税込前の所得の一二パーセント）がデフォルトに設定されている貯蓄プランからはほとんどの人が外れることを選択した。(46)一年後もその率に留まったのは二五パーセントのみ、およそ六〇パーセントがもっと低い率にデフォルトが設定されているプランに移った。面白いのは、低所得層の人々の方が普通より高い貯蓄率のプランに留まる傾向があったことだ。(47)同様の結果は他の調査にも表れていて、低学歴で、あまり知識のない人々の方がこうしたデフォルトに留まる傾向が強いことを示す結果が増えている。(48)さらに、学齢期の児童は（デフォルトルールに似たようなものを通じて）健康的な食生活へとナッジすることができるが、児童に（健康的ではない）フライドポテトに対しての強い好みがあると、それを克服することはできないことが調査で判明した(49)。

これらが明らかにしたのは、支持を得られないデフォルトは長続きしないということだ。つまり、グリーンデフォルトは、バカバカしく、誤りであり、一害あって百利なしで、金ばかりかかる、高邁な理想を掲げるどこやらの環境保護主義エリートが押しつけてきたものだと思われると、多くの消費者からは拒否されることになる。もう一つ見えたのは、疑問でもあり、ある意味問題ともなることで、すでに見た貯蓄プランでは低所得層の方がデフォルトに留まるという点だ。すなわち、低所得の労働者層の方が、高所得の人々よりデフォルトルールに従うのではないかということになる。その理由の一つに、低所得の労働者の方が色々と心配事が多く、よく考えて、デフォルトルールを変更することに手間をかけていられないということがあるかもしれない(50)。

もちろん、金持ちにも決断しなくてはならないことは山ほどある。だが、彼らにとっては、特に考えることなく、当然と思っていいことも多い。「努力税」は、人生にかかわるような難しい決断やコストなど数多くの問題にすでに迫られている人々にとっては特に高く、マイナスの効果を及ぼすようだ。これを実証する証拠はドイツに見られる。ドイツでは、社会経済的地位が低い世帯は同じエネルギー供給業者に留まり、社会経済的地位が高い世帯は変更する傾向が強いという結果が出ている(51)。

この点は、コストのかかるグリーンデフォルトについては不利な効果を生み出すかもしれない。貧しい人々は金もなく、また、デフォルトに留まりがちだからだ。実際、情報も経験も豊富な人々は、自分たちが欲することもよくわかっていて、したがって、デフォルトルールに左右されることが少ない。(52) 努力税を払うことに意味があるというのも一因である。さらに、色々と探ってみて、デフォルトとは関係なく自分で決めたいという人がいるということもあるだろう。

グリーンか、グレーか

さて、ここで、倫理的な側面も明らかにある、前記の問題について考えてみよう。つまり、選択アーキテクトは、グリーンかグレーかどちらのデフォルトルールを選ぶべきなのか、ということだ。政策手段について充分な分析をするには、その手段が社会の福利の面でどのような効果をもたらすかも考慮しなくてはならず、それには、グリーンデフォルトがグリーンエネルギーの利用を増加させることを示すだけでは充分ではない。何よりも、そうした増加がもたらす社会的恩恵を理解しなくてはならない。環境の質（人の健康も含めて）への効果は大きいか、小さいか。温室効果ガスの削減規模は相当の規模になるのか。二酸化炭素の社会的コストは何か。さらに、コストについても理解する必要もある。消費者の負担は増えるか。もしそうなら、どの程度か。こうした疑問への答え次第で、グリーンエネルギーへの変更は全体として恩恵となるかもしれないし、そうはならないかもしれない。

加えて、矯正的課税、何らかの上限取引（キャップ・アンド・トレード）システムが汚染防止の最適値を生み出す方法として、通常選ばれる。(53) このような方法は、そのやり方から言って効果はあるだろう。グリーンエネルギーを薦めるデフォルトルールは理論的には、矯正的課税(炭素税も含めて)より効果は低い。だが、そうではあっても、グリーンエネルギーの利用を増加させるために、様々な政策手段を用いるべきであり、デフォルトなら、矯正的課税や上限取引システムに伴う政治的な縛りを避けられるかもしれない。

消費者のみへの影響

わかりやすくするために、まず、選択する者にとっての福利だけが問題で、外的影響はない(あるいはそれほど大きくない)という場合を考えてみよう。第3章で検討した要因に従えば、大多数の人々が、適切な情報を与えられていれば選ぶであろうことをデフォルトにすることが、アプローチとしては好ましい。そのデフォルトルールが、知識を有する人が選ぶであろう状況に人々を導くとわかっているのであれば、そのデフォルトルールを選ぶ理由は充分にある(ただし、多数派とは異なる意見の人はそのルールから外れることが可能であることは承知のうえだ)。このような確認を行うことで、人々の自律性は尊重され、尊厳を損なうこともない。また、人々の福利の促進にもつながる。

単純なケースでは、問題にしている選択肢がもたらすであろう効果を具体的に示せば、答えは明白で、曖昧なところは何もない。グリーンエネルギーが、費用もかからず、環境への害を削減するものであるなら、良識ある人々の大半がそれを選択するだろう。それこそ、まさにデフォルトにされるべきだ。また消費者に一定の選択をしてほしいと思う側が、人々に自分たちの意見を納得してもらうことが容易ではないと感じる場合がある。つまり、そのような選択は誰の利益にもならないということだ。そのような選択肢は除外されなくてはならない。

次に、プラスマイナスはそれほど明確ではないが、充分な情報を与えられれば八〇パーセントの人がグリーンエネルギーを選択するだろうと思われる場合を考えてみよう。たとえば、①グリーンエネルギーが環境面ではるかに優秀で、費用はわずかに高い場合、あるいは、②対象となる人々が環境について強い関心を持っていることがわかっている場合、がそれに当たる。どちらの場合も、グリーンエネルギーへの自動加入をデフォルトとすることが好ましい。だが、グレーエネルギーがグリーンエネルギーよりはるかに安く、環境面でも悪影響がわずかに大きいだけであれば、グレーエネルギーをデフォルトにすることが最善である。

確かに、情報を持つ人々が選択するアプローチを特定するためには、さらなる実証作業が必要である（能動的選択が望ましいのはこの点からなのだが、それについては後で見る）。ここでは、実際の証拠――情報を与えられた人々が何を選ぶかについて――が非常に重要になる。様々な選択肢の下でデフォルトから外れる程度がどれほどであるかについての情報を収集することも有益だ。実験やパイロットプロジェクトのようなものでそのような情報が収集できるかもしれない。もし、グリーンエネルギーがデフォルトの時にはデフォルトから外れることを選択する人が二パーセントだけで、グレーエネルギーがデフォルトの場合は五〇パーセントが外れることを選択するというのであれば、グリーンエネルギーの方がいいと判断していいだろう。

もちろん、多数決は乱暴すぎることもある。グリーンとグレーの二つのデフォルトルールがあるとしよう。情報がある人々の五五パーセントはグリーンにもグレーにも無関心だが、好みとしては多少グリーンに傾いているとする。さらに、人々の個々の状況（たとえば貧しいなど）のために、四五パーセントは強くグレーを支持しているとする。この場合、グレーをデフォルトとする方がいいということになる。ほぼ半数がグレーを好み、（わずかに）過半数の人々はあまり関心を持っていないからだ。この例が示しているのは、情報を与えられた人々がどちらのアプローチを好むかだけでなく、好みの強さについても確かめる必要があるということだ。ただ、その好みが強い場合、人はそれと異なるデフォルトからは外れる選択をするだろうから、このケースでは、デフォルトをグリーンにしておく方がいいということになる。

消費者と第三者への影響

環境の分野では、外的影響を無視することはできない。それこそがグリーンをデフォルトルールにする主たる動機であるとも言える。選択する者はまた、集団行動の問題に直面することにもなる。個々に尋ねられれば、合理的に考えてグレーを選ぶかもしれないのに、他の人々が皆、グリーンエネルギーを選ぶと、そちらを選んでしまうかもしれない（これは単なるデフォルトルールではなく、厳格な義務化を推奨する根拠ともなりえる）。外的影響と集団行動の問題に直面する選択アーキテクトは、選択する者の福利だけでなく、費用と効果のすべてについても検討すべきだ。デフォルトルールが有効だったとすれば、それに伴う費用と効果はどうだったのだろうかを問うべきである。

コピーについては片面か両面か、どちらのデフォルトがいいだろうか。対象の人々が個々の立場からどちらが最適かと考えているかを知る必要がある。抽象的なレベルでは、答えは明らかではない。人々は、片面でも両面でも気にしていないかもしれないし、どちらかを強く好んでいるかもしれない。人々がどう考えているか、選択アーキテクトにはまったくわからない場合は、人々に選んでもらってもいいだろう。だが、個々には大して関心のない問題で、外的影響の方が決定的な要因となる状況も考えられる。最善の方法は、影響を量的に計算することだ。もし外的影響が大きければ、選択する者の過半数が片面コピーを好んでいたとしても、両面コピーをデフォルトとするに充分な論拠となる。もちろん、デフォルトが嫌であればそうしなくていいようにしておくことが重要だ。また、外的影響が特に甚大な場合は、経済的および倫理的立場から見て、義務化の方が望ましく思えるというのももっともである。

グリーンエネルギーの例に戻って考えてみよう。選択する者の大半が、安いという理由でグレーを選ぶとしても、グリーンエネルギーの方が多大なコストを回避できるなら、その方がデフォルトとしていいかもしれない。大気汚染の点でははるかに好ましいエネルギー源もあるだろう。だとすれば、大気汚染を改善するようなデフォルトを選ぶべきだという論になる。温室効果ガスの排出という問題だけに焦点を当てて考えてみよう。最近、炭素の社会的コストを具体的に示す研究が盛んに行われている。(54)二〇一〇年、アメリカの技術作業グループがそのコストをおよそ二三ドル(二〇一三年時点)と計算した。(55)二〇一五年にはそれを三六ドルに引き上げている。(56)温室効果ガスを削減することが多大な利益をもたらすことは想像に難くなく、ならば、グリーンデフォルトは、利用者にとっては高いものになっても、簡単に正当化できる。理想論で言えば、選択アーキテクトは利用者にかかわるコストをすべて金銭的に示して、それに沿ってデフォルトルールを設定すべきだ。だが、効果を金銭的に示すことにも、デフォルトから外れるレベルを予想することについても、実証するのには大きな課題があることも事実である。

分配の問題も重要となる。たとえば、費用便益分析ではグリーンデフォルトが望ましいとされても、そのデフォルトでは、貧困層も含めて人々にコストを負わせることになるとする。さらに、忙しいからか、他のことに気を取られているからなのか、それとも外れていいのかについて自信が持てないからか、貧困層の方がデフォルトに留まる傾向があるとする。もし、貧困層の方が総体的に損をするのに、そのデフォルトから外れることを選ばないとすれば、グリーンデフォルトは薦められない。グリーンデフォルトが選択された場合は、そのコストを担う人々への金銭的支援の可能性や、外れるという選択をもっと明確に、わかりやすく示す方法について探ることが重要となる。ただし、外れるという選択を明確にすることが、そもそものデフォルトにした目的に反することになってはならない。

デフォルトルールに代わるもの

選択アーキテクトがデフォルトルールそのものを使わない場合があることはすでに見てきた。たとえば、グリーンかグレーか、人々に能動的選択を求めることがある。市場では能動的選択が次々に行われ、選択アーキテクチャが消費者の選択に影響を与えるとしても、デフォルトルールが介在しない場合もある。たとえば「メニューアプローチ」だ。エネルギー効率と燃費についての質問に対して、人々には様々なオプションが提示され、その中から自分の好みや状況に即して最適と思われるものを選ぶという方法である（最もエネルギー効率の悪いものについては法的規制がかけられるかもしれない）。メニューアプローチには現状が反映されている。自動車や家電は市場で活発な競争にさらされており、エネルギー効率はその競争の一側面にすぎない。個々の家庭ではデフォルトルールは設定されていない。

(1) 能動的選択と中立性

能動的選択では、人々は様々な選択肢の中から自ら選ぶことを求められる。デフォルトで特定の選択肢に導かれることはない。環境分野では、能動的選択には、オプションでの選択肢（消費者がデフォルトを拒否して、環境にとって望ましい結果を選択することを求める）に比べると多くの利点があり、それは、外れるというオプションでも同じだ。

グリーンを選択するか？

まず、能動的選択では自ら選ぶことが求められるため、自ら意見を表明することになり、個人の責任意識を強くする。さらに、惰性を克服することにもなる。こうした観点から見ると、能動的選択はオプションでの選択肢よりいいと言える。人々がグレーエネルギーを使用しているのが、積極的に選択した結果ではなく、それがデフォルトになっていて、しかも人々が他の選択肢に注意を払っていなかったからだとしよう。惰性や引き延ばしの傾向が強く働いている場合は、能動的選択の方がオプションとして選択するより好ましいかもしれない。これまでに何回か、「ブースト」の意義を論じる議論に巡り合ってきた。環境分野では、能動的選択に啓蒙的ナッジを組み合わせることで、人々が自らの人生全体を通じて良い状況を作り出せるかもしれない。

さらに、能動的選択は、よくわかっていなかったり、あるいは利己的な考えを持っていたりする選択アーキテクトに対する防御手段にもなる。選択アーキテクトの関連情報が欠如していて、選択されたルールが一部の人々あるいは多くの人々にとって有害な場合、能動的選択にした方が利点が多い。公職者に偏見があったり、充分な情報を得ていない場合、デフォルトルールは推測と大して変わらず、人々を誤った方向に導いてしまうかもしれない。デフォルトをグリーンにするかグレーにするかの選択では、実際面で深刻な問題が生じることはすでに見た。そうした問題を考えると、消費者にどうしたいかを問うことが最善の道であるように思える（もちろん、大きな外的影響がない場合に限ってのことである）。

自己の利益だけを追求する民間団体が政府に対し、ルールの対象となる人々の利益にならないようなデフォルトルールの選択を求めるような場合においては、デフォルトルールに対して賛否両論が出てくる。環境分野では、自分の利益だけを追求する団体が自分たちの得になるデフォルトルールを求めて、策を弄する状況が想像できる。エネルギー源の選択は、そのような策動を引き起こしやすい。能動的選択にすれば、役人が消費者を一定のエネルギー源にデフォルトで導くことができなくなるから、そうしたリスクは避けられるだろう。

最後に、場合によっては最も重要な点になることだが、能動的選択は多様性に対応できる。オプションとして選択するか／しないかの方法に比べて、能動的選択は、対象とする集団が多種多様で、一つのアプローチではそのように多様な状況に対応できない場合に力を発揮する（パーソナル化の問題はこの後取り上げる）。

万能薬になるか？

メニューアプローチには利点や魅力が色々あるが、それでも、能動的選択は時にもっともな批判にさらされる。環境分野では特にそうだ。まず、明確な批判として登場するのが、外的影響が多大であるのに、消費者に自分たち自身のためだけに選ばせるのはおかしいという点だ。もちろん、消費者の中にはそうした外的影響も考慮し、それに基づいて選択するという人もいるだろう。社会規範、倫理的信念、自己意識、シグナリング（市場において情報が非対称な場合、情報を持つ者が持たない者にたいして開示しようとすること）なども、人々をそうした方向に導くかもしれない。だが、主たる目的が大気汚染の改善や温室効果ガスの削減であると、能動的選択では充分ではないかもしれない。

これとは別に、能動的選択は選択する側に大きな負担を課すということがある。そのような負担にはコストも伴い、ありがたいものではない。たとえば、環境についての問題がよくわからないことで、複雑なこともある。消費者に充分な知識も経験もないとしよう。エネルギーの選択においては、消費者の多くが、普段考えたくもないことに注意を払わなくてはいけないという面倒から解放してくれるデフォルトを歓迎するかもしれない。同じように、能動的選択は事業者にも大きな負担を課すことになりえる。デフォルトは商品やサービスを提供する側にとっても望ましく、重要なものなのだ。デフォルトルールがなければ、かなりの資源を要して、辛抱強く、細々とした説明を行い、消費者や利用者に対して様々なオプションを紹介しなくてはならない。そんなことは消費者も面倒くさいだろう。

最後に、能動的選択には誤りを増やす可能性がある。能動的選択の目的は、人々の状況を良くすることにあるはずだ。だが、もしよく知らない分野で、技術的な訳のわからない問題であった場合、能動的選択は逆の結果を生みかねない。エネルギー選択において、消費者は技術的な事項に精通していなければならないが、多くはそうではない。選択アーキテクトは自らの役割について承知している。そうした状況では、人々は、デフォルトにしてもらった方がいい結果を享受できるだろう。有識者が何を選ぶかについての実験や予備的調査を行い、そこから得られた結果をデフォルトに反映するというのが最善の方法かもしれない。ただし、選択アーキテクトに技術的な専門知識があり、しかも信頼できる人々であれば、このような実験を行う必要があるかについては疑問が出てくるだろう。

とても単純な結論

様々な議論を想像することはできる。だが、当たり前の結論としては、選択アーキテクトが、そのデフォルトは選択する側の価値観や利害に沿っていると確信している場合は、そのデフォルトを選択すべきだということだ。だが、その判断が難しい、あるいは確信が持てないというのであれば、少なくとも外的影響が大きくない場合は、能動的選択にすべきだろう。

両方のいいとこ取りをした中間的アプローチになるのが、「簡素化された能動的選択」というものだ。このアプローチでは、人々は自ら選択したいか、デフォルトルールに頼りたいかを尋ねられる。簡素化された能動的選択という方法の利点は、人々がデフォルトでいきたいと思えば、簡単にそうできるという点だ。それでいて、惰性や引き延ばし傾向によって、不本意な状況に導かれるということを避けられる。このアプローチでは、人々はいわば能動的にデフォルトを選択できる。このアプローチの最大の問題は、人は時にそれすらしたくないという点であるが、ゆえに、デフォルトになっていればそれでいいとなる。加えて、当然ではあるが、簡素化された能動的アプローチは外的影響が大きい場合は適当ではないかもしれない。

(2) 影響を受けての選択

能動的選択には多くのバリエーションが考えられる。たとえば、選択肢の一つが行動科学を踏まえた戦略に則って強調されたり、有利に見せたりすることで、能動的選択が「誇張」されたり、あるいは工夫されたりしている場合だ。[57] 選択アーキテクトが、デフォルトルールは避けたいが、どうにかしてグリーンの選択肢を薦めたいと思えば、その選択肢を最初に持ってきたり、太字や大きな活字にしたり、それを特にアピールするような説明にしたりすることがあるかもしれない。

損失回避の側面を強調して特定のオプションを選択させないように工夫して行われた実験を見てみよう。[58] 実験では、次の内容のメッセージが異なる言い方で提示された。

健康維持に関心があると想定してください。米疾病管理予防センター（CDC）は、インフルエンザの予防接種によって、インフルエンザにかかったり、そのウィルスを広めたりするリスクをかなり減らせるとしています。あなたが勤めている会社は、あなたがこの秋予防接種を受ければ、毎月あるいは半月分の保険料から五〇ドル節約できる可能性があると言っています。

「摂取選択オプション」方式では、人々は「この秋予防接種を受けるなら、所定の場所にチェックしてください」と指示された。「中立型能動的選択」方式では、「この秋予防接種を受ける、あるいは受けない、のどちらかをチェックしてください」だった。「誇張あるいは工夫された選択」方式では、「私はこの秋予防接種を受けて、インフルエンザにかかるリスクを減らし、さらに五〇ドル節約します。あるいは、私はインフルエンザにかかるリスクを高めることになるとしてもこの秋予防接種を受けず、五〇ドル節約することもしたくありません」の二つから選ぶ形だった。摂取選択オプションと比べて、中立型能動的選択方式では予防接種を受ける人々の割合が増加した――そして、誇張された能動選択方式での割合が最も高かった。

環境分野でも同じようなことが想像できる。デフォルトではグリーンが拒否されるとしても、その選択を推奨することに充分な根拠があるなら、損失回避やフレーミングを利用して、人々にそれを選択するよう導くことができる。そうすれば、そのオプションを選択する人数は確実に増加するだろう。全体としては、グリーンかグレーかの選択について能動的選択はどちらにも有利にはならない。選択アーキテクトが中立の立場でなくなると、能動的選択と言ってもデフォルトルールの様相を帯びてくるからだ。それでも、選択が能動的である限り、自らの意思表明と個人的責任感を重視する人はそれで納得できるだろう。

(3) デフォルトルールのパーソナル化

これまでのところ、デフォルトルールは対象の人々すべてに適用されることを前提としてきた（マス・デフォルト）。だが、デフォルトルールの中には個別仕様を強く意識したものもある。個別仕様のデフォルトは、異なる集団や個人が、望ましいあるいは最適だと思う方法は何かについて集めた情報に基づく。旅行分野では、この個別仕様のデフォルトがよく見られるようになってきた。ウェブサイトはすでに個人の座席や航空会社、支払方法などを把握している。まるで親友か兄弟姉妹、パートナーか結婚相手であるかのように、デフォルトで個人の好みの選択へと導く。もちろん、断ることも可能だ。

デフォルトの個人化が一般化すれば、広範囲の消費者向け製品についても同じことが起こりえる。個別仕様は、環境に影響を及ぼす選択においても可能になるかもしれない。選択アーキテクトが、人々が片面印刷か両面印刷かについて、あるいはグリーンエネルギーかグレーエネルギーかについて、どちらを好むか知りたいと思ったら、過去にどのような選択が行われたかが最大のヒントになる。もし、消費者が過去にグリーンの方を選択していたら、将来もそうすると予想していいし、デフォルトもそれに従って設定する（もちろん、デフォルトを拒否することは可能としておく）。こうした情報がない場合は、人口統計的な情報その他から、グリーンエネルギーを好む地域や人々について知ることができるだろう。

消費者の好みを反映することが目的であるなら、個別仕様のデフォルトルールには相当な利点がある。だが、問題もある。外的影響が大きい場合、重要なのは選択する者の嗜好だけではない。デフォルトルールも、社会全体への効果を考えてから設定されるべきだ。また、個別仕様を薦める際にはプライバシーを守ることに充分に配慮しなくてはならないことは言うまでもない。

枠組みをどう設定するか

これまでに選択アーキテクトが考慮すべき選択肢の数々を見てきた。そこで、ここまでの議論に基づいて、全般的な枠組みについて簡単にまとめておくことも役に立つのではないかと思う。様々な選択肢から選ぶ際に有用となるかもしれない。ここでは環境にかかわる要因が目立つ状況を意識しているが、広く適用できると考える。

グリーンの度合いが強いものからグレーの度合いが強いものまで、デフォルトルールには連続して九つの可能性があり、選択アーキテクトはその中から選ぶことになる。次にその九つの可能性を挙げる。

①グリーンを義務化する、あるいはそれ以外を禁止する

②グリーンをデフォルトとし、それを拒否するコストを高くする
③グリーンをデフォルトとし、それを拒否するコストをゼロとする
④グリーンを支持する表現を用いつつ、能動的選択とする
⑤どちらも支持しない中立的な表現を用いつつ、能動的選択とする
⑥グレーを支持する表現を用いつつ、能動的選択とする
⑦グレーをデフォルトとし、それを拒否するコストをゼロとする
⑧グレーをデフォルトとし、それを拒否するコストを高くする
⑨グレーを義務化する、あるいはそれ以外を禁止する

すでに見てきたように、枠組みとして効果的と思われるのは一種の費用便益分析で、対立概念に基づく議論をいくつかにまとめていく形である。グリーンかグレーかについても一つの結論が出ているわけではなく、徐々に度合いを変える形でその可能性は連続して現れる。「コストがかからない」拒否と「コストが高い」拒否についても同じことが言える。

ここまでの議論から言って、何かしらの市場の失敗が関与しない限り、義務化や禁止を推す意見にあまり説得力はない。選択する側の利害だけが問題であるなら、彼らの自由は、その選択が充分な情報に基づいて行われる限り、保証されなくてはならない（詳しくは第8章を参照）。右の選択肢で言えば、この考え方では両極端にある①と⑨は除外される。残りの選択肢の中から何を選ぶかは、選択する者

の利害に即したアプローチがどれであるかの分析と、それについての選択アーキテクトの自信の程による。グリーンか、グレーか、どちらかのデフォルトが（情報があって選択する人々の大半の視点に立って）最適だということに自信を持てる理由があれば、そのデフォルトルールを選択すべきだ（適宜、個別仕様にすることも必要だろう）。このアプローチに反論があるとすれば、それは、能動的選択に伴う決定コストとエラーコストが高すぎるということだろう。

選択アーキテクトにそこまでの自信がない場合、選択肢として妥当なのは②から⑥までのどれかに狭まることになる（中間的な選択肢だ）。選択アーキテクトがどのアプローチが最適かわからない場合、中立的な表現を伴う能動的選択が望ましく思える。アーキテクトらに充分な情報がないか、対象とする人々が多様であるかのどちらかの場合だ。選択アーキテクトにはどちらかのアプローチを選択するのに充分な知識はあるが、デフォルト設定をするまでの程度ではない場合、中立ではない表現を伴う能動的選択アプローチにして、選択する者をどちらかの方向に導こうとするだろう。

もちろん、外的影響がかかわってくると話は違ってくる。選択する者の決定が、他者に多大なコストを強いる場合、義務化や禁止を推す議論が勢いを増し、説得力を帯びるようになる（義務化や禁止の形は様々で、中にはコストがかからなかったり、選択の余地を残すものだったりすることは認めよう）。だが、義務化や禁止については、政治的な理由で時に実行不可能であったり、あるいは、正当化についてもっともな疑念が生じたりすることもある。その場合、選択する側の利害に合致していなくても、グリーンデフォルトにする根拠は充分にある。外的影響が大きいか、選択する側がグリーンデフォルトによって恩恵を得るか、それとも害を被るか、といった点がその根拠の強弱を決める。何らかの費用便益分析がここでは不可欠だ。外的影響を考慮する場合、比較して「多少グリーンではない」というのにはあまり説得力はない。この選択肢が意味を持つのは、外的影響の度合いはそれほど大きくはなく、選択する者にとってはグレーの方がはるかにいいという場合だけだろう。

分配の問題についても配慮すべきだ。義務化によって、経済的に最下層にいる人々に大きなマイナスの影響が出るのであれば、その影響も考慮に入れなくてはならない。そのようなコストを負担することが難しい人々を除外するような個別仕様のアプローチの有用性についてはすでに論じた。義務化や禁止にそれなりの正当性があるなら、支援を必要とする人々への経済支援というのも考えるべきだろう。

環境倫理に照らして

経済支援が重要なのはもちろんだが、環境に関して言えば、消費者は、社会規範や適用されるデフォルトルールを含めた広範囲のことに影響を受ける。自動選択がグリーンになっていない場合、環境にいい方法を見つけ出して、それを選択するにはかなりの労力を要することになるかもしれない。それほど大変ではないにしても、(惰性や引き延ばし傾向もあって)人々がそれを選択しないこともあり、その結果、経済面でも環境面でも害をもたらすことになる。

グリーンデフォルトが節約にもなり、同時に環境を守ることにもなるのであれば、正当化することは簡単だ。モーションセンサーや自動スイッチオフ、両面印刷などがそれに当たる。選択アーキテクトが、（金銭面やプライバシーの面で）消費者へのコストが大きく、環境面での効果はそれほどではないというようなデフォルトを設定するなど、誰も望みはしない。時に問題となるのは、グリーンデフォルトによって、消費者にはかなりの負担がかかるが、環境にとっては大きな効果をもたらすというような場合だ。

こうした場合、選択アーキテクトには二つの選択肢がある。一つ目は、（消費者に情報を提供してから）能動的選択を用いる。二つ目は、費用便益分析を行い、その結果に基づいてデフォルトルールを設定する。この二つの選択肢のどちらを選ぶかは、費用便益分析の結果について選択アーキテクトがどれほど自信を持てるかにかかっている。結果に自信があり、さらに、その結果がグリーンデフォルトの方が優れていることに疑いの余地がないのであれば、そちらを選択すべきである。

困難な場合がどのように解決されようとも、基本的なポイントは明らかだ。重要な局面で経済や環境に害をもたらす結果になるのは、消費者が害を及ぼす方を能動的に選択したからではなく、選択アーキテクチャのせいだ。個々の消費者ではアーキテクチャを変更することができず、官民いずれかの集団の力がなくては修正できないこともある。両面印刷やグレーデフォルトのようにアーキテクチャそのものが実質デフォルトルールになっていることもある。この場合は能動的選択に大きな利点がある。

しかし、自動的にグリーンにすることが最適のアプローチである場合もないわけではない。すべての費用と効果を考慮に入れて、注意深く作られたデフォルトルールなら、人々の健康と環境を守る努力に大きく貢献することになるかもしれない。多くの場合、情報提供や啓蒙運動、経済的インセンティブよりもはるかに効果的となる。世界中の官僚が気候変動に関心を持っている今、グリーンデフォルトについて継続して真剣に関心を寄せるべきである。

Chapter 8

義務化か、ナッジか

　ナッジは選択の自由を保持する。だが、行動科学によって人間が時に誤りうることが示されたのを受けて、義務化や禁止についても、新たな倫理基盤に照らして改めて正当化が可能ではないかという問いが出てきた(1)。この問いかけの動機は明らかだ。人が自らの選択で誤った方向に向かうことがわかっているのであれば、選択の自由に固執する必要があるのかということだ。そのような自由は常に人々の利害に合致しているのか。人は誰でも間違えるのであれば、そのような自由を主張するのはおかしな話だし、筋も通らない。特に、多くの状況で人々が選択しないことをあえて選択するとわかっているのであれば、余計におかしな話ではないか。

　義務化によって明らかに社会の福利が増進される場合は、義務化を支持する確たる根拠がある。もちろん、社会の福利の意味を定義する必要はあるが、大まかな定義ができれば、義務化が当然となる場合を多く見いだせるだろう。(2) J・S・ミルの論に従えば、第三者がリスクを負うような場合が義務化を当然とする例に当たる。すでに見てきた通り、暴力犯罪に対してはナッジというアプローチで充分だと考える人はいない。人には盗んだり、襲ったりすることを選択する自由があると思う人もいない。また、標準的な市場の失敗に当たっては、強制が正当化される。大気汚染の問題がそうだ。ただ、そのような場合でも、ナッジが重要な役割を果たす可能性はある。グリーンエネルギーを促進するデフォルトルールの可能性についての議論を思い出していただきたい。しかし、ナッジの効果の出方を考えると、直近の問題については大した効果が出ないこともあるだろうし、それだけで適切な対応ができるわけでもない。義務化、インセンティブ、補助金などの方が効果を挙げるかもしれない。

市場における行動の失敗もある。人々に、非現実的な楽観論、無関心、あるいは自己管理の問題などがあり、さらにその結果が彼らの福利に多大な損失を及ぼす場合、倫理的に考えて何らかの公的対応が求められることもある。人々が、死亡のリスクが高い、あるいは人生を台無しにするようなことをしている場合、強制という方法にも一理ある。今でも、ある種の薬については処方箋を必要とする。いかに自由を重んじる社会であっても、特定の食品の購入や職場での危険な行為は禁止される。危険が多すぎるからだ。社会の福利の観点から、義務化や禁止が、ナッジも含めて他の方法より望ましいのであれば、それらが最適な方法となる場合がある。

もちろん、自律や尊厳を重視する人々の意見は異なるかもしれない。義務化によって福利が増進されるとしても、人には自ら選択する権利があり、間違いを犯すのもその権利のうちだ。福利を優先する人たちも、間違いから学び、人生全体という視点からは恩恵をもたらすと考えるなら、この見方に同意するかもしれない。だが、自律と尊厳が第一であるなら、人々が学ぶ／学ばないに関係なく、義務化は受け入れられない。ナッジの中に尊厳を侵すものがあると見えるのであれば、敬意を持って人に処することのない義務化も、同様に尊厳を侵すように見えるだろう。

ここで一つの疑問が浮かぶ。すでに指摘したことだが、一定の条件下では人は政府にある程度の権限を委譲するだろうか、という疑問だ。健康に深刻な害を及ぼす食品について、人は知識を持つ役人――たとえば、食品安全局など――に、その食品を禁止する権限を認めるだろうか。予備的な調査ではあるが過半数の人々（アメリカ国民）はそうするという結果はある。(3) では、知識を持つ――金融規制関連省庁の――役人に、従業員に対し年金プランへの加入を義務づけ、それを拒否できないとする権限を与えることについてはどうか。同じく予備的な調査では、過半数の人々（アメリカ国民）はそうはさせないと答えている。(4) この調査から類推して、自律と尊厳の立場からの異論の内容を確かめられるかもしれない。つまり、自律と尊厳を侵害すると意識されるのは、多数あるいは大半の人々が政府にそのような行動を望んでいないときだけかもしれないということだ。

ここで私たちは哲学的領域へと入り込んでしまう。自律と尊厳の一定部分については、人は決して委譲することができない。たとえば、自らを奴隷として売り飛ばすことは許せない。もちろんここでは、そのような極端な話をしているわけではない。だが、公衆が、自ら選択すべき状況でも進んで禁止を受け入れることがあるのではないか。さらに、多数が少数を拘束することが許されるのか、どのような場合には許されるのかという問題もある。大半の人々が食の安全という観点から禁止を支持しているが、一定数の人々はその禁止に反対し、自ら選択したいと思っているとしよう。この場合、過半数の人々に全体を支配することを許していいのだろうか。つまり、義務化や禁止が公衆の大多数の願いを反映しているだけのものだとすれば、自律や尊厳の立場からの異論自体、根拠薄弱となる。

義務化への反論

私たちの基本的価値観が何であれ、少なくとも選択する側の利害についてのみ考える場合は、ナッジには相当の利点があり、多くの場合最適な方法であると考えていいのではないだろうか。スローガン風に言えば、「影響は結構だが、強制はお断り」というところだ。

第一に、自由を保持するアプローチは、多様性を考慮した最適な方法である。人それぞれの道を行くことを認めることで、ナッジは、義務化が人々に押しつける一律の解決法に伴う問題を減らすことができる。たとえば、ダイエットと運動に関して人にはそれぞれ好みや基準があり、それらを好きなように天秤にかければいい。ナッジは情報を提供し、行動面の傾向に配慮して、役に立つ方向に圧力をかけるかもしれないが、それでも独自の道を進みたい人たちはそうすることが許されている。義務化にはその余地がない。一律の方法で息が詰まる。ミルが「生きるという実験」を賛美したことはすでに述べた。これは、彼自身がハリエット・テイラーとの型にはまらない自由な関係を楽しんだことからも感じたことだろう（と私は思っている）(5)。それほどにプライベートな選択でなくても、自由な社会ではそんな実験ができるようにすることが大事だ。その理由はまず、福利に関するものだ。人が自ら選んだ道を進みたいのであれば、それが人生にとって最良であることも知っている。確かに、人には行動面の偏向はあるが、純粋な間違いと個々の好みや基準は違う。高カロリーの食べ物や、貯金ではなく目前の消費を選ぶのは、そうしたいからだということもあるだろう。

第二に、ナッジを支持する人々は、公職者の知識にも限界があり、彼らも間違えうること（知識の問題）に気づいている。確かに、ナッジ自体、間違いに基づいているかもしれない。デフォルトルールが状況に即していない、情報提供キャンペーンが事実誤認に基づいている、などの場合だ。インフルエンサーもしばしば道を誤る。そのような場合でも、義務化に比べればナッジの方がはるかに害は少ない。なぜなら、人々はナッジを無視ができるからだ。情報提供キャンペーンなど無視してもいい。デフォルトルールが状況に即していないのなら――定年後より今の方が金を必要としているとか――、それを拒否することが許されている。社会規範に従っても状況が改善しないようなら、規範を破ればいい。かかわっているのが自分の人生だけなら、そうした権利が公的レベルでの間違いから自らを守る最大の防御手段となる。ハイエクが言った知識の問題はまさに、福利を重視する考えに根ざしていた。複雑なシステムに義務化を押しつければ、あらゆるところで予想外の逆効果が生まれる。また、義務化はどのようなものでも、公職者が予想できない効果を生みかねないことを今さら強調する必要はないだろう。

第三に、ナッジは公職者が圧力団体の影響を受けているかもしれない状況にも対応できる（公共選択の問題だ）。正常に機能している民主主義制度の下で公職者にかなりの知識がある場合でも、適切な動機が欠けていることがある。強力な圧力団体が自分勝手な理由で、公職者に一定のナッジを求めたり、時には公職者を思い通りに動かしたいと考えることがあるかもしれない。その場合、人々がそれぞれの道を進むことができれば、義務化より現実的な防御手段となる。圧力団体が政府の動きをねじ曲げる最悪の例が禁止という事態だ。選択を保持するアプローチが好ましいと考えることが、圧力団体の力を弱める方法として有効で、通常の市場の失敗がかかわってこない状況では良策だ。

第四に、ナッジには、人々が選択する能力を失った際に経験する、独特な形の福利の損失を避けられるという利点がある。そのような損失とは、自律と尊厳の双方を失ったという感覚の損失であり、これは時に非常に辛いものとなる。政府から、一定の行動をしてはいけない、あるいは一定の製品を買ってはいけないと言われると、子ども扱いされていると感じる。すでに見てきたように、人はしょっちゅう選択しており、それをしてはならないと言われると、フラストレーションや怒りを感じたり、あるいはもっと悪い状況になったりする。ナッジはそうした損失を回避できる。

これに近いこととして、禁止が嫌だと、人はリアクタンス的な対応を示すかもしれない。そうすると、禁止を守らせるのは大変だ。人はわざと守らないかもしれない。ナッジは誰にも何も強制しないから、リアクタンス的反応を引き起こしにくい（ただし、除外できないことはすでに見た）。ここで取り上げた調査では、かなりの数の人々がリアクタンスに陥りやすく、過半数は、同じ方向性のナッジは支持しても禁止には反対することを示している。福利の視点から見ると、ナッジは、政府が人々に対し、こうしてはいけないと指示する際に起こりがちな損失の感覚を引き起こさないという意味で有利となる。

第五に、ナッジは、選択の自由はそれ自体価値があるもので、そのように考えられてきたことを是認する。自律と尊厳にはそれら独自の価値があり、人々が享受する広範囲の権利の一部とは違うと考える人は多い。政府が人々の自律を尊重し、尊厳を以って対処しようとするなら、人の自由を奪ってはならない。子どもや赤ん坊ではなく、大人として扱わなくてはならない。

ナッジを支持する具体的事例

選択を保持するアプローチを擁護すべき理由を五つ挙げたが、どの理由が有効かは状況によって異なるだろう。すべて義務化よりナッジを支持すべき理由とはなっているが、どれも決定的と言えるものではない。義務化に対する反論として万能であるわけではない。選択の自由が非常に重要な場合もあれば、それほど重要視されず、それ自体の価値もそれほどではない場合もある。それを示す具体的な問題を、些細な例からよくあるもの、さらにもっと大きな問題の順で見てみよう。

(1) プリンターの初期設定

長年プリンターの設定を片面印刷にしてきた大学で、両面印刷への変更を考えている。慎重な調査の結果、学生、教員、その他の職員のうち少なくとも八〇パーセントが、紙の節約になるという理由で両面印刷をデフォルトにすることを支持していることがわかった。この情報をもとに、また、両面印刷が節約に加え資源保護につながることも考慮して、大学はデフォルトを両面印刷に変更する。すると、節約に熱心な大学経営側が両面印刷を義務化すべきではないかと言い出す。これへの答えは簡単に出る。利用者の五分の一程度は片面印刷を好む。パワーポイントでのプレゼンや講義ノートには片面印刷が最適であることは明らかだ。

つまり、片面印刷が非利用者に多大なコストを強いる（たとえば、大学にかかる紙の費用や環境面でのコストが大きくなる）のであれば別で、その場合は配慮が必要になる。だが、プリンターの利用者の福利が唯一あるいは最大の考慮であるなら、義務化よりデフォルトが望ましい。利用者の立場から言えば、義務化は、利用者や利用法の多様性に逆らって、要らぬコストや負担を課すことになるからだ。これこそまさに、デフォルトが義務化に優る事例である。似たような例は幅広くあるが、それらを代表するものと考えていいだろう。

(2) 退職年金制度への自動加入

退職年金制度への自動加入の効果については、多くの調査研究が行われてきた。また、自動加入が、選択の自由を保持しつつ、制度への加入率を大幅に増加させ、貯蓄を増やす結果につながることも見た。ここまでは結構な話だ。問題は、デフォルト設定されている払込金の割合が従業員が自ら選択する割合より低い場合（アメリカでの自動加入制度の多くに見られるのは三パーセントである）、自動加入の結果平均貯蓄額が低くなることもありうる。デフォルトルールはそのまま続く傾向があるからだ。(6) デフォルトを利用して人々の退職後の福利を増進したいと考えている人間にとって、これは望ましくない──皮肉な──展開だ。もちろん、適切な評価をするにはどれほどの貯蓄が必要かについての検討も必要だ。しかし、ここでは単純に、多くの人間が考えるように、現行の割合が低すぎる、平均貯蓄額を下げるような制度には深刻な問題があると考えることにしよう。

その場合は、デフォルトルールをやめて義務化するのではなく、もっといいデフォルトを選ぶという方が当然の反応だろう。可能性の一つとして考えられるのは、「自動増額」制度で、従業員が予め決めた最高額に達するまで、毎年貯蓄率が上がっていくものだ。(7) 実際、この方法を利用するところが増えていて、自動増額制度の人気は上向きだ。(8) 可能性のもう一つは、そもそも割合を高く設定するという方法だ。デフォルトが失敗する可能性があることは誰も否定しない。(9) 失敗したら、正せばいいのだ。

だが、退職年金制度への自動加入に対しては、もっと根本的な反論がある。選択の自由そのものを問う議論だ。自分の状況を悪化させるゆえ好ましくないという理由で、制度に加入したくないと思う人がいるとしよう。金融制度や雇用者を（根拠もなく）信用していないのかもしれない。それで、貯金はあまりしない、あるいはまったくしないと決めた。そうした人々は強力な現在バイアスに囚われているのかもしれない。制度から抜けた人は今後苦労することになるだろう。

これらは現実的な疑問で、そうなると、福利という点から見て義務化という意見が勢いを増す。公職にある者が経験上、市場における行動の失敗や何らかの間違いによって人々が自滅に向かう大失敗に導かれてしまうことに気づいているのなら、政府は貯蓄を義務化し、それを拒否する権利を認めないとすべきではないのか。実際、民主主義国家の多くが現在、何らかの年金制度への加入を義務化している。随意の追加制度を認めたり、奨励したりするよりも、そうした制度を拡充した方がいいのではないか。まさにそうしている国もいくつかある。役所が最適な貯蓄率を探る包括的な調査を行い、それに基づいて義務化する方法を推奨する人々もいるくらいだ。

原則的には、この方法も除外できない。行動経済学は、貯蓄義務化の内容や規模について新しい視点で考えるべき理由を挙げている。だが、義務化を新たに導入したり、規模を拡大したりする際には用心が必要だ。加入しない人々の考え方を検討するに当たって、役人が間違えることもある。役人に偏見があるかもしれない。デフォルトに比べると、義務化は将来お金が必要な人には恩恵となるが、今お金が必要な人は困った状況になる。この二つの集団の規模を把握することが重要だが、それが難しい。人々が制度に加入しないことを選ぶのは、良くないという理由か、将来の自分を無視しているから、ということだけではない。現在と将来の福利を比べて、きちんと計算した結果であるかもしれないのだ。

何と言っても、多様な人々を対象に、時代の変化もある中で、最適な貯蓄率を包括的な調査で割り出すことは非常に困難だ。二五歳にとっての最適な貯蓄率はどの程度か。三〇歳、四〇歳、六〇歳にとってはどうか。ガイドラインは有用だし、ナッジも役に立つ。だが、一つの答えがすべてのグループにとって正しいものとはなりえない。同年齢集団の中でも一つとはいかない。教育ローンや借金の返済をしなくてはならないとき、子どもの養育費にお金を使わなくてはならないとき、その子どもがまだ小さいか大きいか、健康かそうでないか、それぞれに即して、最適の貯蓄率は変わるのか。年収三万ドルの人、六万ドルの人、一〇万ドルの人、それぞれによって率は変わるのか。そして、マクロ経済状況の変化はどう影響するのか。

そうした調査では、人によって、あるいは時期によって、異なるアプローチが求められることを念頭におくべきだ。たとえば、景気後退期には、急速な経済成長期より低い率が、少なくとも低所得層にとっては適している。同様に、教育ローンの返済に苦労している人は、その時期は貯蓄は考えたくないかもしれない。また、現在かなりの額を支出に回している人（小さい子どもがいるとか、大学に通っている子がいるとか）も、今はそれほど貯蓄に回したくはないだろう。義務化もすべて一律ではなく、個別仕様が必要なことをこうした点は示している。一律の義務化を課すのは簡単ではなく、しかも社会工学的にリスクの高い形となりえる可能性がある。

さらに、強制はどのような形でも、選択する側の多くに害をもたらす。選択する側は自律を行使したいと思っているし、そうできないとなればフラストレーションを感じるに違いない。選択の自由にそれ自体の価値があり、あるいは学習を促進できるのであれば、義務化を避けるさらなる理由となる。ブーストが最大のナッジとなることはすでに見てきた。そして、デフォルトはブーストの役を果たす。

ここまでに示したポイントは注意事項とはなるが、決定的要因とはならない。多くの国で、何らかの社会保障制度を通じて貯蓄を強制している。当然のことだ。さらに、既存の制度を拡充して、義務化された貯蓄のレベルを上げることも考えられる。拡充の方法としては、自動加入が簡単だ。自動加入制度の下で加入しないことを選ぶ人たちが、結果として良くない方向に向かうことを証明できるのなら、義務化、少なくとも加入しないという選択を様々な方法で難しくすることに納得できる。しかしそれでも、貯蓄する者にとっては民間の貯蓄プランも残されており、要は随意的制度を強制的なものにすべきかどうかだ。人々の多様性と政府が間違いを犯すリスクを考えると、加入しない選択を認める自動加入制度が重要であるという結論に到達せざるをえない。

(3) 燃料ラベルによるエネルギー消費の抑制

大半の自動車は汚染物質を排出する。ガソリンの使用は輸入原油への依存度を高める。標準的な経済学の見方では、そこには市場の失敗があり、何らかの矯正的課税によって、運転者がその行動の社会的コスト（温室効果ガスのコストも含めて）を担うようにすることが最善の対応策となる。行動科学の知見を有する規制関係者であれば、加えて、自動車購入の時点では、運転に伴うコストにまで関心を払う消費者はそれほどいないかもしれないという点を指摘するだろう。人々がそれを理解しようと思っても、燃費やその他の数字を経済面・環境面での影響に換算することは簡単ではなく、コストについて充分に理解できないかもしれない。ここで考えられる対策は明らか、燃費ラベルなどを通じてそうした影響を単純明快な形で表示することだ。選択の自由を保持しつつ、失敗を正せる行動科学的方法である。実際、オバマ政権はそのようなラベルを作成した。経済面、環境面の影響を具体的に示して、一種のナッジの役割を果たすものにした⑩。

だが、そのようなラベルが本当に役に立つのかと疑うのも当然だ。これは実証的に確かめなくてはならない問題である。実際には、消費者はラベルには無関心で、かなりの金額を節約できることになる車を買おうとしないかもしれない。こんな時は確かに、矯正的課税という方法でも問題は解決できるだろう。だが、消費者が購入時に燃費を完全に無視しているなら、税金面だけでなく燃費のいい車の購入への補助金を組み合わせることで、消費者の近視眼的見方を正すことが最善の方法だろう。また、消費者が（購入時に）車の所持にかかわるコストについて充分に考えていないのなら、標準的な経済理論からすると（非効率として）嫌がられる燃費基準も認められるものかもしれない。なぜなら、そのような基準は、消費者に充分な知識があり、行動面の偏向にも惑わされていなければ、自ら望んだであろうことを提供することになるからだ。

確かに、これは推測の域を出ない話である。これが正しいかどうかを確かめるには、外的影響はまったく考えないとして、燃費基準によって消費者が得する二つのことに絞って考えてみるといいだろう。その二つとは、お金と時間である。実際、最近の燃費基準で消費者が受ける恩恵は、環境の改善ではなく、ガソリン購入時の節約である。時間の節約も、金銭価値に置き換えるとかなりのものになる。最も厳しい燃費基準に基づいての計算として、米運輸省は消費者が節約できる金額を総額五二九〇兆ドルと試算している。時間の節約として一五〇兆ドル、エネルギー安全保障面で二五〇兆ドル、二酸化炭素排出削減からの恩恵として四九〇兆ドル、その他大気汚染防止面で約一四〇兆ドル、そして、死亡事故減少に伴う恩恵として一〇兆ドル弱となっている。(11) 考えられる恩恵の総額は一五年間で六三三〇兆ドルになり、そのうち何と八四パーセントがガソリン購入における節約で、さらに八六パーセント程度が時間の節約から生まれるものである。

問題は、標準的な経済理論で考える場合、消費者へのこれらの恩恵を分析に含めうるのかということだ。こうした恩恵は純粋に個々の消費者への恩恵であって、外的影響は含まれていない。車を買おうとするとき、消費者は燃費のいい車による節約を考えているかもしれない。それでもそうした車を買わないと決めるのは、車のその他の側面（安全性、見た目、性能など）に比べて燃費をそれほど重要視していないからかもしれない。市場はどこで失敗しているのだろう。問題が情報不足であるなら、標準的経済理論が薦める解決策は倫理面からも納得でき、行動科学的見地からの解決策と重なるものになる。曰く、消費者が容易に理解できるように情報を提供することだ。ここでも、影響は結構、強制はダメだ。しかも、ここでも影響は啓蒙的という意味で、その意義は特に大きい。

しかしこうした状況でも、選択を保持するアプローチでは充分ではない可能性はある。世界一の燃費表示ラベルであっても、消費者が購入時に注意を払うとは限らない。それ以外の要因の方が大事だと理性的に判断したからではなく、単に他のことに気を取られていただけにすぎないかもしれない。(12)それに、燃費のいい車を買おうかどうしようかを考えているとき、時間の節約にまで気が回る消費者がどれほどいるだろうか。

ここから、実証的に確かめなくてはならない疑問が多数生まれてくる。それについては今のところ、すべてに答えられるわけではない。(13)もし、消費者が金と時間の節約について充分に考えられないのであれば、適切な形での燃費の義務化――単なるデフォルトではない強固なパターナリズム――も正当化できる。消費者に充分な情報があり、関心も持っていれば、その結果現れることに似た状況をもたらすからだ。義務化の恩恵がコストを大幅に上回り、消費者側の福利が（安全性、性能、見た目などの点で）脅かされることがないのであれば、義務化によって、市場における行動の失敗を正すことができる。実際、米連邦政府は次のように主張してきた。(14)

こうした状況での（それ以外でも）最大の難問は「エネルギーパラドックス」と呼ばれる。すなわち、消費者が自らの経済的利益となる製品を買おうとしないという問題だ。それについては、理論的に考えられる理由がいくつかある。

- 消費者は近視眼的で、長期的なことを軽視する
- 消費者は情報不足か、あるいは、情報を提示されてもその価値を見いだすことができない

・消費者は、燃費はいい製品だが価格が高いという短期的な損失を避ける。将来燃料を節約できるといっても、今はまだ確かではない。現在予想される燃料の節約が現コストを上回っても短期的な損失を嫌う（行動科学で言う「損失回避」の状況）

・消費者に充分な知識があったとしても、燃費のいい製品の利点が購入時には特に目立たないことがある。目立たないと、よく考えれば自分たちにとって経済的利益につながることにも気づかないままになる

・自動車の燃費に関しては、右記の要因のおかげもあって、車種など燃費以外のことで車を選んでしまうと、燃費の良さで選べる車の選択肢が少なくなってしまうかもしれない

もちろん、行動科学的視点から義務化や禁止を支持するような意見を受け入れるについては慎重に行わなくてはいけない。行動面の偏向を前提とするのではなく、実際にそれを示す必要がある。大半の消費者は燃費のいい車がもたらす恩恵に充分に注意を払っているかもしれないのだ⑮。費用と効果を予想する政府の数字が間違っているかもしれない。知識の問題を思い出そう。車についての消費者の好みは多種多様だ。単なるデフォルトではないが、燃費基準も選択の自由の範囲を充分保持するように作成されるべきだ。業界全体で基準を利用すれば、そのような範囲を確保することができるだろう。

このような条件をつければ、市場における行動の失敗を意識した燃費基準の議論も、少なくとも妥当に思われる。ナッジ（改良した燃費ラベル）と義務化（基準）を並行して利用すればいい。行動科学の

知見を基に、命令管理型のアプローチで消費者の福利を増進するなら、標準的経済理論から考え出される矯正的課税という解決法より優れたものになるかもしれない。

謙虚さと敬意

燃費は重要な例だが、それに必要以上の意味を読み込んではならない。人間は過ちを犯すものだからといって、選択を保持するアプローチより義務化の方が常に望ましいというわけではない。選択を保持するアプローチは、多種多様な人々に解決法を押しつけるコストを減らし、政府の誤りに伴うリスクを少なくし、選択の自由の喪失にかかわる多くの問題を避けることができる。義務化には予想外の、時に有害な効果があることを考えると、ナッジの方が謙虚でリスクが少ない。人々に敬意を表し、自由で独立した人間の尊厳を尊重する。

義務化が正当化される場合があることを否定すべきではない。しかし自由な社会では、押しつけがましいところのない、選択を維持するアプローチに目を向けることの方が理に適っている。そして、少なくとも標準的な市場の失敗が絡んでいるのでなければ、選択を保持するアプローチを前提に考えるべきだ。ただし、義務化の方が明らかに人々の状況を改善することが示される場合は、その限りにおいてその前提を覆すことは可能としておいて。

まとめにかえて

本書では非常に広範にわたる領域を扱ってきた。最後に、主なテーマについてまとめておきたい。人はそれらナッジと選択アーキテクチャそのものについて倫理面から反論することに意味はない。社会規範なしには存在しない。社会規範のない世界では生きられない。社会規範はナッジであり、社会は規範なしには存在しない。社会規範の多くは、生きることを楽にするだけでなく、生きることそのものを可能にしてくれる。人が人をいじめたり、虐げたりすることがないようにし、人々の命を縮めたり、悲しませたりするような集団行動の問題も解決する。そのような規範は、私たちが気づいていなくても、毎日私たちに影響を及ぼしている。社会規範は政治的な意図とは関係なく生まれてくるものであるが、法に明示されることは社会規範の内容に影響を与える。法にはそのような明示機能がある。国家が暴力を深刻な問題と捉え、防止しようと考えるなら、暴力に反対する規範を強化するという方法もある。人種、宗教、性別、性的指向による差別をなくしたいと思うなら、規範をそのようにしてもいい。バランスの取れた食事や禁煙、禁酒など健康的な行動は、社会規範を特に多用した選択アーキテクチャの産物である。

自生的秩序には多くの利点があり、ナッジも行う。適切な理解に基づく自由と結びつく／つかないに関係なく、自生的秩序は様々な形の選択アーキテクチャを作り出す。少数の集団で形式にとらわれないなど、政府組織とは無関係な伝統を尊重する人もいれば、そうしたことを忌み嫌う人々もいる。尊重すべきことがどうかは別にして、そうしたことが選択アーキテクチャを作り出している。必要最小限の規模の国家でもアーキテクチャを作り出す。アーキテクチャは必ずしも人々に影響を与えることを目的にしているわけではないが、それでも人々の決定に影響を与える。財産法や契約法、損害賠償法に浸透しているデフォルトルールの効果を思い出してほしい。ナッジすること自体は避けられないが、ナッジそのものはそうではなく、多くのナッジは避けられる。影響の中には、公職者が行使することがふさわしくないものもある。

近代の規制国家は数え切れないほどの義務化や禁止を科す。集団行動の問題を解決する、外的影響を削減する、人々の情報不足に対応する、などの理由で、簡単に正当化できる類の義務化や禁止もある。だが、中には、パターナリスティックと考えざるをえない強制がある。薬によっては処方箋が必要となる場合、燃費やエネルギー効率に関するルール、職場の安全、健康に関する法律などがそうだ。これらを含めて多くのことにパターナリズムの特徴が見られる。パターナリスティックな性格の義務化や禁止については、本書で取り上げたような倫理的な問題が提起される。重要なのは、義務化や禁止の結果、人々の福利にどのような効果が表れたかということである。もう一つ重要なのは、それらが人々の自律を侵害するかどうかである。政府が、人々に充分な知識があれば（そして、行動バイアスに囚われていなければ）自ら行うであろうことを要求する場合、この問題はない。ナッジは選択の自由を保持するものである以上、このようなことは大した問題ではないが、その懸念が払拭されるわけではない。

ここまで見てきたように、ナッジについての人々の判断は全般的には納得できるもので、広い調査結果から得られる結論ともほぼ一致する。人々はナッジそのものに反対しているわけではない。目的が正当で重要だと思えて、選択する側も支持するだろうと思えば、大半の人々はナッジを支持する。逆に、人々から見て不当な目標を掲げたり、選択する側の大半の利害や価値観にそぐわないものだと思えたりする場合、ナッジは支持されない。抽象化の罠を避けて述べると、特定のナッジの内容が、ナッジの倫理性についての人々の評価に深く関わっている。

さらに、無意識や潜在意識に訴えかけるナッジより、熟慮するプロセスを対象とし、それをより良い形にするナッジの方が好まれる。前者に対しては強く反応することもある。ただし、それを除外することはなく、容認することも多い。ナッジの政治的方向が明確な場合、政治的に右派の人々は自分たちが好む方向へ誘導するナッジを支持し、左派は左派が好む方向へのナッジを支持する。この調査結果は、人々の判断は、ナッジすることに対してではなく、特定のナッジの目的についての評価による場合が多いという見方を裏付けるものだ。例外となるのは、リアクタンス傾向を示し、自主性を重んじる少数派で、そうした人々がナッジそのものを拒否する傾向を示す証拠はある。

自由を保持する選択アーキテクチャであっても、それを変えようとすると、深刻な、時に当然の倫理的懸念に直面する。特に、根底にある目的が不当である場合はそうだ。だが、目的が正当であれば、ナッジが倫理に縛られることはない。ナッジが情報に基づいた選択を促進し、人々が自ら意見を表明する能力を改善するような場合はなおさらだ（情報開示、警告、リマインダーなどである）。透明性と公開審査は、特に公職者がナッジや選択アーキテクチャの担い手である場合は、重要な防御手段となる。隠されたり、秘密裏に行われたりすることがあってはならない。

目的が正当で、選択の自由が保持され、完全なる透明性の下に行われるナッジでも、問題がある例は想像できる。そういう可能性があることを意識していることが重要だ。ナッジの中には一種の人心操作だと思われ、自律と尊厳の両方の視点から反論を生むことがあるというのも大事な点だ。人々が慎重に熟慮する力に訴えかけ、それを充分に発揮させることがないような影響力は、人心操作となることは見てきた。そのような影響力は、人々に敬意を払わず、福利も増進しないことが疑われる。ほとんどのナッジはこのカテゴリーに含まれるものではないが、そういうものも幾つかある。ナッジが人々自身の力を育成するものでないと、長期的な効果が生まれないというリスクもある。

ある種のナッジには用心してかからなければならない。だが、ナッジがシステム1をターゲットにしている場合でも、それを人心操作だと決めつけてはならない（生々しい画像を用いた警告などだ）。人心操作の概念には核となる部分と周辺部分がある。核となる概念に当てはまるナッジは非常に少ない。幾らかは周辺概念に当てはまる。しかし、ほとんどはどちらにも引っかからない。

ナッジも、選択アーキテクチャの変更の多くも、倫理的に許されるだけではない。積極的に用いられていいものだ。倫理的に問題であるどころか、倫理的に見てこそ必要とされる。福利の立場からは明瞭で、ナッジすることで社会福利の増進は約束される。人々の福利を減じる方向のナッジをする政府は、倫理に反する行動をしている。福利を増進するナッジを否定する政府についても、同じことが言える。

自律、尊厳、自治に関しても同じだ。多くのナッジは、人々が自ら選択する力を伸ばし、自律を強化する。多くのナッジは人種、宗教、性別による差別と戦い、経済的困窮状態に瀕している人々を助けて、尊厳を守る。自治政府制度は、人々に投票する意欲を失わせるような、良くないナッジによって弱体化する。自治には、投票の権利を訴え、投票が市民の役割として最も意味のある行為とする選択アーキテクチャの仕組みが必要なのだ。

歴史上自由を尊重する国家は、選択アーキテクチャに対してさらに高い理想を目指すことを可能にする変化を加えてきた。その理想がまだ達成されていないことはいうまでもない。理想に近づくためには、新たなナッジ、新たな形の選択アーキテクチャが不可欠となるだろう。

謝辞

本書については何年ものあいだ頭にあったのだが、最終的には二〇一五年一月にベルリンのフンボルト大学での会議で発表した、選択アーキテクチャとナッジの倫理性についての論文で、やっと形になってきた。この会議の参加者からの多くの指摘や助言に感謝する。歴史的に見てもっともな理由から、ドイツ人は政府による影響（と操作）に伴うリスクについては敏感だ。ベルリンでの議論はその意味で、特に意義深いものであった。同じ理由で、二〇一五年六月にマックス・プランク研究所で開催された非公式の会議で白熱した議論に参加した人々にも感謝したい。特に主催者のラルフ・ヘルトヴィヒとゲルト・ギーゲレンツァーに感謝する。

加えて、REVIEW OF PHILOSOPHY AND PSYCHOLOGY 誌のこのテーマについての特集号からも多くの知見を得た。これは、http://link.springer.com/journal/volumesAnd Issues/13164 で入手可能である。この号に寄稿した人々に感謝するとともに、特に編集者のエイドリアン・バートンとティル・グリュネ＝ヤノフに対しては、この特集号を組んでくれたことと、さらに多くの有益な助言をくれたことに感謝したい。

各章あるいは複数の章にまたがって、多くの人々がコメントしてくれた。ティムール・クランからは原稿全体を通して、賢明なる助言を受けた。ティル・グリュネ=ヤノフには最終版に近いものを慎重に読み返してもらい、その結果数々の修正によって原稿はさらにいいものになった。アン・バーンヒル、エリザベス・イーメンズ、クレイグ・フォックス、マシュー・リプカ、ハイディ・リュウ、ジョージ・レーベンスタイン、マーサ・ヌスバウム、エリック・ポズナー、アーデン・ローウェル、ルチア・ライシュ、マヤ・シャンカー、リチャード・セイラー、故エドナ・ウルマン=マーガリート、エイドリアン・フェルミュールは、様々に有益な議論や助言を提供してくれた。特にセイラーとはナッジと選択アーキテクチャの問題について共同研究を行ってきて、それが本書のいたるところで助けとなっている。また、ライシュとは第7章の基礎となるものを共同で執筆できたこと、さらにそこで使ったものをここで用いることを許可してくれた親切に感謝する。

デイヴィッド・ハルパーンはイギリスの「行動科学洞察チーム」を率いて見事な成功を収めた。彼と長年貴重な議論を重ねてこられたことに感謝する。エージェントのサラ・チャルファントと編集者のカレン・マローニーは知恵や助言だけでなく、支えにもなってくれた。研究助手として素晴らしい手腕を見せてくれたハイディ・リュウとパトリック・グリューベルにも感謝する。

本書は私の学生たちに捧げたい。つまり、何千人もの人々に捧げるということだ。私は、シカゴ大学とハーヴァード大学（さらに短い間だったがコロンビア大学とイェール大学）で素晴らしく優秀な学生たちと共に研究し、彼らから学ぶ機会を得るという幸運に恵まれた（本当に恵まれたとしか言いようがない）。学者としても人間としても素晴らしい面々として、少し前の時期にたどれば、リチャード・コードレイ、キャサリン・エプスティン、リサ・ハインツァーリング、ジェシカ・ハーツ、マイケル・ハーツ、ラリー・クレーマーがいる。ごく最近では、ダニエル・カンター、ハイディ・リュウ、メアリー・スクナーがいる。現在の学部学生の三人は、研究だけでなくスカッシュでも相手になってくれた。イザベル・ダウリング、ミシェル・ゲメル、ジェイク・マシューズの体育会系学生たちだ。

あなたたちすべてと共に研究できたことは、言葉では言い表せないほど誇りに感じている。あなたというのは、ここで名前を挙げた人々だけでなく、本当に何千もの人々のことだ。皆さんに心の底から感謝している。楽しくて仕方なかった。

本書には、ほぼ同時進行していた他の著作物を利用した部分も多い。利用を許可してくれた次の学術誌に感謝したい。THE YALE JOURNAL ON REGULATION（The Ethics of Nudging, YALE J. REG 2015）; HARVARD ENVIRONMENTAL LAW REVIEW（Automatically Green, 38 HARV. ENV. L. REV. 127, 2014）; the JOURNAL OF BEHAVIORAL MARKETING（2016）（Fifty Shades of Manipulation）; ADMINISTRATIVE LAW REVIEW（2016）（Do People Like Nudges?）また、HARVARD LAW REVIEW については、Nudges vs. Shoves, 127 HARV. L. REV. FORUM 210（2014）を利用させてもらった。この事例は『選択しないという自由』の章でも参考にしている。

［解説］

誘導と補助のあいだに

坂井豊貴
（慶應義塾大学経済学部教授）

先日、自宅のテレビが壊れてしまい、十数年ぶりに新しいものに買い替えた。新しいリモコンには、以前のものには付いていなかったYouTubeとNETFLIXのボタンが付いている。以前のテレビでもパソコンに接続する手間さえとれば、これらのチャンネルを見ることは可能であった。だがリモコンにボタンがあると、それを押すだけでよいので、見る頻度は格段に増えた。

たかがテレビだから、リモコンにボタンがあるかないかで、私が見るチャンネルは変わったのだろうか。より重大な事柄、たとえば老後の備えに関する選択であれば、手間をかけて決定するのだろうか。そうでもない、与えられたリモコンのボタンのように、外的な環境の設定に選択は左右されるというのが近年の行動科学の教えるところである。そうである以上、環境の設定においては、他者の行動を誘導しようという設定者の思惑がつきまとう。実際、NETFLIXが日本市場を攻略できた大きな要因の一つは、リモコンにボタンを入れられたからなのである。

デフォルトルールの影響力

サンスティーンが本書『ナッジで、人を動かす』で着目するのは、意図をもって外的な環境を設定し、人の選択に一定の誘導を与えることである。「ナッジ」とは訳出しづらい言葉だが、「そっと突く」というようなニュアンスをもっている。また、本書のタイトルは、デール・カーネギーの古典的名著『人を動かす』（1936年刊）を踏まえていると思われる。カーネギーは会話やコミュニケーションで他者を動かす方法を論じたが、サンスティーンはナッジという外的な環境の操作によって他者を動かす方法を論じる。

ナッジの例としてよく知られているのは、デフォルト（初期設定）の操作だ。たとえば会社の従業員に対して、確定拠出年金に「加入」をデフォルトとし、給与から保険料が天引きされるようにする。そう設定するのは制度の運営者だが、この設定は従業員本人がいつでも「非加入」に変更できる。つまり「加入」「非加入」という選択の自由は本人に保障されているのだ。

ところが初期設定は、ときに結果を大きく左右する。デフォルトが「加入」だと、加入したままでいる人が非常に多く、デフォルトが「非加入」だと、非加入のままでいる人が非常に多いのだ。惰性や先延ばしは、その主な要因のようである。デフォルトの影響を発見したのはサンスティーンの盟友であり、行動経済学を確立したリチャード・セイラー。セイラーはこうした貢献により二〇一七年にノーベル経済学賞を受賞しており、インタビューでは「賞金はできるだけ非合理に使う」と答えている。

制度の運営者は、従業員を確定拠出年金に加入させたいと思うならば、デフォルトを「加入」にしようとする。それは本人の選択の自由を奪うものではないし、老後に無収入にさせないための親切な行いである。惰性や先延ばしという、通常はマイナスに働きがちな人間の能力が、賢明に設定されたデフォルトをそのままにしておくというプラスの結果を導くというわけだ。

このように、選択の自由を保証したままで、賢明な結果を実現するための介入を是とする立場を、サンスティーンとセイラーはリバタリアン・パターナリズムと呼ぶ。リバタリアンは自由を、パターナリズムはお節介的な介入を、それぞれ尊重する立場である。なお、サンスティーンの職場であるハーヴァード大学は確定拠出年金への「加入」をデフォルトとしており、これについて彼はツイッターで「君の仕業だな」とセイラーに語りかけたことがある。

このやり取りはユーモラスに聞こえるが、それはわれわれの多くが確定拠出年金のデフォルトを「加入」に設定することを、少なくとも悪しきものとは思わないからだろう。だがこれが、本人から反対がないかぎり、連邦政府が税の還付金から五〇ドルを赤十字に寄付するというデフォルトならどうだろう。反対しないかぎり寄付に賛成したことになるデフォルトは不当と感じるのではなかろうか。難しいのは、正当・不当の感覚が、人によってかなり異なることだ。本書にはこの案への支持は二七パーセントに留まったとあるが、四人に一人以上が支持したのだから、かなりの割合である。

サンスティーンが理想的なナッジの例としてあげるのは、目的地への道のりを教えるGPSである。GPSのガイドに人は従わなくてもよいし、そもそもGPSを使うか否かも本人が決められる。そしてGPSのガイドは多くの場合、有益なものなのである。だがここまで優れたナッジは稀だし、悪巧みが込められたナッジだってある。たとえば日本では、二〇一九年六月の参議院決算委員会で、ある議員が年金の開始時期について、手続きをしないかぎり受給を七〇歳に繰り下げるデフォルトを提案した。これは多くの受給者に不利に働くナッジであり、ナッジの悪用であるスラッジだとの批判がなされた。なお、この提案は現時点では実現していない。

ナッジは本人の利益になるものであらねばならないとの考えは広く受け入れられている。だが「本人の利益」とは何か、それを決めるのは誰かという問題は残る。サンスティーンが良いナッジの基準の一つとしてあげるのは、熟考が導く（であろう）選択肢をデフォルトにすること。たとえば多くの人は、熟考したならば確定拠出年金には「加入」するだろうから、そちらをデフォルトにするというように。そしてこれを決める者は、なぜそうしたかの説明責任は負わねばならない。ナッジとスラッジのあいだに明確な線引きはできないとしても、たとえば熟考を基準にするならば、それなりに是非の判別はできるだろう。

ナッジは誘導か

かくしてナッジをめぐっては、結果の誘導への懸念が付きまとう。そもそも他者が意図を込めてデフォルトオプションを用意することに、抵抗を覚える人も多いだろう。ナッジされる当人はその意図に気付かないまま、自由に選択したつもりで誘導されているのである。

だがサンスティーンは、ナッジ全般について論じることや、抽象的に自由を論じることに否定的である。個々のナッジには様々なものがあり、ナッジ全般について自由の観念を論じることは、そもそも生産的ではないからだ。またサンスティーンは「梅毒や癌になる権利、食べ物に不足する権利」などをも要求する自由の主張は、尊重に値するとは考えていない様子である。それはそのような辛い事態に陥ったことがない者がする主張であって、「このような抗議を美化したり、強調しすぎたりしてはならない」と述べている。

さらにサンスティーンは「ナッジは人間の尊厳を毀損する」といった大袈裟な物言いは禁物だと指摘する。たとえばプリンターの初期設定を「両面印刷」にするというナッジは紙の使用枚数を減らすのだが、これをもって人間の尊厳が毀損されたことにはならないだろう。

また、デフォルトの設定と義務化との違いについての指摘は興味深い。プリンターのデフォルトを両面印刷にしても、ユーザーは片面印刷に変更できるので、これは両面印刷の義務化ではない。ユーザーによっては（たとえばプレゼン資料を印刷したい人や、文章全体を見ながら書籍の解説文を書きたい私などは）片面印刷のほうが便利であっても、両面印刷を義務化されるとそれができなくなってしまう。サンスティーンはここで義務化を「自由を奪うからダメ」と言うよりは、「利便性を奪うからダメ」だと言う。そこにはサンスティーンが実利を重視する姿勢が見てとれる。

結局、ナッジを好むにせよ好まないにせよ、デフォルトは何かしら設定されるのである。確定拠出年金なら「加入」か「非加入」のいずれか、プリンターなら「片面印刷」か「両面印刷」のいずれかは初期設定となるというように。そうである以上、デフォルトは賢明なほうに設定されたほうがよい。そしてナッジの悪用を避けるためにも、良いナッジと悪いナッジの基準が、われわれには必要なのである。本書が全編を通じてなそうとしていることは、この現実的な問題そのものへの理解を世に広め、議論を整理することだと思われる。

ナッジを政策としてみると、安上がりだという特徴をもつ。これは確定拠出年金を考えてみると分かりやすいが、「加入」をデフォルトにすることは、年金額の引き上げに補助金を出すよりも、はるかに安価に実行できるのである。また、紙の使用枚数の削減にしても、「両面印刷」をデフォルトにすることは、ほとんど効果がない環境保護キャンペーンよりもはるかに有効で、しかも安価に実行できる。財政の逼迫した先進諸国がナッジの活用を検討するのはこの要因が大きく、日本でも経済産業省や環境省がナッジの活用ユニットを立ち上げている。むろんそこにはスラッジの導入への懸念は付きまとうのだが。

意思決定のコストを軽減する

私自身はナッジを、意思決定の負担が増している現代において、積極的に導入されるべきものだと考えている。

かつてサンスティーンが情報・規制部門の高官として仕えていたオバマ大統領は、ブルーかグレーのスーツばかりを着ていた。それは「他に決めねばならないものが多々あるため」であった。変化のスピードが速い昨今、オバマほどではなくとも、各人の意思決定の負担は増している。その負担を軽減するのは、重要な意思決定問題に注力するためにも大切ではなかろうか。

もはや日本でも「よい大学を出て一流企業に勤めて定年退職」というような、ベンチマークとなる王道のキャリアパスは存在していない。お見合い結婚がデフォルトの時代はとうに終わっているし、年金が老後の生活を保障してくれるとは誰も思っていないだろう。

好むと好まざるとにかかわらず、われわれは以前よりはるかに、自分で自分の人生を選び取っていかねばならない。そこに可能なときにはナッジの補助があればよい。それは複雑化した時代において、日々の暮らしや人生の、サンスティーンいうところの「操舵力」を高めるものなのだ。このことを、そのようなものを必要とする時代をわれわれは生きていると言い換えてもよかろう。

付録A　34のナッジについての米国民の評価

	全員		民主党支持者	
ナッジ	支持	不支持	支持	不支持
1. 遺伝子組み換え食品の表示義務化	86%	14%	89%	11%
2. カロリー表示の義務化	85%	15%	92%	8%
3. 脇見運転に関する啓蒙キャンペーン	85%	15%	88%	12%
4. 小児肥満に関する啓蒙キャンペーン	82%	18%	89%	11%
5. 年金制度への自動加入についての政府による奨励	80%	20%	88%	12%
6. 性的指向による差別に関する啓蒙キャンペーン	75%	25%	85%	15%
7. タバコへの生々しい画像を使った警告の義務化	74%	26%	77%	23%
8. 塩分が高いことについての表示義務化	73%	27%	79%	21%
9. 「グリーンエネルギー」への自動加入についての政府による奨励	72%	28%	82%	18%
10. 年金制度への自動加入の義務化	71%	29%	78%	22%
11. 運転免許登録の際に臓器提供について選択することの義務化	70%	30%	75%	25%
12. グリーンエネルギーへの自動加入の義務化	67%	33%	79%	21%
13.「信号」の義務化	64%	36%	71%	29%
14. 労働法違反の国で製造されたことの表示の義務化	60%	40%	67%	33%
15. 結婚の際、夫の姓に変更するデフォルト	58%	42%	61%	39%
16. 肥満は「恐ろしい呪い」とする啓蒙キャンペーン	57%	43%	61%	39%
17. 健康的な食品の陳列場所の義務化	56%	44%	63%	37%
18. 最近テロリストを匿った国で製造されたことの表示の義務化	54%	46%	56%	44%
19. 健康的な食生活について映画館で啓蒙活動を行うことの義務化	53%	47%	61%	39%
20. 有権者登録の自動化	53%	47%	63%	37%
21. 投票用紙に現職候補を最上段に記載することの義務化	53%	47%	58%	42%
22. 動物愛護協会についての啓蒙キャンペーン	52%	48%	59%	41%
23. 共産主義国家での製造表示の義務化	44%	56%	47%	53%
24. 映画館でのサブリミナル広告の義務化	41%	59%	47%	53%
25. トランスジェンダーについての啓蒙キャンペーン	41%	59%	49%	51%
26. 二酸化炭素排出課金を航空運賃に含めるデフォルト	36%	64%	43%	57%
27. 育児に専念する母親についての啓蒙キャンペーン	33%	67%	33%	67%
28. 赤十字に寄付するデフォルト	27%	73%	30%	70%
29. 民主党員登録のデフォルト	26%	74%	32%	68%
30. 動物愛護協会への寄付デフォルト	26%	74%	30%	70%
31. 結婚の際、妻の姓に変更するデフォルト	24%	76%	28%	72%
32. 従業員からの（従業員の過半数が同意している）ユナイテッド・ウェイへの寄付デフォルト	24%	76%	26%	74%
33. 愛国的ではない批判についての啓蒙キャンペーン	23%	77%	24%	76%
34. 国勢調査データでキリスト教を前提とするデフォルト	21%	79%	22%	78%

共和党支持者		無党派層			
支持	不支持	支持	不支持	全ての条件下での党派間の違い	党派間でのペアワイズ相関（ρ）
80%	20%	87%	13%	5%	D/R(p=.04)
77%	23%	88%	12%	1%	D/R(p<.001); R/I(p=.01)
80%	20%	84%	16%		
70%	30%	81%	19%	1%	D/R(p<.001); R/I(p=.04)
73%	27%	75%	25%	1%	D/R(p=.002); D/I(p=.001)
57%	43%	75%	25%	1%	D/R(p<.001); D/I(p=.03); R/I(p<.001)
68%	32%	74%	26%		
61%	39%	72%	28%	1%	D/R(p=.002)
61%	39%	66%	34%	1%	D/R(p<.001); R/I(p=.001)
62%	38%	67%	33%	1%	D/R(p=.01)
62%	38%	69%	31%	5%	D/R(p=.04)
51%	49%	63%	37%	1%	D/R(p<.001); D/I(p=.001)
57%	43%	61%	39%	5%	D/R(p=.03)
50%	50%	57%	43%	1%	D/R(p=.006)
57%	43%	56%	44%		
47%	53%	60%	40%	5%	D/R(p=.04)
43%	57%	57%	43%	1%	D/R(p=.001); R/I(p=.03)
58%	42%	49%	51%		
41%	59%	51%	49%	1%	D/R(p=.001)
39%	61%	50%	50%	1%	D/R(p<.001); D/I(p=.03)
47%	53%	51%	49%		
34%	66%	11%	89%	1%	D/R(p<.001); R/I(p=.001)
43%	57%	42%	58%		
43%	58%	35%	65%	5%	D/I(p=.04)
29%	71%	38%	62%	1%	D/R(p=.001)
25%	75%	34%	66%	1%	D/R(p=.003)
31%	69%	33%	67%		
20%	80%	28%	72%		
16%	84%	26%	74%	1%	D/R(p=.002)
20%	80%	25%	75%		
18%	82%	23%	77%		
17%	83%	25%	75%		
21%	79%	22%	78%		
27%	73%	17%	83%		

付録B　調査質問

Q1　次の仮定の政策を支持しますか／しませんか。
「連邦政府が（マクドナルドやバーガーキングなどの）チェーン店でカロリー表示を義務化する」。

Q2　次の仮定の政策を支持しますか／しませんか。
「連邦政府が（ガンのように喫煙に関連した疾病に苦しむ患者の画像など）鮮明な画像を使った警告をタバコのパッケージに記載することを義務化する」。

Q3　次の仮定の政策を支持しますか／しませんか。
「連邦政府が、健康的な食品にグリーンの小さなラベル、不健康な食品に赤の小さなラベル、特に健康的でも不健康でもない食品に黄色の小さなラベルを添付する、「信号」システムを義務化する」。

Q4　次の仮定の政策を支持しますか／しませんか。
「連邦政府が（義務化ではなく）、雇用者に対し、従業員を年金制度に自動加入させるシステムを採用することを奨励する。従業員はそうしたくなければ加入を拒否することができる」。

Q5　次の仮定の政策を支持しますか／しませんか。
「連邦政府が（義務化ではなく）、電力供給業者に対し、消費者が自動的にグリーン（環境にやさしい）エネルギー供給業者に自動加入できるシステムを採用することを奨励する。消費者はそうしたくなければ加入を拒否することができる」。

Q6　次の仮定の政策を支持しますか／しませんか。
「州法によって、現職の上院議員、知事、大統領、市長が常に投票用紙の最上段に記載されることにする」。

Q7　次の仮定の政策を支持しますか／しませんか。
「州法によって、その州の住人は自ら有権者登録する必要はなく、自動的に登録されるとする」。

Q8　次の仮定の政策を支持しますか／しませんか。
「州法によって、運転免許を取得する際臓器提供についての意思を表明することを義務化する」。

Q9　次の仮定の政策を支持しますか／しませんか。
「連邦法によって、食品が遺伝子組み換え作物を含んでいるかについての情報開示を義務化する」。

Q10　次の仮定の政策を支持しますか／しませんか。
「連邦法によって、国勢調査の目的では、そうではないことが特に示されない限り、キリスト教であることを前提とする」。

Q11　次の仮定の政策を支持しますか／しませんか。

「連邦政府が確定申告の際、納税者がそうしたくないと明示しない限り、全米動物愛護協会に50ドル寄付することを前提とする」。

Q12 次の仮定の政策を支持しますか／しませんか。

「州法によって、大規模食料品店では健康的な食品を目立つ、わかりやすい場所に陳列することを義務化する」。

Q13 次の仮定の政策を支持しますか／しませんか。

「州法は、結婚の際女性は夫の姓となることを望み、男性は自分の姓を維持することを望むことを前提とする。同時に、女性も男性も、姓の変更や維持についての要望を明示すれば、その通りにできることとする」。

Q14 次の仮定の政策を支持しますか／しませんか。

「州法によって、共和党員あるいは無党派として登録したいことを明示しない限り、民主党員と登録されたいことを前提とする」。

Q15 次の仮定の政策を支持しますか／しませんか。

「脇見運転に関係する死亡や怪我を減らすために、国が、運転中の携帯メールや通話を抑制する目的で、鮮明な、時にショッキングな話や画像を使って啓蒙キャンペーンを実施する」。

Q16 次の仮定の政策を支持しますか／しませんか。

「小児肥満削減のために、国が、親が子供のために健康的な選択ができるよう情報提供する啓蒙キャンペーンを実施する」。

Q17 次の仮定の政策を支持しますか／しませんか。

「連邦政府が、映画館に対し、人々の喫煙と過食を防止する目的でサブリミナル広告（非常に速い広告で、見ている人間が意識的には気づかないもの）を行うことを義務化する」。

Q18 次の仮定の政策を支持しますか／しませんか。

「新大統領が、人々やマスコミが自分のやることに対して必要以上に批判的であると感じている。彼は、自分の決定に対する批判は「愛国心に欠ける」もので、「国家の安全保障を損なう」可能性があることを国民に納得させる啓蒙キャンペーンを展開する」。

Q19 次の仮定の政策を支持しますか／しませんか。

「連邦政府が、航空会社に対し、二酸化炭素排出オフセットのための課金（一人当たり約10ドル）を料金に加算することを義務化する。このプログラムでは、払いたくないことを明示すれば、支払わなくてもいいとする」。

Q20 次の仮定の政策を支持しますか／しませんか。

「連邦政府が、全米動物愛護協会への寄付を奨励する啓蒙キャンペー

ンを展開する」。

Q21 次の仮定の政策を支持しますか／しませんか。

「連邦政府が、特に塩分の多い食品について『この食品には特に高い塩分が含まれており、健康を害する可能性があります』というような表示をすることを義務化する」。

Q22 次の仮定の政策を支持しますか／しませんか。

「連邦政府が、人々に対し、性的指向によって差別しないことを促す啓蒙キャンペーンを展開する」。

Q23 次の仮定の政策を支持しますか／しませんか。

「連邦政府が、小さな子供がいる母親に対し、家で子供の世話に専念することを促すような啓蒙キャンペーンを展開する」。

Q24 次の仮定の政策を支持しますか／しませんか。

「あなたが住んでいる州で、結婚の際自動的に夫が妻の姓に変更する法律が成立する。ただし、夫も妻もそれぞれの姓を維持したいことを表明した場合はそうできる」。

Q25 次の仮定の政策を支持しますか／しませんか。

「連邦政府が確定申告の際、人々は赤十字に50ドル寄付したいと思っていることを前提とする。ただし、そのような寄付はしたくないと表明すればしなくていい」。

Q26 次の仮定の政策を支持しますか／しませんか。

「あなたが住んでいる州の政府が、州政府の従業員はユナイテッド・ウェイに寄付したいと思っていることを前提にして、その目的で給料から毎月20ドルを差し引くことにする。寄付したくないと表明すればその制度から外れることはできる。(ただし、州政府従業員の60パーセントはユナイテッド・ウェイに寄付したいと表明しているとする。)

Q27 次の仮定の政策を支持しますか／しませんか。

「連邦政府が、(中国やキューバなど) 共産主義国家からの製品に対して、特定の『共産主義体制の下で一部あるいは全部が製造された製品』というラベルを添付することを義務化する。(この表示は、製造地を明示する現行のラベルの代わりとなるものではない。)

Q28 次の仮定の政策を支持しますか／しませんか。

「連邦政府が、自国の労働法 (職場の安全や差別禁止などについての法律など) 違反を繰り返している企業からの製品について、『この製品は、自国の労働法違反を繰り返している企業が製造している』といったような表示を義務化する」。

Q29 次の仮定の政策を支持しますか／しませんか。
「連邦政府が、最近テロリストを匿った国の製品について、『この製品は最近テロリストを匿ったことがわかった国のものである』といったような表示を義務化する」。

Q30 次の仮定の政策を支持しますか／しませんか。
「連邦政府が映画館に対し、人々に喫煙と過食を控えさせることを目的とした啓蒙活動を行うことを義務化する」。

Q31 次の仮定の政策を支持しますか／しませんか。
「連邦政府が、肥満防止キャンペーンを展開する。キャンペーンでは、肥満した子供が苦労して運動したり、肥満した成人が『人生最大の後悔は体重のコントロールができなかったことだ』とか、『私にとって肥満は恐ろしい呪いのようなものだ』などと言ったりしているところを見せる。」

Q32 次の仮定の政策を支持しますか／しませんか。
「連邦政府が大規模事業者（従業員200人以上）に対し、従業員を自動的に年金プランに加入させる制度の採用を義務化する。従業員は加入したくなければそうすることができる」。

Q33 次の仮定の政策を支持しますか／しませんか。
「連邦政府が大規模電力供給事業者（最低契約者数50万人）に対し、消費者が自動的に「グリーンな」（環境にやさしい）エネルギー供給業者と自動的に契約するシステムを採用することを義務化する。消費者はそうしたくないと望めばそうすることができる」。

Q34 次の仮定の政策を支持しますか／しませんか。
「連邦政府が、『それを真に望むのであれば』女性から男性へ、あるいは男性から女性へとジェンダーを変更することができることを周知するキャンペーンを実施する」。

Q35 支持政党

Q36 人種

Q37 ジェンダー

Q38 年齢

Q39 最終学歴

Q40 現在住んでいる州

Q41 世帯年収

＊付録AとBの調査は2015年にサーベイ・サンプリング・インターナショナル社が実施した。eメールを通じて呼びかけられたアメリカ国民563人を対象に行われ、総額2,073ドルが支払われた。

付録C　大統領令第13707号

アメリカ国民のために行動科学の知見を利用することについての大統領令

行動科学から得られる知見――人々がどのようにして決断に至り、それに従ってどのように行動するかについての行動経済学や心理学などの分野での調査結果――が、アメリカ国民を利する政策の立案に活用できることを示す証拠が増えている。

連邦政府の政策が行動科学的知見を反映したものである場合、対象の個人、世帯、市町村、企業にとって結果がそれまでよりかなり改善されてきた。例えば、退職貯蓄制度について自動加入と貯蓄率の自動的引き上げを実施したことで、アメリカ国民が将来のために貯蓄することが簡単になり、退職後の貯蓄が劇的に増加することにつながった。同じように、連邦財政支援制度への申請手続きを簡素化することで、何百万もの学生にとって大学進学が金銭面からは考えやすいものになった。

行動科学の知見を最大限活用し、アメリカ国民に対し、コストを抑えつつさらに良い効果をもたらすために、連邦政府は、人々が連邦政府の政策やプログラムにどのように関心を持ち、参加、利用、対処するかについてよく理解し、その理解を反映させた政策やプログラムを立案すべきである。行動科学の知見は政府の効用と効率を改善することで、全国で優先すべき様々な事項で役に立つ。例えば、労働者がさらにいい仕事を見つける、アメリカ国民の健康長寿を促進する、教育の機会と学業への支援へのアクセスを改善する、低炭素経済への移行を加速するなどの事項である。

そのために、合衆国憲法及び法律によって大統領に与えられた権限により、私はここに、次のことを命ずる。

第1節　行動科学の知見に関する政策方針

(a)　行政府の省庁に対して、次のことを奨励する。

(i) 行動科学の知見によって公共の福祉、政策の成果及び費用対効果の面で、相当の改善がもたらされると思われる政策、プログラム、計画を確認する。

(ii) 行動科学の知見を政策に適用し、可能なら、その知見の効果を実験、評価する戦略を立案する。

(iii) この大統領令の実現のために必要であるとして、行動科学の専門家を連邦政府に招聘する。

(iv) 行動科学から得られる実証結果の活用を高めるために、省庁と研究機関の関係を強化する。

(b)　(a) にある政策指示を実施するために、省庁は次のことを行う。

(i) 対象となり得る個人、世帯、市町村、企業にとっての公的制度や恩恵へのアクセスを容易にするような機会を見出す。例えば、そうした制度への加入を制限したり、遅らせたりする原因となっているかもしれない手続きを簡素化することで、お役所的な障害を取り除く、待ち時間を短縮する、申請用紙を簡素化するなどである。

(ii) 消費者、融資を受ける側、支援受給者、その他の人々に対する情報提示の方法を改善する。省庁が直接情報を提供する場合、あるいは提供方法の基準を作る場合の双方において、情報伝達の内容、形式、時期、手段が、個人の情報理解や行動にどのように影響を与えるかについて考慮する。

(iii) 選択肢を提供する制度を確認し、順番や並べ方など選択肢の提示方法や構造が人々の福利を促進する形になっているかに注意する。適宜、デフォルトの有無、設定について特に留意する。

(iv) アメリカ国民が特定の行動をとること、例えば、退職後のための貯金や学業の達成を容易にする、あるいは奨励するような政策やプログラムに見られる要素を確認する。そうすることで、省庁は時期、頻度、プレゼン、恩恵、税金、助成金などのインセンティブによって、いかに効果的に、効率的に人々の行動を促進できるかについて検討する。金銭的ではないインセンティブを活用する機会については、特に考慮すべきである。

(c)　2011年1月18日発布の大統領令第13563号（規制と規制見直しに関する大統領令）と2012年5月10日発布の大統領令第13610号（規制の負担の確認と削減に関する大統領令）に合致するものとして、規制の要素を伴う政策については、行動科学の知見に関する政策方針と規制の負担削減のために現在行っている既存の規制の見直しとを総合して考慮する。

第2節　行動科学の知見に関する政策方針の実施

(a)　社会科学及び行動科学チーム（SBST）は国家科学技術委員会（NSTC）の下に置かれ、科学技術担当大統領補佐官が長を務める。省庁に対し、本令第1節に示された政策方針の実施のための助言、政策指導を行うものとする。

(b)　NSTCは2019年まで、本令第1節の実施についてまとめた年次報告を公表する。SBSTのメンバーはこの報告に協力するものとする。

(c)　本令第1節に示された政策方針実現を支援するため、SBST委員長は、本令発布の45日以内、必要であればその後においても、本令実施のために省庁を支援するガイダンスを発表することとする。

注

Chapter I

(1) John Stuart Mill, On Liberty, in The Basic Writings Of John Stuart Mill: On Liberty, The Subjection Of Women, And Utilitarianism (2002) (1863)〔山岡洋一訳『自由論』日経BP社、2011年〕.

(2) Dale Carnegie, How To Win Friends And Influence People (1936)〔山口博訳『人を動かす（文庫版）』創元社、2016年〕.

(3) Robert Cialdini, Influence (1984).〔社会行動研究会訳『影響力の武器——なぜ、人は動かされるのか（第三版）』誠信書房、2014年〕.

(4) 一覧は OECD, Regulatory Policy And Behavioural Economics (2014) に見ることができる。

(5) その例を特によく示しているものとしてはBehavioral Economics And Public Health (Christina A. Roberto and Ichiro Kawachi eds., 2015) がある。

(6) Courtney Subramanian, *"Nudge" Back in Fashion at White House,* Time, August 9, 2013.

(7) David Halpern, Inside The Nudge Unit (2015); Tamsin Rutter, *The Rise of Nudge: The Unit Helping Politicians to Fathom Human Behaviour*, The Guardian, July 23, 2015.

(8) Philip Plickert and Hanno Beck, *Kanzlerin sucht Verhaltensforscher*, Frankfurter Allgemeine Zeitung, August 26, 2014.

(9) Federal Reserve Board Requirements for Overdraft Services, 12 C.F.R. § 205.17 (2010).

(10) Federal Reserve System Electronic Fund Transfers, 74 Fed. Reg. 59038 (2009).

(11) U.S. Food & Drug Administration, *Preliminary Regulatory Impact Analysis: Nutrition Facts/ServingSizes 2* (2014), available at www.fda.gov/downloads/Food/GuidanceRegulation/GuidanceDocumentsRegulatoryInformation/LabelingNutrition/UCM385669.pdf.

(12) *Id.* at 5.

(13) *Id.* at 6.

(14) Department of Health and Human Services, *U.S. Food and Drug Administration, Deeming Tobacco Products to be Subject to the Food, Drug, and Cosmetic Act 6* (2014), available at www.fda.gov/downloads/AboutFDA/ReportsManualsForms/Reports/EconomicAnalyses/UCM394933.pdf.

(15) *Id.* at 15.

(16) *Id.* at 10.

(17) Consumer Financial Protection Bureau, *Know Before You Owe: Credit Cards*, available at www.consumerfinance.gov/credit-cards/knowbeforeyouowe/.

(18) George Akerlof and Robert Shiller, Phishing For Phools (2015)〔山形浩生訳『不道

徳な見えざる手』東洋経済新報社、2017年).
(19) *Social and Behavioral Sciences Team, Annual Report* (2015), available at https://www.whitehouse .gov/sites/default/files/microsites/ostp/sbst_2015_annual_report_final_9_14_15.pdf.
(20) Tamsin Rutter, *The Rise of Nudge: The Unit Helping Politicians to Fathom Human Behaviour* (July 23, 2015).
(21) Owain Service et al., *EAST: Four Simple Ways to Apply Behavioral Insights* (2015), available at https://www.behaviouralinsights.co.uk/wp-content/uploads/2015/07/BIT-Publication-EAST_FA_WEB.pdf.
(22) Behavioural Insights Team, *Applying Behavioral Insight to Health* (2010), available at https://assets.publishing.service.gov.uk/government/uploads/system/uploads/attachment_data/file/60524/403936_BehaviouralInsight_acc.pdf, at 8.
(23) Behavioural Insights Team, *Annual Update 2011–2012*, available at https://assets.publishing.service.gov.uk/government/uploads/system/uploads/attachment_data/file/60537/Behaviour-Change-Insight-Team-Annual-Update_acc.pdf.
(24) Behavioural Insights Team, *Applying Behavioral Insight to Health* (2010), at 10.
(25) Behavioural Insights Team, *Annual Update 2011–2012*.
(26) *Id.*
(27) Owain Service et al., *EAST: Four Simple Ways to Apply Behavioral Insights* (2015), at 32.
(28) *Id.* at 4.
(29) *Id.* at 5.
(30) Patrick Wintour, *Government's Behavioural Insight Team to Become a Mutual and Sell Services*, THE GUARDIAN, February 4, 2014.
(31) Mark Whitehead et al., *Nudging All over the World 4* (2014), available at https://changingbehaviours.files.wordpress.com/2014/09/nudgedesignfinal.pdf.
(32) Organisation for Economic Co-operation and Development, CONSUMER POLICY TOOLKIT (2010).
(33) European Commission, Science for Environment Policy, *Future Brief: Green Behaviour 2012*, available at http://ec.europa.eu/environment/integration/research/newsalert/pdf/FB4_en.pdf.
(34) Directorate General for Health and Consumers, *Consumer Behaviour: The Road to Effective Policy-Making 2010*, available at http://dl4a.org/uploads/pdf/1dg-sanco-brochure-consumer- behaviour-final.pdf.
(35) Donald Low, BEHAVIORAL ECONOMICS AND POLICY DESIGN: EXAMPLES FROM SINGAPORE (2011).
(36) GreeNudge, *How We Work*, available at www.greenudge.no/how-we-work/.
(37) World Bank, World Development Report, *Mind, Society, and Behavior* (2015), available at www.worldbank.org/content/dam/Worldbank/Publications/WDR/WDR%202015/WDR-2015-Full-Report.pdf.

(38) *Id.* at xi.

(39) Saurabh Bhargava and Dayanand Manoli, *Psychological Frictions and the Incomplete Take-Up of Social Benefits: Evidence from an IRS Field Experiment,* 105 AM. ECON. REV. 3489–3529 (2015).

(40) Till Grüne-Yanoff and Ralph Hertwig, *Nudge Versus Boost: How Coherent Are Policy and Theory?*, 26 MINDS & MACHINES (2015).

(41) 開示を求められる側にとっては、開示要求はナッジではなく義務である。消費者にとってはナッジでも、生産者にとっては義務となる。この点についてはこのあと詳しく論じる。

(42) Edward L. Glaeser, *Paternalism and Psychology*, 73 U. Chi. L. Rev. 133 (2006).

(43) Associated Press, *Oregon Becomes First State with Automatic Voter Registration*, March 16, 2015

(44) European Union Agency for Fundamental Rights, *Is There a Requirement under Law to Register to Vote?*, available at https://fra.europa.eu/en/publication/2014/indicators-right-political-participation-people-disabilities/register-vote.

(45) 行為と除外、また政府については、Cass R. Sunstein and Adrian Vermeule, *Is Capital Punishment Morally Required? Acts, Omissions, and Life-Life Tradeoffs,* 58 STAN. L. REV. 703 (2005) を参照。

(46) ドイツ連邦共和国基本法第１条第１項では、「人間の尊厳は不可侵である。これを尊重し保護することは、すべての国家権力の義務である」と規定されている。

Chapter 2

(1) Edna Ullmann-Margalit, THE EMERGENCE OF NORMS (1977).

(2) Oren Bar-Gill, SEDUCTION BY CONTRACT (2013).

(3) Nicola Lacetera et al., *Heuristic Thinking and Limited Attention in the Car Market,* 102 AM. ECON. REV. 2206 (2012).

(4) この点について重要な議論はGeorge Akerlof and Robert Shiller, PHISHING FOR PHOOLS (2015)〔前掲邦訳『不道徳な見えざる手』〕に見ることができる。

(5) この点の複雑さについては、Cass R. Sunstein, *Why Nudge?* 57–59 (2014) を参照。

(6) Jonathon P. Schuldt, *Does Green Mean Healthy? Nutrition Label Color Affects Perceptions of Healthfulness,* 28 HEALTH COMMUNICATION 814 (2013).

(7) Brian Wansink, SLIM BY DESIGN 116 (2014).

(8) Peter Holley, *A Therapist Has Devised the Scariest Couples Exercise Ever: Assembling IKEA Furniture,* WASHINGTON POST, April 30, 2015, available at https://www.washingtonpost.com/news/morning-mix/wp/2015/04/30/a-therapist-has-devised-the-scariest-couples-exercise-ever-assembling-ikea-furniture/

(9) Wansink, SLIM BY DESIGN (2014).

(10) Eran Dayan and Maya Bar-Hillel, *Nudge to Nobesity II: Menu Positions Influence Food Orders*, 6 JUDGMENT AND DECISION MAKING 333 (2011).

(11) Daniel R. Feenberg et al., *It's Good to be First: Order Bias in Reading and Citing*

NBER Working Papers (Nat'l Bureau of Econ. Research, Working Paper No. 21141, 2015), available at http://www.nber.org/papers/w21141.

(12) Richard Craswell, *Contract Law, Default Rules, and the Philosophy of Promising,* 88 Mich. L. Rev. 489, 516 (1989).

(13) Richard Thaler, Misbehaving 12–19 (2015)〔遠藤真美『行動経済学の逆襲』早川書房、2016年〕.

(14) Benjamin J. Keys et al., *Failure to Refinance 1*, 5 (Nat'l Bureau of Econ. Research, Working Paper No. 20401, 2014), available at http://www.nber.org/papers/w20401.

(15) Sendhil Mullainathan and Eldar Shafir, Scarcity 168 (2013)〔大田直子訳『いつも「時間がない」あなたに――欠乏の行動経済学』早川書房、2015年〕.

(16) Ryan Bubb and Richard Pildes, *How Behavioral Economics Trims Its Sails and Why,* Harv. L. Rev. 1593, 1614 (2014).

(17) Wansink, Slim By Design 106 (2014).

(18) Adam Lavecchia et al., *Behavioral Economics of Education: Progress and Possibilities* 30 Nat'l Bureau of Econ. Research, Working Paper No. 20609, 2014), available at http://www.nber.org/ papers/w2U6U9.

(19) 実証結果として興味深いものとしては、Judd Kessler and Alvin Roth, *Don't Take 'No' for an Answer: An Experiment with Actual Organ Donor Registrations* 27 (Nat'l Bureau of Econ. Research, Working Paper No. 20378, 2014), http://www.nber.org/papers/w20378を参照（臓器提供に同意させるという面では、能動的選択を求める方が選択を促すより効果は小さいことがわかった）。

(20) Iris Bohnet, What Works: Gender Equality By Design (2016)〔池村千秋訳『WORK DESIGN――行動経済学でジェンダー格差を克服する』NTT出版、2018年〕; Iris Bohnet et al., *When Performance Trumps Gender Bias: Joint Versus Separate Evaluation* 16 (2013), available at http://www.montana.edu/nsfadvance/documents/PDFs/resources/WhenPerformanceTrumpsGenderBias.pdf.

(21) World Bank, World Development Report, Mind And Society: How A Better Understanding Of Human Behavior Can Improve Development Policy 86 (2015)（行動科学の知見を生かした政策が、貧困の克服も通じて、どのように発展を促進するかどうかを探っている）.

(22) David Halpern, Inside The Nudge Unit (2015); Social and Behavioral Sciences Team, *Annual Report* (2015), available at https://www.whitehouse.gov/sites/default/files/microsites/ostp/sbst_2015_annual_report_final_9_14_15.pdf.

(23) Hunt Allcott, *Social Norms and Energy Conservation,* 95 J. Public Econ. 1082 (2011).

(24) Ian Ayres, Carrots And Sticks: Unlock The Powers Of Incentives To Get Things Done (2011)（人々の行動を変える方法として自ら行動する力について検討している）.

(25) Scott D. Halpern et al., *Randomized Trial of Four Financial-Incentive Programs for Smoking Cessation*, 372 New Eng. J. Med. 2108–2117 (2015).

(26) Raj Chetty et al., *Active vs. Passive Decisions and Crowdout in Retirement Savings*

Accounts: Evidence from Denmark 38 (Nat'l Bureau of Econ. Research, Working Paper No. 18565, 2012), http://www.nber.org/papers/w18565.

(27) Eric Bettinger et al., *The Role of Simplification and Information in College Decisions: Results from the H&R Block FAFSA Experiment* (Nat'l Bureau of Econ. Research Working Paper No. 15361, 2009), available at http://www.nber.org/papers/w15361.

(28) Johan Egebark and Mathias Ekstrom, *Can Indifference Make the World Greener?* (2013), 76 J. ENVTL ECON. & MGMT. 1–13 (2016).

(29) Hunt Alcott, *Social Norms and Energy Conservation*, 95 J. PUBLIC ECON. 1082 (2011).

(30) Daniel Kahneman, THINKING, FAST AND SLOW (2011)〔村井章子訳『ファスト＆スロー――あなたの意思はどのように決まるか』早川書房、2014年〕.

(31) Sunstein, WHY NUDGE? (2015) を参照。

(32) Tali Sharot, THE OPTIMISM BIAS (2011)

(33) Kahneman, THINKING, FAST AND SLOW (2011)〔前掲邦訳『ファスト＆スロー』〕.

(34) Daniel L. Chen et al., *Decision-Making under the Gambler's Fallacy: Evidence from Asylum Judges, Loan Officers, and Baseball Umpires* (2014), https://papers.ssrn.com/sol3/papers.cfm?abstract_id=2739552がこの点について強力な議論を展開している。

(35) Gerd Gigerenzer et al., SIMPLE HEURISTICS THAT MAKE US SMART (2000) が、この立場を擁護する立場で論じている。一般論としてはMark Kelman, THE HEURISTICS DEBATE (2011) を参照。この点は時に激論となるが、その結果によって政策や実践、倫理面が大きく左右されることはないように思われる。ヒューリスティックが役に立つことについては誰も異論を唱えるべきではない。役に立つからこそ存在しているのだ。また、限定的な合理性でしか考えない人は重要な局面で間違いを犯すということについても異論はないはずだ。間違いを犯す場面では、何らかのナッジが助けとなるかもしれない。この後論じるように、最適なナッジというのは教えるという側面を含むこともあるし、含まないこともある。

(36) Gerd Gigerenzer, SIMPLY RATIONAL (2015); Gerd Gigerenzer, RISK SAVVY (2014).

(37) Christine Jolls and Cass R. Sunstein, *Debiasing through Law*, 35 J. LEGAL STUD. 199 (2006).

(38) Eric Johnson and Daniel Goldstein, *Decisions by Default*, in THE BEHAVIORAL FOUNDATIONS OF POLICY 417–427(Eldar Shafir ed., 2013).

(39) 生産的ナッジに関連する共同行為については、Edna Ullman-Margalit, *Coordination Norms and Social Choice*, 11 ERKENNTNIS 143 (1977) を参照。

(40) 社会福利を正しく理解するにはどうしたらいいかについては多くの議論がある。有益な議論を展開しているものとしては、Matthew Adler, WELL-BEING AND FAIR DISTRIBUTION (2011) がある。

(41) Cass R. Sunstein, VALUING LIFE (2014)〔山形浩生訳『命の価値――規制国家に人間味を』勁草書房、2017年〕. 経済学の分野では、人々の間で効用を比較することは可能かに

についての疑問が常に伴う。この点については、INTERPERSONAL COMPARISONS OF UTILITY（Jon Elster ed., 1991）を参照。

(42) Stephen Breyer, REGULATION AND ITS REFORM 13–35 (1984).

(43) George Loewenstein et al., *Disclosure: Psychology Changes Everything*, 6 ANN. REV. OF ECON. 391, 392 (2014).

(44) Lauren Willis, *The Financial Education Fallacy,* 101 AM. ECON. REV. 429, 430 (2011).

(45) Jeremy Waldron, *It's All for Your Own Good,* NY REV. OF BOOKS (2014), available at http:// www.nybooks.com/articles/archives/2014/oct/09/cass-sunstein-its-all-your-own-good/.

(46) Lauren Willis, *The Financial Education Fallacy,* 101 AM. ECON. REV. 429 (2011).

(47) *Id.*

(48) この段落のアイデアについては、ティル・グリュネ＝ヤノフに感謝する。

(49) Till Grüne-Yanoff, *Why Behavioural Policy Needs Mechanistic Evidence,* ECONOMICS AND PHILOSOPHY (2015).

(50) Cass R. Sunstein, CHOOSING NOT TO CHOOSE (2015)〔伊達尚美訳『選択しないという選択――ビッグデータで変わる「自由」のかたち』勁草書房、2017年〕.

(51) David Foster Wallace, *In His Own Words* (2008), available at http:// moreintelligentlife.com/story/ david-foster-wallace-in-his-own-words.

(52) Meghan R. Busse et al., *Projection Bias in the Car and Housing Markets* (Nat'l Bureau of Econ. Research, Working Paper No. 18212, 2012), available at http:// www.nber.org/papers/w18212.

(53) Gregory Martin and Ali Yurukoglu, *Bias in Cable News: Persuasion and Polarization* (Nat'l Bureau of Econ. Research, Working Paper No. 20798, 2014), available at https://www.nber.org/papers/w20798.pdf.

(54) Steve Krug, DON'T MAKE ME THINK REVISITED: A COMMON SENSE APPROACH TO WEB AND MOBILE USABILITY (2014)〔福田篤人訳『超明快Webユーザビリティ――ユーザーに「考えさせない」デザインの法則』ビー・エヌ・エヌ新社、2016年〕.

(55) Edna Ullmann-Margalit, *The Invisible Hand and the Cunning of Reason,* 64 SOCIAL RESEARCH 181 (1997) が、この点について見事な議論を展開している。

(56) Edna Ullmann-Margalit, *Invisible Hand Explanations,* 39 SYNTHESE 263, 264 (1978).

(57) *Id.* at 265.

(58) Ullmann-Margalit, *The Invisible Hand and the Cunning of Reason,* (1997), at 184–189.

(59) Elinor Ostrom, GOVERNING THE COMMONS (1990); Robert Ellickson, ORDER WITHOUT LAW (1994).

(60) *Friedrich Hayek,* FREEDOM, REASON, AND TRADITION 229 (1958)*; Friedrich Hayek,* THE MARKET AND OTHER ORDERS (2014).

(61) Edna Ullmann-Margalit, THE EMERGENCE OF NORMS (1977).

(62) Hayek, FREEDOM, REASON, AND TRADITION, 234.

(63) Ullmann-Margalit, THE EMERGENCE OF NORMS.

(64) Ullmann-Margalit, *The Invisible Hand and the Cunning of Reason* (1997).
(65) George Akerlof and Robert Shiller, PHISHING FOR PHOOLS (2015)〔前掲邦訳『不道徳な見えざる手』〕.
(66) Friedrich Hayek, THE CONSTITUTION OF LIBERTY (1976)〔気賀健三、古賀勝次郎訳『自由の条件Ⅰ・Ⅱ・Ⅲ』春秋社、2007年〕.
(67) *Id.*
(68) Ullmann-Margalit, *The Invisible Hand and the Cunning of Reason* (1997).
(69) 前掲書（p.181）が見事な議論を展開している。
(70) 確かに、ランダムというのには人間の行為や偏見の介在を排除するという意味で価値がある。宝くじは一種の中立性を具現化するものだ。Jon Elster, SOLOMONIC JUDGMENTS (1989) を参照。
(71) Edward L. Glaeser, *Paternalism and Psychology,* 73 U. CHI. L. REV. 133 (2006); Riccardo Rebonato, TAKING LIBERTIES: A CRITICAL EXAMINATION OF LIBERTARIAN PATERNALISM (2012).

Chapter 3

(1) Richard Thaler and Cass Sunstein, NUDGE 5 (2008)〔遠藤真美訳『実践 行動経済学——健康、富、幸福への聡明な選択』日経BP社、2009年〕.
(2) Hunt Allcott and Cass R. Sunstein, *Regulating Internalities* (2015), available at http://papers.ssrn .com/sol3/papers.cfm?abstract_id=2571343.
(3) 現実的ではなく楽観的である。Akerlof and Shiller, PHISHING FOR PHOOLS (2015)〔前掲邦訳『不道徳な見えざる手』〕; Oren Bar- Gill, SEDUCTION BY CONTRACT (2011).
(4) Harry Frankfurt, *Freedom of the Will and the Concept of a Person,* 68 J. PHIL. 5 (1971). 関連するものとしてはCass R. Sunstein and Edna Ullmann-Margalit, *Second-Order Decisions,* 110 ETHICS 5 (1999) を参照。
(5) Avital Moshinsky and Maya Bar-Hillel, *Loss Aversion and Status Quo Label Bias,* 28 SOC. COGNITION 191 (2010).
(6) Thaler and Sunstein, NUDGE〔前掲邦訳『実践 行動経済学』〕. このアプローチへの反論として興味深いものに、Jacob Goldin, *Which Way to Nudge? Uncovering Preferences in the Behavioral Age,* 125 YALE L.J. 226 (2015) がある。
(7) Goldin, *Which Way to Nudge?* (2015) は同じ論点で、詳細な議論を展開している。慎重に考慮するに値する分析である。
(8) Paul Dolan, HAPPINESS BY DESIGN (2014)〔『幸せな選択、不幸な選択——行動科学で最高の人生をデザインする』早川書房、2015年〕.
(9) Joseph Raz, THE MORALITY OF FREEDOM (1985) は、リベラル卓越主義の一つの形を擁護している。
(10) Martha C. Nussbaum, CREATING CAPABILITIES (2011); Amartya Sen, COMMODITIES AND CAPABILITIES (1985; 1999)〔鈴村興太郎訳『福祉の経済学——財と潜在能力』岩波書店、1988年〕.

(11) 目的や楽しみの重要性については、Paul Dolan, HAPPINESS BY DESIGN 34 (2014)〔前掲邦訳『幸せな選択、不幸な選択』〕を参照。

(12) 関連する議論は、Adler, WELL-BEING AND FAIR DISTRIBUTION (2011); Amartya Sen, COMMODITIES AND CAPABILITIES (1985; 1999)〔前掲邦訳『福祉の経済学』〕; Martha Nussbaum, CREATING CAPABILITIES (2013) に見ることができる。卓越主義への簡潔な反論としては、Salah Conly, AGAINST AUTONOMY (2012) がある。

(13) Cass R. Sunstein, LEGAL REASONING AND POLITICAL CONFLICT (1996).

Chapter 4

(1) 理解の助けとなる小論としてはJonathan Baron, *A Welfarist Approach to Manipulation,* J. MARKETING. BEHAV (forthcoming) がある。より詳しい議論については、Louis Kaplow and Steven Shavell, FAIRNESS VERSUS WELFARE (2011); Matthew Adler, WELL-BEING AND FAIR DISTRIBUTION (2011) を参照。

(2) F. A. Hayek, THE ROAD TO SERFDOM (1944)〔村井章子訳『隷従への道』日経BP社、2016年〕.

(3) Cass R. Sunstein, WHY NUDGE? (2014) at 20.

(4) ここでの複雑な議論については前掲書を参照。

(5) この点は ON LIBERTY, in THE BASIC WRITINGS OF JOHN STUART MILL: ON LIBERTY, THE SUBJECTION OF WOMEN AND UTILITARIANISM 3, 11–12 (2002) (1863)〔前掲邦訳『自由論』〕においても重要な関心事であった。

(6) Riccardo Rebonato, TAKING LIBERTIES: A CRITICAL EXAMINATION OF LIBERTARIAN PATERNALISM (2012); Joshua D. Wright and Douglas H. Ginsburg, *Behavioral Law and Economics: Its Origins, Fatal Flaws, and Implications for Liberty,* 106 NW. U. L. REV. 1033 (2012).

(7) John Stuart Mill, ON LIBERTY 8 (Kathy Casey ed., 2002) (1859)〔前掲邦訳『自由論』〕.

(8) John Stuart Mill, ON LIBERTY (2d ed. 1863), in THE BASIC WRITINGS OF JOHN STUART MILL: ON LIBERTY, THE SUBJECTION OF WOMEN AND UTILITARIANISM 3, 11–12 (Dale E. Miller ed., 2002)〔前掲邦訳『自由論』〕.

(9) Friedrich Hayek, THE MARKET AND OTHER ORDERS, in The Collected Works of F. A. Hayek 384 (Bruce Caldwell ed., 2013).

(10) Sarah Conly, AGAINST AUTONOMY (2012).

(11) Oren Bar-Gill and Cass R. Sunstein, *Regulation as Delegation,* 7 J. LEGAL ANALYSIS 1 (2015).

(12) *Id.*

(13) Joel Waldfogel, SCROOGENOMICS 71–77 (2012).

(14) Cass R. Sunstein, SIMPLER (2013)〔田総恵子訳『シンプルな政府——"規制"をいかにデザインするか』NTT出版、2017年〕; David Halpern, INSIDE THE NUDGE UNIT (2015)

(15) Akerlof and Shiller, PHISHING FOR PHOOLS (2015)〔前掲邦訳『不道徳な見えざる手』〕.

(16) ここから続く数段落は、Cass R. Sunstein, CHOOSING NOT TO CHOOSE (2015)〔前掲邦

訳『選択しないという選択』）から借用した。

(17) Eleanor A. Maguire et al., *Navigation-Related Structural Changes in the Hippocampi of Taxi Drivers,* 97 Proc. Nat'l Acad. Sci. 4398 (2000).

(18) Aldous Huxley, Brave New World xii (1931)〔大森望訳『すばらしい新世界』早川書房、2017年〕.

(19) *Id.* at 163.

(20) *Id.*

(21) Benjamin York and Susanna Loeb, One Step At A Time: The Effects Of An Early Literacy Text Messaging Program For Parents Of Preschoolers 31 (Nat'l Bureau of Econ. Research, Working Paper No. 20659, 2014), http://www.nber.org/papers/w20659.

(22) Michael Lewis, *Obama's Way* (Oct. 12, 2012), https://www.vanityfair.com/news/2012/10/michael-lewis-profile-barack-obama

(23) Jeremy Waldron, *It's All for Your Own Good,* Ny Review Of Books (2014), available at http:// www.nybooks.com/articles/archives/2014/oct/09/cass-sunstein-its-all-your-own-good/.

(24) Stephen Darwall, *The Value of Autonomy and the Autonomy of the Will,* 116 Ethics 263, 269 (2006).

(25) Bar-Gill and Sunstein, Regulation As Delegation (2015).

(26) 重要な議論としては、Edna Ullmann-Margalit and Sidney Morgenbesser, *Picking and Choosing,* 44 Social Research 757 (1977) を参照。

(27) Sunstein, Choosing Not To Choose (2015)〔前掲邦訳『選択しないという選択』〕.

(28) Avishai Margalit, The Decent Society 9–27 (1998).

(29) Nicolas Cornell, *A Third Theory of Paternalism,* 113 Mich. L. Rev. 1295 (2015).

(30) Waldron, It's All For Your Own Good (2014).

(31) Avishai Margalit, The Decent Society (1998) at 9–27; Michael Rosen, Dignity: Its History And Meaning (2012); Charles Beitz, *Human Dignity in the Theory of Human Rights,* 41 Phil & Pub. Affairs 259 (2013); Thomas Christiano, *Two Conceptions of Human Dignity as Persons* (unpublished manuscript 2008).

(32) この事例に関しては、ガートルード・リュッベ＝ヴォルフに感謝する。

(33) Steven Luckert and Susan Bachrach, State Of Deception: The Power Of Nazi Propaganda (2009).

(34) John Stuart Mill, On Liberty, in The Basic Writings Of John Stuart Mill: On Liberty, The Subjection Of Women, And Utilitarianism 3 (2002) (1863)〔前掲邦訳『自由論』〕.

(35) *Id.*

(36) この前提に対しては、結果的に十分正当化できる論拠があれば反論できる。たとえば、適切なデフォルトによって多くの命が救われることを示すことだ。

(37) Amartya Sen, Development As Freedom (2000)〔石塚雅彦訳『自由と経済開発』日本経済新聞社、2000年〕.

(38) Louis Brandeis, OTHER PEOPLE'S MONEY AND HOW THE BANKERS USE IT 65 (1914).

(39) David Nickerson and Todd Rogers, *Do You Have a Voting Plan? Implementation Intentions, Voter Turnout and Organic Plan-Making,* 21 PSYCHOLOGICAL SCIENCE 194 (2010).

(40) PREVENTING REGULATORY CAPTURE (Daniel Carpenter and David Moss eds., 2013).

(41) Friedrich Hayek, *The Use of Knowledge in Society,* 35 AM. ECON. REV. 519, 520 (1945)〔「社会における知識の利用」『個人主義と経済秩序』(ハイエク全集 I − 3) 春秋社、2008年所収〕.

(42) *Id.* at 525.

(43) *Id.*

(44) 一例としては、Timur Kuran and Cass R. Sunstein, *Availability Cascades and Risk Regulation,* 51 STAN. L. REV. 683 (1999) を参照。概論はJan Schnellenbach and Christian Schubert, *Behavioral Public Choice: A Survey* (2014), https://www.econstor.eu/bitstream/10419/92975/1/777865785.pdfを参照。特に鋭い視点としては、Ted Gayer and W. Kip Viscusi, *Behavioral Public Choice: The Behavioral Paradox of Government Policy* (2015), http://mercatus.org/publication/behavioral-public-choice-behavioral-paradox-government-policyを見よ。

Chapter 5

(1) 『マッドメン』からの引用はInternet Movie Database, http://www.imdb.com/title/tt1105057/quotesからのもの。

(2) まさに、ノスタルジアの本来の意味は「家へ帰ることを切望する」で、「古傷の疼き」ではない。

(3) パッケージに鮮明な警告を義務づけるFDAの努力については、R. J. Reynolds Tobacco Co. v. FDA, 823 F. Supp. 2d 36 (D.D.C. 2011), *aff'd,* 696 F.3d 1205 (D.C. Cir. 2012) を参照。政府主導のキャンペーンについては、CDC, *Tips for Former Smokers,* https://www.cdc.gov/tobacco/campaign/tips/index.htmlを参照。生々しい警告がもたらした成果については、Press Release, CDC, *Report Finds Global Smokers Consider Quitting Due to Graphic Health Warnings on Packages* (May 26, 2011), http://www.cdc.gov/media/releases/2011/p0526_cigarettewarnings.htmlを見よ。

(4) 英米法では虚偽行為は私犯行為となる。Derry v. Peek, L.R. 14 App. Cas. 337 (1889); John Hannigan, Measure of Damages in Tort for Deceit, 18 B.U. L. REV. 681 (1938). 不実表示に関連する問題についてはかなりの法的議論がある。John Cartwright, MISREPRESENTATION, MISTAKE and NON-DISCLOSURE (3d ed. 2012) を参照。虚偽に関連する倫理的問題については、Sissela Bok, LYING (2011) を見よ。

(5) Va. Pharmacy Bd. v. Va. Consumer Council, 425 U.S. 748 (1976).

(6) 15 U.S.C. §57a (a) (1) (B).

(7) 重要な議論では虚偽行為と類似の問題が扱われている。Richard Craswell, *Interpreting Deceptive Advertising,* 65 B.U. L. REV. 657 (1985); *Regulating Deceptive*

Advertising: The Role of Cost-Benefit Analysis, 64 S. CAL. L. REV. 549 (1991). これらから見ていくように、操作は異なる概念で、定義や監視が難しいものである。だが、クラズウェルの素晴らしい論は、操作の規制という問題を取り上げ、正にその規制が難しい理由を理解する助けとなる。

(8) Craswell, *Interpreting Deceptive Advertising* (1985) は独創的な議論を展開している。

(9) ここでは但し書きが必要である。開示要請が様々な状況の一側面だけにこだわったもので、人々の関心をその側面だけに集めるようなものであれば、操作という批判も不当ではない。販売業者は食品が遺伝子組み換え作物 (GMO) を使用していることを開示しなくてはならないという考え方を巡っての論議を考えてみるといいだろう。Charles Noussair et al., *Do Consumers Really Refuse to Buy Genetically Modified Food?,* 114 ECON. J. 102 (2004) を参照。遺伝子組み換え作物表示の義務化に反対する人々の間には、そうしたラベルは一種の操作であり、心配する必要のないことを心配するよう仕向けるものだとする主張がある。民間セクターは当然ながら、そのような操作に関与しており、製品のある特徴について、その特徴に嘘はないが、実際よりはるかに重要なものに見せて、人々の関心を集めようとしている。

(10) T. M. Wilkinson, *Nudging and Manipulation,* 61 POLITICAL STUDIES 341, 242 (2013).

(11) Frank Westerman, ENGINEERS OF THE SOUL: THE GRANDIOSE PROPAGANDA OF STALIN'S RUSSIA (2012); Susan Bachrach, STATE OF DECEPTION: THE POWER OF NAZI PROPAGANDA (2009).

(12) 有益な議論はMANIPULATION: THEORY AND PRACTICE (Christian Coons and Michael Weber eds., 2014) に見られる。

(13) 問題になるとする意見は、Wickard v. Filburn, 317 U.S. 111 (1942) に見られる。しかし、裁判所は特定の事実に基づいてならないという判決を下している。農務長官が住民投票を支持する内容で、人々を誘導するようなスピーチを行ったとされた件で、裁判所は次のように判断した。「有権者が長官の言葉によって、下級裁判所で取り上げられた解釈の方向に誘導されたとか、誤った方向に導かれたとかいうことを証明するものは何もない。スピーチが住民投票の結果を左右したことは明らかにされていない」。Id. at 116.

(14) 労働法にはこの問題が提起されるような穴があるが、根本的な問題は (脅しという形での) 強要であって、操作ではない。NLRB v. Gissel Packing Co., 395 U.S. 575 (1969).

(15) 以下を参照。また、Alan Zibel, CFPB Sets Sights on Payday Loans, Wall St. J., Jan. 4, 2015, available at http://www.wsj.com/articles/cfpb-sets-sights-on-payday-loans-1420410479 のペイデイローン〔給料を担保に提供する、短期の小口ローン〕に対する規制の可能性について論じている。

(16) Anne Barnhill, *What Is Manipulation?* in MANIPULATION: THEORY AND PRACTICE 50, 72 (Christian Coons and Michael Weber eds., 2014) における関連の議論と比較してみるといい。

(17) Augustus Bullock, THE SECRET SALES PITCH: AN OVERVIEW OF SUBLIMINAL ADVERTISING (2004).

(18) 「充分な」という言葉は、どれほど慎重に考慮されたかの度合いを示すときに用いられる。正当化の問題に関連するものではない。たとえば、誘拐犯になりそうな人間が誘拐

を止めようとする警察によって（その人間の考える能力を無視した形で）操作されるとか、テロリストが同様に、（正当な）操作の対象となる場合だ。

(19) しかし、ここで私が提示している定義に疑義を唱えたり、その定義では操作のあらゆる種類を包含していないとする事例もある。たとえば、人々の判断が適切に、正当な手段の下で自動的に行われてはいるが、熟慮の結果ではない場合だ（ある種の食べ物に人はすぐに惹かれるというのがここでは考えられる）。そのような自動的な判断について、操作とは無関係な、合理的な議論を通じて修正しようと試みることはあるだろう。だが同時に、まったく合理的ではない議論を通じてその判断を修正しようとする試みもある。友人やまったくの他人が、連想や生々しい画像を使って、判断を変えさせようとするかもしれない。問題は、熟慮を必要とするような判断でない場合でも、そうした行為は操作となるのかということだ。ここでは、熟慮の結果ではない判断について熟慮を必要としない方法で修正しようとしているわけで、これもまた操作となるのだろうか。その可能性の議論はここでの私の論点を超えている。この点を提起してくれたアン・バーンヒルに感謝する。彼女の *What Is Manipulation?* (2014) での議論を参照されたい。

(20) Friedrich Hayek, *The Market and Other Orders,* in THE COLLECTED WORKS OF F. A. HAYEK 384 (Bruce Caldwell ed., 2014).

(21) 自然もある意味で人々を操作する。寒さや雪に対しては、充分に熟慮する暇もなく人々は反応する。だが、ここでは意図的な行為という範囲に限って考える方が有益だろう。そもそも意図という言葉が操作の概念を定義する要素となっている。

(22) Edna Ullmann-Margalit, *Considerateness* (2011), http://ratio.huji.ac.il/sites/default/files/publications/dp584.pdf.

(23) たとえば、2014年の総合担保開示を求めたルールについては12 C.F.R. § 1024, 1026 (2015), https://files.consumerfinance.gov/f/201311_cfpb_final-rule_integrated-mortgage-disclosures.pdfを見よ。操作的行為を対象としたものも含めてCFPBの活動について懐疑的な評価をしているものとしては、Adam Smith and Todd Zywicki, *Behavior, Paternalism, and Policy: Evaluating Consumer Financial Protection* (2014), https://papers.ssrn.com/sol3/papers.cfm?abstract_id=2408083を参照。

(24) 全体を概観したもので優れた論評としてはMANIPULATION (Christian Coons and Michael Weber eds., 2014) がある。

(25) Coons and Weber, *Introduction,* in id. at 11.

(26) Wilkinson, *Nudging and Manipulation* (2013), at 345.

(27) *Id.* at 347.

(28) Ruth Faden and Tom Beauchamp, A HISTORY AND THEORY OF INFORMED CONSENT 354–368 (1986).

(29) Joseph Raz, THE MORALITY OF FREEDOM 377–379 (1986).

(30) Wilkinson, *Nudging and Manipulation* (2013).

(31) もちろん、ある種の嘘は正当化される。嘘をつく側の意図（たとえば、他者の感情を害さないようになど）も関連してくるし、無実を証明する（深刻な害を防止する）結果になる場合などだ。Bok, LYING (2011).

(32) Barnhill, *What Is Manipulation?* (2014), at 50, 72. バーンヒル説はRobert Noggle,

Manipulative Actions: A Conceptual and Moral Analysis, 33 AM. PHIL. Q. 57 (1995) を基礎としている。

(33) Martha Nussbaum, UPHEAVALS OF THOUGHT (2003).

(34) Wilkinson, *Nudging and Manipulation* (2013) at 347 は、この例を用いている。

(35) Elliott Aronson, THE SOCIAL ANIMAL 124–125 (6th ed. 1996).

(36) Lauren E. Willis, *When Nudges Fail: Slippery Defaults,* 80 U. CHI. L. REV. 1155 (2012).

(37) *Id.* at 1192.

(38) Robert Cialdini, *Crafting Normative Messages to Protect the Environment,* 12 CURRENT DIRECTIONS IN PSYCHOLOGICAL SCIENCE 105 (2003).

(39) *Id.*

(40) *Id.;* Wesley Schultz et al., *The Constructive, Destructive, and Reconstructive Power of Social Norms,* 18 PSYCH. SCI. 429 (2007).

(41) (決定的とまでは言えないが) 関連の結果については Caroline J. Charpentier et al., *The Brain's Temporal Dynamics from a Collective Decision to Individual Action,* 34 J. NEUROSCIENCE 5816 (2014) を参照。

(42) THE FEELING OF RISK: NEW PERSPECTIVES ON RISK PERCEPTION 3–20 (Paul Slovic ed., 2010).

(43) Steve Krug, DON'T MAKE ME THINK REVISITED: A COMMON SENSE APPROACH TO WEB AND MOBILE USABILITY 10-19(2014) (前掲邦訳『超明快Webユーザビリティ』).

(44) Adam Kramer et al., *Experimental Evidence of Massive-Scale Emotional Contagion through Social Networks,* 111 PROC. OF THE NAT'L ACAD. OF SCI. 8788 (2014).

(45) Marcia Baron, *Manipulativeness,* 77 PROC. AND ADDRESSES OF THE AM. PHIL. ASS'N 37 (2003). 特に、「対照的に、いい意味で操作に優れた人物は——そうした特性について特に呼び方はない——、他者の行動を変更させるべき時期を心得ており、正しい時期に正しい理由と目的で、さらにそれが認められる時 (時にそのリスクを犯す価値がある時) とき、認められる手段だけを使って、変更をもたらす方法を知っている。そうした特性を持つ人物は他者を、おだてたり、騙したりして、行動を変えさせるのではなく、理性的に説得しようとする。……操作が悪となるのは、それが思い上がりや思い込みであったり、操作しようとする人間がすぐに策に走るからである。*Id.* at 48, 50.

(46) George Akerlof and Robert Shiller, PHISHING FOR PHOOLS (2015)〔前掲邦訳『不道徳な見えざる手』〕.

(47) ここでは、福利についての正しい理解を巡る様々な疑問を一括りにしまっている。自律と尊厳を内包する福利の概念も可能であろう。Amartya Sen, DEVELOPMENT AS FREEDOM (2000) (〔前掲邦訳『福祉の経済学』〕; Martha Nussbaum, CREATING CAPABILITIES (2011); *Utilitarianism and Welfarism,* 76 J. PHIL. 463 (1979). 有益な議論としては、Matthew Adler, WELL-BEING AND FAIR DISTRIBUTION (2011) を参照。

(48) 子どもや、何らかの認知症を患う人は、操作に対する反感が弱い。親は、子どもの福利を増進するためも含めて、常に子どもを操る。介護士らは認知症を患う人を操る。こう

した行為は広く受け入れられているが、深刻な倫理的疑念を生む場合も考えられる。問題となる操作的行為が操られている側の利益になることでも、自律と尊厳の問題がここでも縛りとなる。

(49) ここでの問題は、操作によって福利が増進されるのか、されないのかである。法律や規制者によって操作が禁止されるべきかが問題なのではない。後者の問いは、制度の能力と決定に関わるコストについての問題を投げかけている。さらに、操作が多様な考え方を持つ多数の人々に及ぼす効果についても注意を促す。たとえば、宣伝への反応として、(システム1が影響されたことで) 操作される人もいれば、(宣伝によって熟慮する力の方が発揮されて) 操作されない人もいる。

(50) Christine Jolls, Product Warnings, *Debiasing, and Free Speech: The Case of Tobacco Regulation,* 169 J. INSTITUTIONAL AND THEORETICAL ECONOMICS 53 (2013).

(51) Friedrich Hayek, The Market and Other Orders (Bruce Caldwell ed., 2013) (emphasis added).

(52) 操作の概念は、同意の欠如を前提としているという見方もある。Robert Goodin, *Manipulatory Politics* 9 (1980) (「知られざる影響」について論じている) だが、取り上げている例は、操作は同意のうえ、それどころか招かれているとすることを示すものである。

(53) Wilkinson, *Nudging and Manipulation* (2013), at 345.

(54) Jon Elster, ULYSSES AND THE SIRENS (1983).

(55) Goodin, MANIPULATORY POLITICS (1980), at 7–12.

(56) FDAによる規制が控訴裁判所によって無効とされたケースがある。R. J. Reynolds Tobacco Co. v. U.S. Food and Drug Admin., 823 F. Supp. 2d 36 (D.D.C. 2011), *aff'd*, 696 F.3d 1205 (D.C. Cir. 2012).

(57) Jonathan Baron, *A Welfarist Approach to Manipulation,* J. MARKETING BEHAVIORAL (forthcoming).

(58) *Id.* 特に次の記述に示されている。「結果の誘意力と虚偽性という2つの側面は実社会では関連しているかもしれない。また、人々はそう思い、関連しているのなら、その一方を使って、他方について推論する。この代替バイアスの効果として、人は恩恵をもたらす、ナッジのような操作に懐疑心を抱くこともある。恩恵をもたらすナッジも、効果があるが故に自律性の侵害と思われてしまう。こうした混乱が、恩恵をもたらすナッジの活用を抑制しているのかもしれない」。

(59) Akerlof and Shiller, PHISHING FOR PHOOLS (2015)〔前掲邦訳『不道徳な見えざる手』〕. 様々な懸念を取り上げ、規制の拡大の有効性を示している。

(60) Edward L. Glaeser, Paternalism and Psychology, 73 U. CHI. L. REV. 133 (2006).

(61) Akerlof and Shiller, PHISHING FOR PHOOLS (2015)〔前掲邦訳『不道徳な見えざる手』〕.

(62) Bar-Gill, SEDUCTION BY CONTRACT (2011).

(63) Eric Posner, The Law, *Economics, and Psychology of Manipulation* (2015), http://papers.ssrn.com/sol3/papers.cfm?abstract_id=2617481.

(64) Watts v. United States, 394 U.S. 705 (1969).

(65) Va. State Pharmacy Bd. v. Va. Consumer Council, 425 U.S. 748 (1976).

(66) NLRB v. Gissel Packing Co., 395 U.S. 575 (1969).

(67) Bianca Nunes, Case Note, *The Future of Government-Mandated Health Warnings after R.J. Reynolds and American Meat Institute,* 163 U. PA. L. REV.177 (2014).

(68) R. J. Reynolds Tobacco Co. v. U.S. Food & Drug Admin., 823 F. Supp. 2d 36 (D.D.C. 2011), *aff'd,* 696 F.3d 1205 (D.C. Cir. 2012).

(69) *Id.*

(70) Christine Jolls, *Debiasing through Law and the First Amendment,* 67 STAN. L. REV. 1411 (2015).

(71) Baron, *A Welfarist Approach To Manipulation* (forthcoming).

(72) 可能性として考えられることだが、疑問もあるだろう。どぎつい画像の警告自体は統計的な情報を提供しているわけではない。いわば赤信号として、一般的な警告として捉えられるものだ。すでに指摘したように、それが知識を増やすことになるかどうかは実証されなければならない問題である。*Jolls, Debiasing through Law and the First Amendment* (2015).

(73) 485 U.S. 46 (1988).

(74) *Id.* at 52.

(75) *Id.* at 47.

(76) New York Times v. Sullivan, 376 U.S. 254 (1964).

(77) 最低でも、操作的な表現が深刻な害を及ぼすことを示す必要がある。だが、政治的な背景を考えると、そのように示すだけでは充分ではないとされる。害を及ぼす可能性のある表現を正す最適な方法は、それを黙らせることではなく、さらに議論を盛んにすることだという信念が一般的になっているからだ。Whitney v. California, 274 U.S. 357, 374 (1927) (Brandeis, J., dissenting).

(78) Va. State Pharmacy Bd. v. Va. Citizens Consumer Council, 425 U.S. 748 (1976). 経済的視点からの有益な議論については、*Richard Craswell, Regulating Deceptive Advertising: The Role of Cost-Benefit Analysis,* 64 SOUTHERN CAL. L. REV. 549 (1991) を参照。

(79) Central Hudson Gas & Elec. v. Public Svc. Comm'n, 447 U.S. 557 (1980).

(80) Akerlof and Shiller, PHISHING FOR PHOOLS (2015)〔前掲邦訳『不道徳な見えざる手』〕.

(81) Oren Bar-Gill, SEDUCTION BY CONTRACT (2011).

(82) Posner, *The Law, Economics, and Psychology of Manipulation* (2015).

(83) Bar-Gill, SEDUCTION BY CONTRACT (2011); Ryan Bubb and Richard H. Pildes, *How Behavioral Economics Trims its Sails and Why,* 127 HARV. L. REV. 1593–1678.

(84) 12 U.S.C. § 5511 (2010).

(85) 12 U.S.C. § 5512 (2010).

(86) Consumer Financial Protection Bureau, Know before You Owe: Credit Cards, http://www.consumerfinance.gov/credit-cards/knowbeforeyouowe/.

(87) *Id.*

(88) Oren Bar-Gill and Ryan Bubb, *Credit Card Pricing: The Card Act and Beyond,* 97 CORNELL L. REV. 967 (2012).

(89) 理論的根拠については、Akerlof and Shiller, PHISHING FOR PHOOLS (2015)〔前掲邦訳『不道徳な見えざる手』〕を参照。

Chapter 6

(1) 遺伝子組み換え作物表示の義務化については人々がほぼ受け入れていること（infra note 35)、また、(グリーンエネルギーの費用と効果については具体的に示していない設問に対しての答えとして）自動的に「グリーン」エネルギーを契約することの義務化についても好意的な意見を持っていることについては、こうした問題がありそうだ。

(2) Louis Kaplow and Steven Shavell, FAIRNESS VERSUS WELFARE (2006).

(3) PERSPECTIVES ON FRAMING (Gideon Keren ed., 2010).

(4) Shane Frederick, *Measuring Intergenerational Time Preference: Are Future Lives Valued Less?,* 26 J. RISK AND UNCERTAINTY 39, 40 (2003)（命にかかわる問題での人々の優先順位がフレーミングに左右されることを示している）。

(5) Maureen L. Cropper, Sema K. Aydede, and Paul R. Portney, *Preferences for Life Saving Programs: How the Public Discounts Time and Age,* 8 J. RISK AND UNCERTAINTY 243, 258–259.

(6) ここでは、圧力団体の力学と連合形成の2つを一緒にして述べてしまっているが、これらはもちろん公的判断を複雑にする。政治家は再選にかかわってくる様々なことに気を使うもので、中央値を形成する有権者の意見だけに耳を傾けるわけではない。また、立法府と行政府では、この点で重要な違いがあり、行政府の方が専門技術を基にした判断が可能な「余地」がある。Cass R. Sunstein, *The Most Knowledgeable Branch,* U. PA. L. REV. (forthcoming).

(7) これは代議員の役割についての様々な議論の中で、特にどの立場をとると表明するものではない。古典的な研究としては、Hanna Pitkin, THE CONCEPT OF REPRESENTATION (1972) を参照。

(8) 一般の支持、不支持も社会の福利の要素と考えられるが、少なくとも一般的に言えば、それほど大きな要素ではない。非常に例外的な状況を除いて、カロリー表示の義務化や貯蓄プランへの自動加入の福利面への効果は、人々の行動やその結果に左右されるもので、抽象的に見てそうした政策の支持に左右されるものではない。

(9) デンマーク国内での類似の結果については、Sofie Kragh Pedersen et al., *Who Wants Paternalism,* 66 BULLETIN OF ECONOMIC RESEARCH S147 (2014) を参照。

(10) Sharon Brehm and Jack Brehm, PSYCHOLOGICAL REACTANCE: A THEORY OF FREEDOM AND CONTROL (1981).

(11) Lucia Reisch and Cass R. Sunstein, *Do Europeans Like Nudges?* (unpublished manuscript 2016).

(12) 79 Fed. Reg. 71156.

(13) 75 Fed. Reg. 69524.

(14) パッケージに警告表示の掲載を義務化するためのFDAの行動については、R. J. Reynolds Tobacco Co. v. US Food and Drug Admin., 823 F. Supp. 2d 36 (D.D.C. 2011), *aff'd*

on other grounds, 696 F.3d 1205 (D.C. Cir. 2012) を参照。

(15) 関連する法律と政策については、AUTOMATIC: CHANGING THE WAY AMERICA SAVES (William Gale et al. eds., 2009) を参照。

(16) カロリー表示については、共和党（支持率77パーセント)、民主党（支持率92パーセント)、無党派層（支持率88パーセント）の間で統計的には重要な差が出ていることに留意。

(17) ここでも、2つの政策では民主党と共和党の間で、連邦政府による奨励については民主党と無党派層の間で、統計的に重要な差が現れた。（奨励に対しては、民主党の88パーセント、共和党の73パーセント、無党派層の75パーセントが支持、義務化については、民主党の78パーセント、共和党の62パーセント、無党派層の67パーセントが支持している。

(18) 数字は四捨五入しているため、合計が100とはならないことがある。

(19) Anne Thorndike et al., *Traffic-Light Labels and Choice Architecture Promoting Healthy Food Choices*, 46 AM J. PREVENTIVE MEDICINE 143-149 (2014).

(20) 私はこれはいい考えではないと思っている。*Id.* at 130; Cass R. Sunstein, *Don't Mandate Labeling for Gene-Altered Foods, Bloomberg Opinion* (May 13, 2013), http://www.bloomberg.com/ news/articles/2013-05-12/don-t-mandate-labeling-for-gene-altered-foods.

(21) Craig v. Boren, 429 U.S. 190, 200–204 (1976). 一般論として有益なのは、Elizabeth F. Emens, *Changing Name Changing: Framing Rules and the Future of Marital Names*, 74 U. CHI. L. REV. 761, 772–774 (2007).

(22) 数字は四捨五入しているため、合計が100とはならないことがある。

(23) 原則論で言えば、デフォルトルールが現状の追認となる場合にこれは問題となる。人口の大半が実際に民主党支持者で、市や州の当局が有権者登録の際にそれを前提としたら、それは許されないことだろうか。答えはまず間違いなくイエスだ。政治的志向は能動的に選択されるべきもので、政府が前提とすべきものではない。この原則には憲法上の基盤があるはずだ（これまでに試されたことはないが)。選挙区の人口の80パーセントが民主党支持であったとしても、すべて権者が民主党支持者として登録することを前提とすることは認められない。ただ、このような短いコメントでは、過半数の嗜好や価値観を基にした「大衆」デフォルトルールの利用に関する複雑な問題に適切に答えられないことは承知している。Cass R. Sunstein, CHOOSING NOT TO CHOOSE 77 (2015)〔『選択しないという選択』〕.

(24) ここでも、デフォルトルールが現状を追認しているのかについて疑念を呈することはできる。だが、宗教や政治に関しては、公では中立を支持する強い規範があり、過半数の嗜好や価値観を反映したデフォルトがあれば、その規範が侵害されることになる。

(25) 数字は四捨五入しているため、合計が100とはならないことがある。

(26) もちろん、宗教や政党に基づいて、えこひいきが行われる国家が広く支持されるという状況も想像できる。女性が夫の姓に変更するというデフォルトルールへの支持と似たようなものかもしれない（女性の姓変更は回答者の過半数に支持された)。そのような国家では、最も人気のある政党あるいは宗教を支持するようなデフォルトルールが人々の嗜

好や価値観を追認するもので、政府の中立という原則を破るものとは思われないこともある。反対意見についてはsupra notesを参照。

(27) 「党派別ナッジバイアス」についての調査結果はこの主張と完全に一致している。David Tannenbaum, Craig Fox, and Todd Rogers, *On the Misplaced Politics of Behavioral Policy Interventions* (2014), https://pdfs.semanticscholar.org/0418/4cd62d265d49b300b60528fb0e36692964a8.pdf.

(28) ここでも再び、こうした結果を覆したがる人々がいることは想像できる。女性が自動的に男性の姓になるという前提は男女間の平等を損ね、男性が女性の姓になることが平等を促進すると信じる人にとっては、過半数の人々の意見をひっくり返すことに心惹かれるかもしれない。

(29) だが、貯金についてのデフォルトとグリーンデフォルトは重要な点で異なる。前者のデフォルトは選択者の利益になるものとして使われる。もらう給料の一部が貯金に回るだけで、総計として選択者が失うものはない（定年後のための貯金として残る）。後者は集団的行動の問題解決のために使われている。グリーンデフォルトでは、人々がグリーンデフォルトのために負担を担うのかについては明らかにしていない。負担があるとわかれば、デフォルトを拒否するだろうことは 驚くにあたらない。Simon Hedlin and Cass R. Sunstein, *Does Active Choosing Promote Green Energy Use? Experimental Evidence,* ECOLOGY L.Q. (forthcoming).

(30) 確かに、これらの結果には曖昧なところがある。回答者は、(a)自分たちの利害や価値観に合わないナッジを拒否するのか、(b)選択する側の大多数の人々の利害や価値観に合わないナッジを拒否するのか。この疑問について、結果は明確なことを示してはくれない。回答者がナッジを拒否するのは、自分の利害や価値観に合わないナッジは大半の人々の利害や価値観とも合わないと思っているのではないだろうか。(a)と(b)を区別することができる質問を設定できれば面白いし、可能性はあるだろう。

(31) この原則が問題となるかどうかは、「損失」の発生の根拠となる権利の議論にかかっている。ここでは、問題は特に複雑なものではない。デフォルトルールによって特定の慈善団体に寄付することになっていれば（デフォルトを拒否することはできる）、それは損失を発生させる。だが、少し複雑なケースも考えることができ、たとえば、社会保険制度への変更では、損失と利益が明白ではなく、フレーミングによって見え方が異なる。

(32) 正確には人々に、「妊娠中の女性に対して、中絶の前に胎児のソノグラムを見て、心音を聞くことを義務づける」ことについて支持するか、支持しないかという質問だった。無党派層では、ほぼ民主党と同じ割合の3分の1だけが支持したというのは興味深い結果だった。

(33) Tannenbaum, Fox, and Rogers, *On the Misplaced Politics of Behavioral Policy Interventions* (2014).

(34) Reisch and Sunstein, *Do Europeans Like Nudges?* (unpublished manuscript 2016).

(35) Pedersen et al., *Who Wants Paternalism,* 66 BULLETIN OF ECONOMIC RESEARCH S147 (2014).

(36) Janice Jung and Barbara A. Mellers, *American Attitudes toward Nudges,*

Judgment And Decision Making (forthcoming).

(37) William Hagman et al., *Public Views on Policies Involving Nudges,* 6 Rev. Of Phil. And Psychol. 439 (2015).

(38) 健康に関する行動に限った質的調査でも同じような結果が得られている。Astrid F. Junghans et al., *Under Consumers' Scrutiny: An Investigation into Consumers' Attitudes and Concerns about Nudging in the Realm of Health Behavior,* 15 Bmc Pub. Health 336 (2015). 結論として、「消費者のほとんどが、健康に関する行動の分野ではいくつかの条件が満たされれば、この考え方を支持している。条件とは、①ナッジが個人と社会のためになるものである、②消費者が、対象となる行動の促進にあたっての決定の背景や根拠を理解している」の２つである。*Id.* at 336. さらに著者は、「ナッジやパターナリスティックな戦略を政策手段に取り入れた、あるいは取り入れることを考えている政府に対しては、研究者やメディアの一部はナッジを批判するが、調査結果は、ナッジについてのさらなる情報を求めながらも、そのような戦略を支持している」と述べている。*Id.* at 349.

(39) Simon Hedlin and Cass R. Sunstein, *Does Active Choosing Promote Green Energy Use? Experimental evidence,* Ecology L.Q. (forthcoming 2016).

(40) これも、Till Grüne-Yanoff and Ralph Hertwig, *Nudge Versus Boost: How Coherent Are Policy and Theory?,* 26 Minds & Machines 1 (2016) を読み解く一つの方法ではある。

(41) Gidon Felsen et al., *Decisional Enhancement and Autonomy: Public Attitudes towards Overt and Covert Nudges,* 8 Judgment And Decision Making 202-213 (2012).

(42) *Id.* at 205, 208.

(43) *Id.* at 205. 彼らの分析の一部を単純化して述べている。詳細は*Id.* at 203–205 を参照

(44) *Id.* at 206.

(45) *Id.* at 206–207. 人々は助けを望むときは、中立的な選択ではなく何らかのナッジを選択した（驚く結果ではない）。*Id.* at 206. だが、多くの場合はシステム２型のナッジを好む傾向を見せた。健康的な食生活に関するナッジは例外である。*Id.* at 207（助けを求めない回答者の方が、無意識ではなく意識できる影響を好む傾向が強かった）。

(46) *Id.* at 207.

(47) *Id.* at 208.

(48) Pederson et al., *Who Wants Paternalism,* 66 Bulletin Of Economic Research S147 (2014).

(49) Joni Hersch, *Smoking Restrictions as a Self-Control Mechanism,* 31 J. Risk And Uncertainty 5(2005).

(50) Jung and Barbara A. Mellers, *American Attitudes toward Nudges,* JUDGM. DECIS. MAK. (forthcoming).

(51) *Id.* at 22.

(52) Ayala Arad and Ariel Rubinstein, *The People's Perspective on Libertarian-Paternalistic Policies* 8 (2015), available at http://www.tau.ac.il/~aradayal/LP.pdf.

(53) *Id.* at 22.
(54) Simon Hedlin and Cass R. Sunstein, *Does Active Choosing Promote Green Energy Use? Experimental Evidence* (forthcoming), at 14–16.
(55) Richard Thaler and Cass R. Sunstein, NUDGE (2008) at 109〔前掲邦訳『実践 行動経済学』〕; Benartzi, SAVE MORE TOMORROW (2012), at 12.
(56) Tannenbaum, Fox, and Rogers, *On the Misplaced Politics of Behavioral Policy Interventions* (2014), at 1.
(57) Daniel Kahneman and Shane Frederick, *Representativeness Revisited: Attribute Substitution in Intuitive Judgment,* in HEURISTICS AND BIASES: THE PSYCHOLOGY OF INTUITIVE JUDGMENT 53 (Thomas Gilovich et al. eds., 2002).
(58) Luc Bovens, *The Ethics of Nudge, in Preference Change* 207 (Till Grüne-Yanoff and S. O. Hansson eds., 2008).
(59) 一般論としてはRiccardo Rebonato, TAKING LIBERTIES: A CRITICAL EXAMINATION OF LIBERTARIAN PATERNALISM (2012) を参照。一連の反論が説明されているが、その中にはこの主張が関わるものもある。同じような流れで、サラ・コンリーは次のように書いている。ナッジを設定する際は、「人々を適切な選択ができる存在とは考えず、効果が上がる、非合理的な側面に訴えかけて、人々の裏をかこうとする。私たちは、人々は自分たちだけでは適切な決断を下せないと認めてしまっている。これはリベラリズムの根本的な前提に反するものだ。リベラリズムにおいては、人は基本的に合理的で、賢明な生き物で、自律的に決定できる、そして、すべきだと考えられている」。Sarah Conly, AGAINST AUTONOMY 30 (2012).
(60) George Loewenstein, Cindy Bryce, David Hagmann, and Sachin Rajpal, *Warning: You Are About to Be Nudged,* 1 BEHAVIORAL SCIENCE AND POL. 35 (2015).
(61) Id. at 38.
(62) Ryan Bubb, *TMI? Why the Optimal Architecture of Disclosure Remains TBD,* 113 MICH. L. REV. 1021, 1022 (2015).

Chapter 7

(1) Hunt Allcott, *Social Norms and Energy Conservation,* 95 J. PUB. ECON. 1082 (2011); Hunt Allcott and Todd Rogers, *The Short-Run and Long-Run Effects of Behavioral Interventions* (Nat'l Bureau of Econ. Research, Working Paper No. 18492, 2012), available at http://www.nber.org/papers/w18492.
(2) Robert B. Cialdini et al., *Managing Social Norms for Persuasive Impact,* 1 SOC. INFLUENCE 3, 10–12 (2006).
(3) *Id.* at 12. 特に、好ましくない存在や行為に人々の注意を向けさせることが実際には、そのような行為の増加につながることに留意。「説得力がないメッセージは、否定形の言葉で、規範を諭すようなメッセージである。様々な社会問題に関して、保健や公的サービス関係の役人が……定期的に発信するものに似たものだ。私たちの調査結果は、説得を目的とするコミュニケーションではそのような訴えかけは避けるべきであることを示し

ている。だが、残念ながら、いつもその通りになるわけではない。……たとえば、この調査結果（否定形の言葉を使って、規範を諭すようなメッセージの注意書きは効果がないこと）を公園管理当局に知らせたが、当局はそうした部分の注意書きを変更することはしなかった。……私たちとしては残念だが——本音を言えば、驚きはしなかった——、公園関係者が注意書きについては、私たちの実証結果より観光客の主観的な反応を優先したということだ」。

(4) もちろん、社会規範を強調すると、特に若年層の間では逆効果や時に抵抗感の方を生み出すかもしれない。「逸脱したサブコミュニティ」については、Robert A. Kagan and Jerome H. Skolnick, *Banning Smoking: Compliance without Enforcement,* in SMOKING POLICY: LAW, POLITICS, AND CULTURE 69, 72 (Robert L. Rabin and Stephen D. Sugarman eds., 1993) を参照。

(5) Raj Chetty et al., *Active vs. Passive Decisions and Crowdout in Retirement Savings Accounts: Evidence from Denmark* (Nat'l Bureau of Econ. Research Working Paper No. 18565, 2012), available at http:// www.nber.org/papers/w18565. ドイツの電力供給についてはJosef Kaenzig et al., *Whatever the Customer Wants, the Customer Gets? Exploring the Gap between Consumer Preferences and Default Electricity Products in Germany,* 53 ENERGY POL'Y 311 (2013) を参照。

(6) Zachary Brown et al., *Testing the Effects of Defaults on the Thermostat Settings of OECD Employees,* 39 ENERGY ECONOMICS 128 (2013).

(7) *Print Management Information,* RUTGERS.EDU, available at https://it.rutgers.edu/print-management/

(8) Johan Egebark and Mathias Ekström, *Can Indifference Make the World Greener?* (2013), available at http://www2.ne.su.se/paper/wp13_12.pdf.

(9) *Id.*

(10) *Id.* at 20.

(11) 一例としてはMass Energy Consumers Alliance, *Frequently Asked Questions,* http:// www.massenergy.org/renewable-energy/FAQを参照。

(12) Daniel Pichert and Konstantinos V. Katsikopoulos, *Green Defaults: Information Presentation and Pro-environmental Behaviour,* 28 J. ENVTL. PSYCHOL. 63 (2008). ドイツでの最近の実証研究についてはKaenzig et al., *Whatever the Customer Wants, the Customer Gets? Exploring the Gap between Consumer Preferences and Default Electricity Products in Germany* (2013) に報告されている。

(13) *Id.* at 64.

(14) *Id.* at 66.

(15) Felix Ebeling and Sebastian Lotz, *Domestic Uptake of Green Energy Promoted by Opt-Out Tariffs,* NATURE CLIMATE CHANGE (2015), https://www.nature.com/articles/nclimate2681

(16) Daniel Pichert and Konstantinos V. Katsikopoulos, *Green Defaults: Information Presentation and Pro-environmental Behaviour,* J. ENVTL. PSYCH., 28, 63–73 (2008).

(17) *Id.*, at 70.

(18) Simon Hedlin and Cass R. Sunstein, *Does Active Choosing Promote Green Energy Use? Experimental Evidence,* ECOLOGY L.Q. (forthcoming), https://papers.ssrn.com/sol3/papers.cfm?abstract_id=2624359.

(19) Isaac Dinner et al., *Partitioning Default Effects: Why People Choose Not to Choose,* 17 J. EXPERIMENTAL PSYCHOL.: Applied 332 (2011).

(20) *Id.* at 332, citing *EnergyStar, Light Bulbs,* https://www.energystar.gov/products/lighting_fans/light_bulbs.

(21) *Id.* at 341.

(22) *Id.* at 335.

(23) Peter Fox-Penner, SMART POWER: CLIMATE CHANGE, THE SMART GRID, AND THE FUTURE OF ELECTRIC UTILITIES (2012).

(24) *Id.*

(25) Directive 2009/72/EC, of the European Parliament and of the Council of 13 July 2009(国内電力市場に関する共通ルールについて)、また、Directive 2003/54/EC (Text with EEA relevance) を撤回, 2009 O.J. (L 211) 91; see also Institute for Energy & Transport Joint Research Centre, available at http://ses.jrc.ec.europa.eu/.

(26) Austrian Energy Agency, *European Smart Metering Landscape Report* (2011), https://www.sintef.no/globalassets/project/smartregions/d2.1_european-smart-metering-landscape-report_final.pdf/.

(27) Folke Ölander and John Thøgersen, *Informing or Nudging, Which Way to a More Effective Environmental Policy?,* in MARKETING, FOOD AND THE CONSUMER 141 (Joachim Scholderer and Karen Brunsø eds., 2013).

(28) William G. Gale, J. Mark Iwry and Spencer Walters, *Retirement Savings for Middle- and Lower-Income Households: The Pension Protection Act of 2006 and the Unfinished Agenda,* in AUTOMATIC 11, 13–14 (William G. Gale et al. eds., 2009); Dinner et al., *Partitioning Default Effects* (2011); Gabriel D. Carroll et al., *Optimal Defaults and Active Decisions,* 124 Q. J. ECON. 1639, 1641–1643 (2009).

(29) Craig R. M. McKenzie, Michael J. Liersch, and Stacey R. Finkelstein, *Recommendations Implicit in Policy Defaults,* 17 PSYCHOL. SCI. 414, 418–419 (2006); Brigitte C. Madrian and Dennis F. Shea, *The Power of Suggestion: Inertia in 401(k) Participation and Savings Behavior,* 116 Q. J. ECON. 1149, 1182. もちろん、デフォルトすべてが、人々にとって最良な結果をもたらすからという理由で選ばれているわけではない。

(30) Äsa Löfgren et al., *Are Experienced People Affected by a Pre-set Default Option – Results from a Field Experiment,* 63 J. ENVTL. ECON. AND MGMT. 66 (2012).

(31) Jeffrey Brown et al., The Downside of Defaults (unpublished manuscript) (2011), available at http://www.nber.org/programs/ag/rrc/NB11-01%20Brown,%20Farrell,%20Weisbenner%20FINAL.pdf.

(32) *Id.*

(33) David Tannenbaum and Peter Ditto, *Information Asymmetries in Default Options*

11-17 (unpublished manuscript) (2012), available at https://webfiles.uci.edu/dtannenb/www/documents/default%20information%20asymmetries.pdf.

(34) Eric Johnson and Daniel Goldstein, *Decisions by Default,* in THE BEHAVIORAL FOUNDATIONS OF PUBLIC POLICY (Eldar Shafir ed., 2013).

(35) エネルギー供給業者が行う定期的な製品試験と価格の比較についてはThe Stiftung Warentest, available at www.test.deを見よ。例としては*Stiftung Warentest empfiehlt Versorgerwechsel,* STIFTUNG WARENTEST (November 20, 2012), http://www.test.de/presse/pressemitteilungen/Hoehere-Strompreise-Stiftung-Warentest-empfiehlt-Versorgerwechsel-4472100-0/を参照。

(36) Infas Energiemontor 2012, http://www.infas.de/fileadmin/images/aktuell/infas_Abb_ Energiemarktmonitor.pdf.

(37) S. Fleming, C. L. Thomas, and R. J. Dolan, *Overcoming Status Quo Bias in the Human Brain,* 107 PROC. NAT'L ACAD. OF SCI. 6005-6009 (2010).

(38) Richard H. Thaler, Daniel Kahneman, and Jack L. Knetsch, *Experimental Tests of the Endowment Effect and the Coase Theorem,* in Richard H. Thaler, QUASI RATIONAL ECONOMICS 167, 169 (1994); A. Peter McGraw et al., *Comparing Gains and Losses,* 21 PSYCHOL. SCI. 1438, 1444 (2010). 損失回避をよく示した例については、David Card and Gordon B. Dahl, *Family Violence and Football: The Effect of Unexpected Emotional Cues on Violent Behavior,* 126 Q. J. ECON. 103, 105-106, 130-135 (2011)(応援しているフットボールチームが予想外の負けを喫すると家庭内暴力が増加するという調査結果)に見ることができる。

(39) Roland Fryer, Jr. et al., *Enhancing the Efficacy of Teacher Incentives through Loss Aversion* (Nat'l Bureau of Econ. Research, Working Paper No. 18237, 2012), https://www.nber.org/papers/w18237.

(40) *Id.*

(41) 損失回避とその重要性についての議論は次に見ることができる。Tatiana A. Homonoff, (unpublished manuscript) (March 27, 2013), http://www.human.cornell.edu/pam/people/upload/Homonoff-Can-Small-Incentives-Have-Large-Effects.pdf. ホモノフは、コロンビア特別区ではレジ袋に5セントの税金をかけるとレジ袋の使用量削減に大きな効果が表れ、何度も使える袋の使用に5セントのボーナスをつけても、何の効果もなかったとしている。

(42) Aristeidis Theotokis and Emmanouela Manganari, *The Impact of Choice Architecture on Sustainable Consumer Behavior: The Role of Guilt,* 131 J. BUS. ETHICS 423-437 (2014).

(43) Zachary Brown et al., *Testing the Effects of Defaults on the Thermostat Settings of OECD Employees,* 39 ENERGY ECON. 128 (2013).

(44) Löfgren et al., *Are Experienced People Affected by a Pre-Set Default Option: Results from a Field Experiment* (2012).

(45) だが、この調査は実験室内で行われたもので、無作為抽出で行われたものではないことには注意すべきだ。人々が実際にデフォルトを変えることを求められたら――単にどう

するかの質問に答えるだけではなく――、変更率は下がることが予想される。

(46) John Beshears et al., *The Limitations of Defaults* 8 (unpublished manuscript) (Sept. 15, 2010), https://www.nber.org/programs/ag/rrc/NB10-02,%20Beshears,%20Choi,%20Laibson,%20Madrian.pdf.

(47) *Id.*

(48) Jeffrey Brown et al., *The Downside of Defaults* (unpublished manuscript) (2011), available at https://projects.nber.org/projects_backend/rrc/papers/orrc11-01.pdf.

(49) David R. Just and Brian Wansink, *Smarter Lunchrooms: Using Behavioural Economics to Improve Meal Selection,* 24 Choices (2009), http://www.choicesmagazine.org/magazine/pdf/article_87.pdf

(50) Abhijit Banerjee and Esther Duflo, POOR ECONOMICS (2010)〔山形浩生訳『貧乏人の経済学――もういちど貧困問題を根っこから考える』みすず書房、2012年〕; Shah et al., *Some Consequences of Having Too Little,* 338 SCIENCE 682–685.

(51) Infas Energiemontor 2012.

(52) Åsa Löfgren et al., *Are Experienced People Affected by a Pre-Set Default Option—Results from a Field Experiment,* 63 J. ENVTL. ECON. & MGMT. 66 (2012).

(53) 明解な論説としては、William Nordhaus, THE CLIMATE CASINO (2014) を参照。

(54) Interagency Working Group on Social Cost of Carbon, *Technical Support Document: Social Cost of Carbon for Regulatory Impact Analysis under Executive Order 12866* (2010), http:// www.epa.gov/oms/climate/regulations/scc-tsd.pdf. 批判として優れているのは、William Nordhaus, *Estimates of the Social Cost of Carbon* (unpublished manuscript), http://www.econ.yale.edu/~nordhaus/homepage/homepage/documents/DICE_Manual_100413r1.pdfである。

(55) Interagency Working Group on Social Cost of Carbon, *Technical Support Document: Social Cost of Carbon for Regulatory Impact Analysis under Executive Order 12866* (2010).

(56) Interagency Working Group on Social Cost of Carbon, *Technical Support Document: Updated Social Cost of Carbon for Regulatory Impact Analysis under Executive Order 12866* (2010), https://www.epa.gov/sites/production/files/2016-12/documents/scc_tsd_2010.pdf.

(57) Punam Anand Keller et al., *Enhanced Active Choice: A New Method to Motivate Behavior Change,* 21 J. CONSUMER PSYCHOL. 376 (2011).

(58) *Id.*

Chapter 8

(1) Sarah Conly, AGAINST AUTONOMY (2012); Ryan Bubb and Richard Pildes, *How Behavioral Economics Trims Its Sails and Why,* 127 HARV. L. REV. 1593 (2014).

(2) 定義の問題は別として、選択の自由は通常、社会の福利の要素として重要視されている。Björn Bartling et al., *The Intrinsic Value of Decision Rights* (U. of Zurich, Dep't of Econ. Working

Paper No. 120, 2013), https://papers.ssrn.com/sol3/papers.cfm?abstract_id=2255992. を参照。基本的な問題についての議論としては、Matthew Adler, *Well-Being and Fair Distribution: Beyond Cost-Benefit Analysis* (2011) を参照。

(3) Oren Bar-Gill and Cass R. Sunstein, *Regulation as Delegation*, 7 J. LEGAL ANALYSIS 1 (2015).

(4) *Id.*

(5) Cass R. Sunstein, *John and Harriet: Still Mysterious,* NY REV. OF BOOKS (April 2, 2015), available at http://www.nybooks.com/articles/2015/04/02/john-stuart-mill-harriet-taylor-hayek/.

(6) Bubb and Pildes, *How Behavioral Economics Trims Its Sails and Why* (2014).

(7) Shlomo Benartzi and Richard H. Thaler, *Behavioral Economics and the Retirement Savings Crisis,* 339 SCIENCE 1152 (2013). また、バブとピルデスは、自動的に上昇するタイプの貯蓄率の最上限の典型例はかなり低くなると指摘する。だがこの点も、貯蓄率の最上限を引き上げることで、リバタリアン的パターナリズムの範囲内で対応することができる。(Bubb and Pildes, *How Behavioral Economics Trims Its Sails and Why,* 2014)

(8) 2009年には、自動加入プランの50パーセントが率の引き上げを伴うものだったが、2012年には71パーセントがそうなった。*Employers Expressing Doubt in Retirement Readiness of 401(k) Plan Participants, Towers Watson Survey Finds* (October 4, 2012), available at https://www.businesswire.com/news/home/20121004005063/en/Employers-Expressing-Doubt-Retirement-Readiness-401-Plan.

(9) 個人のレベルで、デフォルトによって選択が改善されると、それ以外の選択が悪く見えるようになり、結果、社会福利が損なわれることがある。Benjamin Handel, *Adverse Selection and Inertia in Health Insurance Market: When Nudging Hurts,* 103 AM. ECON. REV. 2643 (2013).

(10) Cass R. Sunstein, SIMPLER: THE FUTURE OF GOVERNMENT (2013)〔前掲邦訳『シンプルな政府』〕.

(11) Nat'l Highw. Traf. Safety Admin., *Final Regulatory Impact Analysis: Corporate Average Fuel Economy for MY 2017–MY 2025,* August 2012, table 13.

(12) Xavier Gabaix and David Laibson, *Shrouded Attributes, Consumer Myopia, and Information Suppression in Competitive Markets,* 121 Q.J. ECON. 505, 511 (2006).

(13) 詳細な議論については、Hunt Allcott and Cass R. Sunstein, *Regulating Internalities,* 34 J. POL'Y ANALYSIS & MGMT 698 (2015) を参照。

(14) Light-Duty Vehicle Greenhouse Gas Emission Standards and Corporate Average Fuel Economy Standards; Final Rule, Part II, 75 Fed. Reg. 25324, 25510–11 (May 7, 2010), https://www.govinfo.gov/content/pkg/FR-2010-05-07/pdf/2010-8159.pdf.

(15) Allcott and Sunstein, *Regulating Internalities*, 34 J. POL'Y ANALYSIS & MGMT 698 (2015).Hunt Allcott and Michael Greenstone, *Is There an Energy Efficiency Gap?,* 26 J. ECON. PERSP. 3 (2012).

[著者]
キャス・サンスティーン（Cass R. Sunstein）
ハーバード大学ロースクール教授。ノーベル経済学賞を受賞したリチャード・セイラーとともにナッジ（行動経済学）の提唱者として知られる。オバマ政権第1期では、米国大統領府の行政管理予算局下に置かれた情報・規制問題室の室長を務めた。法学と行動経済学にまたがる領域から、多数の著作を執筆。邦訳に、『実践 行動経済学』(共著、日経BP社)。『# リパブリック』(勁草書房)、『シンプルな政府』(NTT出版)、『スター・ウォーズによると世界は』（早川書房）など。

[訳者]
田総恵子（たぶさ・けいこ）
翻訳家、十文字学園女子大学教授。訳書に、エーベンシュタイン『フリードリヒ・ハイエク』（春秋社）、サンスティーン＋ヘイディ『賢い組織はみんなで決める』、サンスティーン『シンプルな政府』（ともにNTT出版）など。

[解説者]
坂井豊貴（さかい・とよたか）
慶應義塾大学経済学部教授。オークション方式、投票制度、評価システムなどの制度設計(メカニズムデザイン)を研究。著書に『多数決を疑う』（岩波書店）、『メカニズムデザインで勝つ』（オークション・ラボとの共著、日経BP）など多数。

ナッジで、人を動かす――行動経済学の時代に政策はどうあるべきか

2020年 9 月25日　初版第1刷発行
2021年10月20日　初版第2刷発行

著　　者　キャス・サンスティーン
訳　　者　田総恵子
解 説 者　坂井豊貴

発 行 者　東 明彦

発 行 所　NTT 出版株式会社
〒108-0023 東京都港区芝浦3-4-1 グランパークタワー
営業担当　TEL 03(5434)1010　FAX 03(5434)0909
編集担当　TEL 03(5434)1001
https://www.nttpub.co.jp

装　　幀　山之口正和（OKIKATA）
本文組版　株式会社キャップス
印刷・製本　精文堂印刷株式会社

ISBN 978-4-7571-2367-0 C0033